SEXUALIDADES E VIOLÊNCIAS

Um olhar sobre a banalização da violência no campo da sexualidade

ANA CRISTINA CANOSA
RONALDO ZACHARIAS
SONIA MARIA FERREIRA KOEHLER
(Organizadores)

SEXUALIDADES E VIOLÊNCIAS

Um olhar sobre a banalização da violência no campo da sexualidade

Grupo de Pesquisa "Sexualidade Humana" (CNPq)
Centro Universitário Salesiano de São Paulo - UNISAL

EDITORA
IDEIAS&
LETRAS

DIREÇÃO EDITORIAL:
Marcelo Magalhães

CONSELHO EDITORIAL:
Fábio E.R. Silva
José Uilson Inácio Soares Júnior
Márcio Fabri dos Anjos
Mauro Vilela

PREPARAÇÃO E REVISÃO:
Pedro Paulo Rolim Assunção
Thalita de Paula

DIAGRAMAÇÃO:
Tatiana A. Crivellari

CAPA:
Árison Lopes

Grupo de Pesquisa "Sexualidade Humana" (CNPq) - Centro Universitário Salesiano de São Paulo - UNISAL

Todos os direitos em língua portuguesa, para o Brasil, reservados à Editora Ideias & Letras, 2021.

1ª reimpressão

Rua Barão de Itapetininga, 274
República - São Paulo/SP
01042-000 (11) 3862-4831
Televendas: 0800 777 6004
vendas@ideiaseletras.com.br
www.ideiaseletras.com.br

Dados Internacionais de Catalogação na Publicação (CIP)
de acordo com ISBD

Sexualidades e Violências: um olhar sobre a banalização da violência no campo da sexualidade/
Organizado por Ana Cristina Canosa, Ronaldo Zacharias, Sonia Maria Ferreira Koehler.
São Paulo: Ideias & Letras, 2019.
336 p.; 14cm x 21cm.
Inclui bibliografia.
ISBN: 978-85-5580-056-6

1. Sexualidade 2. Violência. 3. Gênero. 4. Educação Sexual.
5. Filosofia 6. Psicologia I. Título.

2019-166   CDD 306.43
                                                                  CDU 316.7

Elaborado por Vagner Rodolfo da Silva - CRB-8/9410
Índices para catálogo sistemático:
1. Sexualidade 306.43
2. Sexualidade 316.7

Sumário

Apresentação – 7
Ana Cristina Canosa

1. Expressões da banalidade do mal no contemporâneo – 9
Adelino Francisco de Oliveira

2. Sexualidade e violência: as facetas da banalidade do mal – 29
Breno Rosostolato

3. A banalização do mal e a violência contra a mulher – 51
Rosana Nubia Sorbille

4. Corpo, prazer e sexualidade: um diálogo possível – 73
André Luiz Boccato de Almeida

5. Discriminação e violência contra diversidade de gênero e orientação sexual – 101
Denise Leite Vieira e Mônica Saldanha Pereira

6. Sexualidade e diversidade: reflexões sobre a exclusão no campo educacional – 115
Lívia Gonsalves Toledo

7. Formação de professores(as): o gênero está na escola – 129
Paulo Rogério da Conceição Neves

8. Educação escolar inclusiva para autistas ou inclusão perversa? Sexualidade e Transtorno do Espectro do Autismo – 151

Alessandra Diehl, Daniel Cruz Cordeiro, Fernanda Meneghini Pierin Berardineli, Gidiane Pereira Narciso

9. Justiça sexual: chamados à equidade e à imparcialidade – 185

Ronaldo Zacharias

10. Violência sexual – 211

Monica Saldanha Pereira e Breno Rosostolato

11. Violência na infância: por que é importante falar sobre isso? – 227

Rita Cássia Pereira Bueno

12. Violência de gênero: quando a liberdade das meninas incomoda – 239

Sonia Maria Ferreira Koehler

13. Violência de gênero na família – 261

Roberta Payá

14. Violência contra a mulher – 279

Breno Rosostolato e Roberta Payá

15. Violência de gênero no ambiente de trabalho – 291

Letícia Cardoso da Silva

16. Violência e pessoas idosas – 305

Alessandra Diehl

APRESENTAÇÃO

Ana Cristina Canosa[1]

Nos últimos anos, os estudos sobre violência sexual e violência de gênero têm avançado no Brasil, contabilizando números assombrosos e revelando a urgente necessidade de abordar o tema no campo educativo. No entanto, é justamente na esfera educacional que o tema tem encontrado resistência, inviabilizando processos e subestimando o sofrimento de milhares de pessoas que não se enquadram em pressupostos hegemônicos e sexistas. Sem debates abertos sobre sexualidade e gênero, não há como diminuir desigualdades e combater violências.

Nesse sentido, esta obra se apresenta diretamente como um manifesto, pois, ao reunir uma série de pensadores e profissionais que trabalham com o tema da sexualidade, comprometidos com a ciência, a ética e a educação, ela não se reduz a um apanhado de números estatísticos que mapeiam a violência, mas aborda o fenômeno da violência à luz da dignidade e da integridade da pessoa humana, do seu direito de expressão, de cidadania e de respeito, buscando a edificação de uma nova cultura.

---

1   Ana Cristina Canosa, psicóloga, é especialista em Educação Sexual e em Terapia Sexual (Faculdade de Medicina do ABC – Sociedade Brasileira de Sexualidade Humana – SBRASH), diretora-editora da SBRASH, coordenadora do curso de pós-graduação em Educação em Sexualidade do Centro Universitário Salesiano de São Paulo – UNISAL e membro do grupo de pesquisa "Sexualidade Humana" (CNPq) do UNISAL.

Além disso, o que mais se destaca na leitura dos textos é o alerta para uma das marcas do nosso tempo atual, em que a violência é praticada a todo instante, chegando a ser institucionalizada, presente não só nos discursos políticos e econômicos, mas nos campos sociais, educacionais, religiosos. Trata-se de uma violência banalizada e, por isso, constantemente reproduzida sem escrúpulos. A sexualidade, "lugar" por excelência da relação, converte-se tanto em meio quanto em fim dessa violência e, consequentemente, ela mesma é banalizada e instrumentalizada para fins contrários ao respeito à dignidade e aos direitos humanos.

A obra *Sexualidades e Violências* conclama todos à responsabilidade pela edificação de uma cultura que promova a equidade, a pluralidade, a diversidade, a justiça, a solidariedade, a cidadania, a liberdade, a responsabilidade e o bem comum. Ela é, nesse sentido, uma excelente contribuição para todos aqueles que, direta ou indiretamente, acreditam na força transformadora da educação em sexualidade e do processo emancipatório que a reflexão, o conhecimento e a interação promovem. Ela é também uma ferramenta valiosa para questionar os rumos da educação no Brasil, sobretudo em um momento histórico no qual esforços não são medidos para impedir a educação em sexualidade, apesar de todos os marcos legais nacionais e internacionais que a legitimam. Tais esforços, longe de diminuir ou estancar a violência, agravam-na, tornando-nos todos responsáveis pelo que fazemos ou deixamos de fazer.

1
Expressões da banalidade do mal no contemporâneo

Adelino Francisco de Oliveira[1]

Introdução[2]

O presente capítulo é constituído de uma análise, em chave mais filosófica – portanto em perspectiva crítica e problematizadora –, do processo de banalização do mal que parece avançar nos campos político-econômico e sociocultural, demarcando, em grande medida, a dinâmica das relações contemporâneas.

Vislumbrando um desenvolvimento mais coeso e didático do tema, o texto está estruturado em quatro partes, intrinsecamente articuladas. A primeira parte, com o título "A transparência do mal", procura analisar as expressões denotativas da banalização do mal – sob a aura de uma pseudotransparência e advogando o direito à livre manifestação de opinião –, particularmente nos ambientes virtuais.

---

[1] Adelino Francisco de Oliveira tem pós-doutorado em Filosofia (Universidade de São Paulo), é doutor em Filosofia (Universidade Católica Portuguesa) e mestre em Ciências da Religião (Pontifícia Universidade Católica de São Paulo).
[2] Embora não se refira explicitamente a questões sexuais, este capítulo introduz o leitor no contexto mais amplo de banalização do mal, importante para a compreensão dos capítulos que seguem.

A segunda, "Uma economia sem coração", se debruça sobre a análise das contradições e distorções inerentes à economia neoliberal ao reproduzir e perpetuar situações de exploração e opressão, realidade ardilosamente escondida pelo véu da ideologia.

A terceira, intitulada "A centralidade dos direitos humanos", aponta os direitos humanos como via fundamental para a construção de uma economia centrada na justiça e na igualdade, capaz de suplantar formas arraigadas de exploração e opressão, próprias do capitalismo de mercado. A dignidade inalienável do humano deve ser o critério de qualquer projeto político e econômico.

A quarta, "A coragem da verdade", propõe um resgate ao conceito de "parresia" em contraposição à cultura da não verdade. A análise lúcida, mais objetiva, comprometida com a verdade dos fatos, pode apontar para outra compreensão de transparência, pautada em um diálogo sedimentado na alteridade.

Na parte das considerações finais, o texto procura avançar numa leitura panorâmica das análises e reflexões desenvolvidas, de maneira a enfatizar a centralidade do humano, portador de uma dignidade inalienável, como motivo último de todo projeto de sociedade.

A transparência do mal

As relações no contemporâneo, de maneira mais geral, têm assumido uma perspectiva de pseudotransparência, no sentido de que todas as intenções e motivações podem ser explicitadas. O que chama a atenção e causa certa estranheza é justamente o tom, a natureza do que tem sido explicitado, especialmente por meio das redes sociais e da internet. Há uma lógica cínica dando vazão a preconceitos e posicionamentos alheios à mínima noção de ética, de política e até mesmo de cordialidade. Na avaliação do pensador Umberto Eco:

> As redes sociais deram o direito à palavra a legiões de imbecis que, antes, só falavam nos bares, após um copo de vinho e não causavam nenhum mal para a coletividade (...). Nós os fazíamos calar imediatamente, enquanto hoje eles têm o mesmo direito de palavra do que um prêmio Nobel. (...) O drama da internet é que ela promoveu o idiota da aldeia a portador da verdade. (...) É a invasão dos imbecis.[3]

Para além de debater a dimensão mais democrática, que pode delinear a dinâmica das redes sociais, ao conceder visibilidade às vozes antes anônimas, a questão apontada por Umberto Eco, de maneira até direta e pouco sutil, parece incidir, justamente, na análise valorativa do que tem sido comumente veiculado. A democracia pode ter mesmo um caráter imprevisível e inusitado. Longe de tolher suas nuances e peculiaridades, revela-se fundamental avaliar, criteriosamente, suas referências axiológicas.[4]

A transparência que parece emergir no contemporâneo pode ser associada à ausência de referências éticas, a um determinado niilismo. É a transparência do mal, no conceito articulado por Jean Baudrillard:

> Se fosse caracterizar o atual estado de coisas, eu diria que é o da pós-orgia. A orgia é o momento explosivo da modernidade, o da liberação em todos os domínios. Liberação política, liberação sexual, liberação das forças produtivas, liberação das forças destrutivas, liberação da mulher, da criança, das pulsões inconscientes, liberação da arte. Assunção de todos os modelos de representação de todos os modelos de antirrepresentação. Total orgia de real, de racional, de sexual, de crítica e de anticrítica,

---

3 Ver: "Umberto Eco – Internet, Social Media e Giornalismo". Vídeo integral do encontro de Umberto Eco com os jornalistas na conclusão da cerimônia em que recebeu o título de Doutor *Honoris Causa* em Comunicação e Cultura pela Universidade de Turim (Itália), em 10 jun. 2015. Disponível em: https://www.youtube.com/watch?v=u10X-GPuO3C4. Acesso em: 15 jun. 2017.

4 Remeto aqui ao artigo escrito em parceria com Adalmir Leonidio, no qual desenvolvemos essa mesma temática: LEONIDIO, Adalmir; OLIVEIRA, Adelino Francisco de. "Sobre Intolerância, Democracia e Direito à Livre Opinião". *Diário do Engenho*, 2017.

de crescimento e de crise de crescimento. Percorremos todos os caminhos da produção e da superprodução virtual de objetos, de signos, de mensagens, de ideologias, de prazeres. Hoje tudo está liberado, o jogo já está feito e encontramo-nos coletivamente diante da pergunta crucial: o que fazer após a orgia?[5]

A transparência identificada por Baudrillard contempla, talvez, um certo rompimento com a noção de verdade e com a percepção da alteridade. Tudo se torna permitido, tudo pode ser dito, independentemente de qualquer compromisso com a verdade e mesmo com o outro. Reivindicando o *status* de legitimidade, as concepções mais limitadas e preconceituosas passam a ser explicitadas de maneira aberta e sem nenhum pudor. As redes sociais e a internet talvez se configurem como o *locus* por excelência da transparência do mal. Baudrillard acrescenta que:

> O computador não tem outro. É por isso que ele não é inteligente. Porque a inteligência sempre nos vem do outro. Por isso ele é tão performático. Os campeões do cálculo mental, os calculadores idiotas são autistas, espíritos para os quais já não existe outro e que, por isso mesmo, são dotados de estranhos poderes. É a própria força dos circuitos integrados (até também do lado da transmissão de pensamento). É o poder da abstração. As máquinas vão mais depressa porque estão desconectadas de toda a alteridade. E as redes ligam-nos como um imenso cordão umbilical entre uma inteligência e uma inteligência gêmea. Mas nessa homeostase do mesmo ao mesmo, a alteridade foi confiscada pela máquina.[6]

Na virtualidade das relações, diante da interação com a máquina, o indivíduo perde a possibilidade de se defrontar com o

---

Disponível em: http://diariodoengenho.com.br/sobre-intolerancia-democracia-e-direito-livre-opiniao/. Acesso em: 03 ago. 2017.
5   BAUDRILLARD, Jean. *A Transparência do Mal: Ensaios sobre os Fenômenos Extremos*. 11. ed. Campinas: Papirus, 2010, p. 9.
6   BAUDRILLARD. *A Transparência do Mal*, p. 133.

outro, enxergando apenas a si mesmo e suas referências. Nesse ambiente, viceja o mero despejar de concepções, carentes de qualquer articulação mais elaborada ou fundamentada. Sem o contraponto dialético ou mesmo dialógico, o indivíduo acaba por falar para si mesmo, fechando-se a qualquer perspectiva de diálogo. Anula-se, então, a dimensão de alteridade. É a identidade contra o outro, não a partir do outro ou com o outro. O espaço das redes sociais, na interatividade com a máquina, não se constitui como lugar de encontro com o outro, na diversidade das relações. Toda diferença passa a ser compreendida como algo estranho, que deve ser prontamente negado, anulado. Tudo que venha a contemplar alguma representação de diferença – aspectos culturais, orientação sexual homoafetiva, origem étnico-racial, tradição religiosa, etc. – passa a ser percebido com acentuado estranhamento. Sobre esse ponto o filósofo Byung-Chul Han considera que:

> As mídias sociais e sites de busca constroem um *espaço de proximidade* absoluto onde se elimina o *fora*. Ali encontra-se apenas o si mesmo e os que são iguais; já não há mais negatividade, que possibilitaria alguma modificação. Essa *proximidade digital* presenteia o participante com aqueles setores do mundo que lhe *agradam*. Com isso, ela derriba o caráter público, a consciência pública; sim, a consciência *crítica*, privatizando o mundo. A rede se transforma em esfera íntima ou zona de conforto. A proximidade pela qual se elimina a distância também é uma forma de expressão da transparência.[7]

Cabe ressaltar que, paradoxalmente, não há uma transparência em sentido mais positivo, a explicitar verdades e concepções fundamentais. No âmbito da política, na esfera das macrodecisões, parece despontar a não verdade ou a lacuna de informações relevantes que possibilitem uma compreensão mais objetiva sobre determinada realidade. Na análise de Gianni Vattimo:

---

7 HAN, Byung-Chul. *Sociedade da Transparência*. Petrópolis: Vozes, 2017, p. 81.

> Adeus à verdade: assim poderíamos exprimir, de maneira mais ou menos paradoxal, a situação da nossa cultura atual, seja nos seus aspectos teóricos e filosóficos, seja na experiência comum. E ao nos referirmos a esta última, é cada vez mais evidente a todos que "a mídia mente", que tudo vai se tornando um jogo de interpretações não isentas de interesse e não necessariamente falsas, mas exatamente direcionadas de acordo com projetos, expectativas e escolhas de valores diferentes.[8]

A transparência que, num primeiro momento, parecia definir as relações, particularmente no âmbito das mídias sociais e da internet, talvez não passe de uma transparência do mal, demarcada pela não verdade. A construção de uma realidade paralela, voltada a atender e sustentar determinados interesses não pronunciados, sedimenta-se na manipulação ideológica de notícias e informações a serem veiculadas na grande mídia, controlada por poderosos grupos empresariais. Decisões fundamentais são tomadas a partir de não verdades. Decisões que, por vezes, desencadeiam delicados processos e complexos conflitos, que depois de ativados tornam-se fatos consumados, difíceis de serem revistos e revertidos diplomaticamente.

Uma economia sem coração

É evidente que o próprio capitalismo, em sua contemporaneidade neoliberal, também se mantém a partir da propagação de não verdades. A dinâmica da luta de classes, como delineadora da perspectiva da história, é constantemente negada, velada em prol da construção de uma representação social marcada por uma noção de harmonia social. O caráter ideológico do capitalismo já foi amplamente analisado, primeiramente, pelo próprio Karl Marx.[9] É fundamental desvelar toda dimensão ideológica, desmontando as não verdades que procuram sustentar uma realidade de opressão e exploração.

---
8 VATTIMO, Gianni. *Adeus à Verdade*. Petrópolis: Vozes, 2009, p. 7.
9 MARX, Karl; ENGELS, Friedrich. *A Ideologia Alemã (Feuerbach)*. 10. ed. São Paulo: Hucitec, 1996.

Em um movimento de desnudar as não verdades propaladas em nome do capitalismo neoliberal, o teólogo Jung Mo Sung cunhou a expressão "economia sem coração".[10] Pegando emprestada essa genuína expressão do teólogo, passaremos a reconstruir e expor, em um recorte panorâmico e histórico, alguns pontos fundamentais da dinâmica neoliberal. O intuito consiste em identificar as não verdades produtoras da banalidade do mal no campo político-econômico.

O projeto político-econômico da social-democracia ganhou relevo no pós-segunda guerra mundial. Com a Europa economicamente devastada, a população, sofrida e empobrecida também em decorrência dos horrores da guerra, conclamava por alternativas que reerguessem os Estados fragilizados, direcionando esforços para a ampliação dos empregos, da segurança e das garantias na área da saúde, da educação, da habitação, etc. Como contraponto a todas as mazelas, organizou-se o Estado do Bem-Estar Social. Ademais, com o avanço do socialismo no leste da Europa e a consolidação do bloco soviético, tornou-se imprescindível aos países capitalistas elaborar respostas concretas e pontuais, solidificando, na população europeia, a ideia de que os governos poderiam garantir oportunidades e alguma proteção, ainda que no contexto da economia de mercado.

No final da década de 1970, tendo como protagonista deste processo Margareth Thatcher e os ditames dos EUA, sob a liderança de Ronald Reagan, uma velha política econômica retorna e desponta. O neoliberalismo, com seu ideário de ajustes, seja no plano econômico, seja no mundo do trabalho, propõe a reorganização dos processos de produção em massa, priorizando a flexibilização da prática do trabalho e suas regras. Igualmente, no âmbito econômico, para economizar e enxugar os gastos públicos,

---

10 SUNG, Jung Mo. *Deus numa Economia sem Coração. Pobreza e Neoliberalismo: um Desafio à Evangelização*. São Paulo: Paulinas, 1992.

pensou-se como impreterível a redução do Estado, tirando qualquer proteção no contexto das políticas públicas aos seguimentos sociais mais vulneráveis.

Após a queda do muro de Berlim, o socialismo deixou de ser uma ameaça ou contraponto ao programa capitalista, dando vazão para o incremento dos lucros, redimensionando as características do capital, principalmente do capital financeiro, pensando novos mecanismos de lucro e acumulação. O território latino-americano, com suas democracias tardias por conta de razões históricas, não poderia ficar distante e isento deste processo mundial. O Consenso de Washington e o reordenamento político-econômico europeu expandem-se consideravelmente. No Brasil, nos anos 1990, começam muitos ajustes na política econômica, implicando a reorganização do mundo do trabalho e novas definições na agenda das políticas sociais, transferindo-se responsabilidades para a sociedade civil e para a esfera privada.

Analisando o Consenso de Washington, o professor Fábio Konder Comparato sintetiza em quatro pontos as principais recomendações da doutrina neoliberal:

1. Redução acentuada dos poderes do Estado na regulação da vida econômica e também dos direitos sociais, a fim de assegurar, segundo se garantia, maior eficiência na atividade empresarial.
2. Privatizações em massa de empresas, mesmo nos setores de infraestrutura (energia, transportes e comunicações), bem como no setor de serviços públicos.
3. Generalizada abolição dos regulamentos administrativos em matéria econômica, mesmo nos setores em que tradicionalmente tais regulamentos sempre existiram, como crédito, câmbio, seguros, mercado de capitais, circulação internacional de capitais e comércio exterior.

4. Mudanças na política financeira estatal, com a eliminação dos *deficits* públicos, a redução da carga tributária (substituída em grande parte pela emissão de empréstimos públicos) e a supressão de subsídios estatais a certas atividades econômicas.[11]

Todo esse movimento retoma novas características no cenário contemporâneo. O atual governo do Brasil, por exemplo,[12] com sua agenda reformista, pretende a supressão dos muitos direitos sociais e trabalhistas, tornando pouco onerosa a força de trabalho, de forma a atrair investimentos e dando prosseguimento a uma nova fase de acumulação do capital. Abre-se o tempo de uma política fria, que prioriza os mecanismos dos ajustes, de drásticas reduções de gastos sociais, expondo grupos sociais mais vulneráveis a um contexto de empobrecimento e abandono social. A face predatória do capital coloca-se como única alternativa diante do avanço da pobreza e dos altos níveis de violência estrutural. Na avaliação de Comparato: "A mais grave consequência da política neoliberal, estendida em pouco tempo ao mundo inteiro, foi, sem dúvida, a precarização do conjunto dos direitos da classe trabalhadora".[13]

A crise desmonta a ideologia do Estado Democrático de Direito. A democracia aparece como uma mera concessão, não como uma construção e conquista de toda uma sociedade. Se os princípios democráticos não mais se apresentam como convenientes e congruentes para a consolidação da globalização neoliberal,

---

11 COMPARATO, Fábio Konder. *A Civilização Capitalista: para Compreender o Mundo em que Vivemos*. São Paulo: Saraiva, 2013, p. 248.
12 A referência é ao governo de Michel Temer, resultado de orquestrado golpe aglutinante de setores do empresariado nacional e internacional, conglomerados da grande mídia, a alta cúpula do poder judiciário e a expressiva maioria do parlamento, que destituiu de legítimo mandato, em agosto de 2016, a presidenta eleita Dilma Rousseff, fazendo o Brasil retroceder, em décadas, no campo dos direitos e avanços sociais e fragilizando ainda mais a jovem e incipiente democracia brasileira.
13 COMPARATO. *A Civilização Capitalista*, p. 248.

suplantam-se, simplesmente, tais bases democráticas. Não pode haver empecilhos – sejam políticos, religiosos, éticos, etc. – para os avanços do mercado global.

Nesse sentido, a grave crise atual, que mergulhou o Brasil em uma acirrada disputa de poder, talvez não esteja sendo compreendida em toda sua emblemática complexidade. Para o senso comum, em análises carentes de conceitos e fundamentos, a crise econômica é mera consequência do elevado nível de corrupção, má gestão e aparelhamento do Estado. É óbvio que tais práticas revelam descomprometimento com a coisa pública, devendo ser rigorosamente refutadas, combatidas e superadas. No entanto, a crise em si talvez contemple dimensões bem mais sombrias e profundas que, ao ganharem luz, podem desvelar dinâmicas ideológicas de manipulação, alienação e supressão de direitos. Os agentes ocultos da crise, mascarados por falaciosos discursos de eficiência e competitividade, paulatinamente vão retirando suas máscaras e explicitando seus pérfidos interesses, que não guardam nenhuma proximidade com princípios de ética, lisura, justiça e bem comum.

A grande tragédia é que a política dos ajustes não se habilita a pôr o humano e suas necessidades no centro das atenções e das decisões. Conta-se com os ganhos e com o recrudescimento do capital, suplantando-se a noção de que o ser humano é a referência para se pensar a economia, a partir de perspectivas éticas e sustentáveis. O liberalismo, em sua nova versão, revela-se socialmente insustentável, inviável, quando há um imenso contingente de miseráveis, famintos e desvalidos. Com o recrudescimento das desigualdades, nem sequer haveria classe de consumidores para os produtos do capitalismo. Estaríamos a mercê de um mundo sombrio, sem políticas de proteção e promoção, com uma massa de iletrados, sem qualificação, sem trabalho, sem moradia, sem lugar e sem visibilidade alguma, configurando uma economia, definitivamente, sem coração.

virtual possibilita – de certo modo até instiga, fomenta e motiva – a criação de uma pseudorrealidade, com vontades e representações próprias. Livre de qualquer compromisso ou mesmo preocupação com a noção de essencialidade, a proposta de uma verdade incólume e transparente se perdeu e foi esquecida diante das múltiplas representações e possibilidades de uma realidade forjada, porém bem mais conveniente. A perspectiva do relativismo, da superficialidade e a própria lógica do consumo acabam por reforçar e ressaltar um mundo de ilusão, composto apenas pelo que pode se revelar agradável, fluido, prazeroso. Ideias, pensamentos, corpos podem não passar de meras representações, estratégica e ardilosamente moldadas para impactar, produzindo encanto e sedução. O fundamental parece restringir-se e esgotar-se na imagem apresentada, veiculada pela mídia. Sobre esse ponto o filósofo Han explicita que:

> O valor expositivo depende sobretudo da bela aparência. Assim, a coação por exposição gera uma coação por beleza e por *fitness*; a "operação beleza" tem como objetivo maximizar o valor expositivo. Nesse sentido, os paradigmas atuais não transmitem qualquer valor interior, mas medidas exteriores, às quais se procura corresponder, mesmo que às vezes seja necessário lançar mão de recursos violentos. O imperativo expositivo leva a uma absolutização do visível e do exterior.[14]

Claramente, a questão da verdade não se compõe como preocupação central e relevante no contexto da pós-modernidade. Neste esteio cultural, não há espaço para se dizer a verdade, nem sobre si mesmo nem sobre o outro e o mundo. Sob o signo do filme *O Mentiroso* (1997), com Jim Carrey, a verdade pode significar algo profundamente incômodo e até mesmo inconveniente, consubstanciando um ambiente de relações tomadas e tecidas sob a égide da bajulação, da fraude, do oportunismo, do elogio fácil, da falsidade, da hipocrisia. Em diversos contextos, a

---

14   HAN. *Sociedade da Transparência*, p. 34.

verdade pode representar a perda de relacionamentos, prestígio e oportunidades de negócios.

Em discrepância a tal realidade cultural, encontra-se, no contexto da Antiguidade, em período clássico grego, a perspectiva da *parresia*, constituindo a dinâmica de se dizer a verdade sobre si. A *parresia*, de maneira geral, consistia e contemplava a exigência de se falar francamente, compondo-se como a modalidade de se dizer a verdade sobre si mesmo. A *parresia* insere-se e destaca-se dentro das práticas gregas conhecidas como o cuidado de si, as quais vislumbravam e remetiam sempre à condição do equilíbrio e do comedimento. No mundo grego, a dimensão do cuidado de si alcançava e contemplava diversos aspectos da vida – dietas e regras alimentares, vivência do ócio, uso dos prazeres, práticas de ginástica e esporte, hábitos de leitura, a própria *parresia*, etc. Assim, a dimensão da prática da *parresia* descortina-se como virtude fundamental, definida como determinante ética do cotidiano das relações. Analisando a dinâmica da *parresia* no contexto da Grécia Antiga, Foucault elucida que:

> Em suma, para que haja *parresia*, é preciso que, no ato de verdade, haja: primeiro, manifestação de um vínculo fundamental entre a verdade dita e o pensamento de quem a disse; [segundo], questionamento do vínculo entre os dois interlocutores (o que diz a verdade e aquele a quem essa verdade é endereçada). De onde essa nova característica da *parresia*: ela implica uma certa forma de coragem, coragem cuja forma mínima consiste em que o parresiasta se arrisque a desfazer, a deslindar essa relação com o outro que tornou possível precisamente seu discurso.[15]

Outro aspecto interessante e sugestivo é que, no contexto do mundo grego, a prática da *parresia* deveria ser realizada diante de interlocutores – ou ao menos um interlocutor –, que assumissem

---
15 FOUCAULT, Michel. *A Coragem da Verdade: o Governo de Si e dos Outros II. Curso no Collège de France (1983-1984)*. São Paulo: WMF Martins Fontes, 2011, p. 12.

a condição de ouvintes, pois a verdade deveria ser dita e pronunciada, não em âmbito privado, mas com alcance e repercussão pública. Assim, a *parresia*, de certo modo, antecede qualquer forma institucionalizada de se explicitar e expor a verdade sobre si mesmo. A confissão pastoral – ensejada no contexto da Igreja no medievo –, a dinâmica do divã ou mesmo outros processos de análise e terapia seriam desdobramentos históricos da prática da Antiguidade do "dizer a verdade sobre si mesmo". Esse hábito antigo atualiza-se na contemporaneidade, ao menos no campo político, em situações nas quais vislumbramos uma prática do dizer a verdade sem exposição nem riscos (a dinâmica da delação premiada talvez seja um exemplo).

No entanto, há algumas dimensões fundamentais que consubstanciam a prática de se falar de maneira franca, de se dizer a verdade sobre si mesmo. Na Grécia Clássica, a *parresia* contempla também o dizer tudo que seja verdadeiro, não ocultando nada da verdade, expondo-a de maneira franca e sem máscaras, sem subterfúgios. A *parresia* abarca ainda a perspectiva da convicção pessoal. A verdade explicitada deve ser expressão daquilo que se pensa, não é qualquer verdade, pronunciada de maneira aleatória. É preciso fundamentalmente que tal verdade seja representação das convicções íntimas. Assim, a prática da *parresia* implica riscos, na medida em que o ato de dizer a verdade não se restringe e se prende a elogios e frivolidades, mas alcança uma condição de essencialidade. Por conseguinte, a *parresia* exige, sobretudo, coragem. A suma coragem de dizer a verdade sobre si mesmo, toda verdade, decorrente das mais profundas convicções, apresentando-se, expondo-se, desnudando-se diante do outro e do mundo, colocando a própria vida em risco.

Ressalta-se e sobressai ainda um aspecto fundamental na *parresia*: a dimensão da formação ética do indivíduo. A prática de dizer a verdade contempla a formação de indivíduos imbuídos e tomados por uma determinada maneira de ser, por um preciso modo de fazer, por certa forma de se comportar. Neste caso, a *parresia* apresenta-se como um elemento de extrema relevância no processo formativo. A questão consistia em se educar para a verdade em um duplo escopo: a verdade de si mesmo – aos moldes do "conheça-te a ti mesmo", de Sócrates – e a verdade no âmbito das relações com o outro, com a sociedade, compondo e alcançando a dimensão política. A *parresia* assumia a função de dar o tom e o direcionamento ético dos indivíduos. Dizer a verdade não se compunha como uma mera possibilidade e sim como uma condição, definindo condutas individuais e estruturando o tecido social.

Em um contexto de próspero e pernicioso relativismo – expressão ampla, que procura abarcar a ausência de referenciais únicos – e de não verdades, torna-se necessário ainda discernir o que está em torno da definição de verdade. Claramente o relativismo problematiza e questiona, colocando em suspensão a noção de que há uma verdade última e absoluta, resultando em um momento de múltiplas verdades ou, simplesmente, de não verdades.

Talvez seja oportuno reivindicar e resgatar como herança cultural a exigência da *parresia*. É preciso se assumir, com coragem inquebrantável, os riscos da verdade. Tanto a verdade sobre si mesmo, no mais profundo de cada ser, como a verdade das relações em sociedade, no campo político. A lógica da verdade possibilita a construção de relações desprovidas de intenções veladas, escusas, impronunciáveis.

O reconhecimento da verdade acerca da dignidade humana, assumindo a perspectiva dos direitos humanos como dimensão fundamental, deve balizar tanto as relações interpessoais – inclusive nas dinâmicas na internet e redes sociais – quanto as decisões no campo político-econômico.

Considerações finais

Em perspectiva mais filosófica, procurou-se aqui avançar na análise e reflexão sobre as diversas expressões da banalidade do mal no contemporâneo.

A dinâmica de relações alicerçadas na interatividade virtual talvez esteja possibilitando uma transparência negativa, uma transparência do mal, carente da noção de alteridade. A internet e as redes sociais têm se revelado como campo fértil, espaço livre para a manifestação de múltiplos preconceitos e ressentimentos arraigados. Em um contexto de não verdade vicejam visões fundamentalistas, destruindo qualquer possibilidade de diálogo e encontro.

No âmbito da política e da economia, o que se descortina é um cenário regressivo, marcado pela perda de direitos. O neoliberalismo, com os ditames do livre mercado, para além de toda articulação ideológica, a difundir não verdades, vai consolidando uma economia sem coração.

O caminho para a superação de todo esse cenário delineado por injustiças, exploração e opressão passa pela afirmação da centralidade dos direitos humanos, pela coragem de se assumir a dignidade humana como verdade inegociável, como critério fundamental para se estruturar a política e a economia. O resgate do conceito de *parresia* desponta como contraposição à cultura da não verdade e a todo o jogo ideológico que visa encobrir as perversas contradições sociais.

Referências

BAUDRILLARD, Jean. *A Transparência do Mal: Ensaios sobre os Fenômenos Extremos*. 11. ed. Campinas: Papirus, 2010.

COMPARATO, Fábio Konder. *A Civilização Capitalista: para Compreender o Mundo em que Vivemos*. São Paulo: Saraiva, 2013.

FOUCAULT, Michel. *A Coragem da Verdade: o Governo de Si e dos Outros II. Curso no Collège de France (1983-1984)*. São Paulo: WMF Martins Fontes, 2011.

HAN, Byung-Chul. *Sociedade da Transparência*. Petrópolis: Vozes, 2017.

LEONIDIO, Adalmir; OLIVEIRA, Adelino Francisco de. "Sobre Intolerância, Democracia e Direito à Livre Opinião". *Diário do Engenho*, 2017. Disponível em: http://diariodoengenho.com.br/sobre-intolerancia-democracia-e-direito-livre-opiniao/. Acesso em: 03 ago. 2017.

MARX, Karl; ENGELS, Friedrich. *A Ideologia Alemã (Feuerbach)*. 10. ed. São Paulo: Hucitec, 1996.

SUNG, Jung Mo. *Deus numa Economia sem Coração. Pobreza e Neoliberalismo: um Desafio à Evangelização*. São Paulo: Paulinas, 1992.

VATTIMO, Gianni. *Adeus à Verdade*. Petrópolis: Vozes, 2009.

2
Sexualidade e violência: as facetas da banalidade do mal

Breno Rosostolato[1]

Introdução

Conceituar o mal não é uma tarefa simples e, definitivamente, a complexidade em defini-lo já revela o quão difícil é abordar o tema. Implica "navegar" entre sutileza e invisibilidade que acabam confundindo nossa percepção. Buscarei, aqui, desnudar um pouco esta realidade que, ao criar raízes na humanidade, a desumaniza.

Levando em conta o conceito de transparência do mal, de Jean Baudrillard e enfatizando a banalidade do mal em Hannah Arendt, aprofundaremos as origens e consequências do mal em relação à sexualidade. Desde os discursos de ódio, seja em regimes totalitários, seja num sistema patriarcal, o mal representa a violência do não reconhecimento ao outro.

---

[1] Breno Rosostolato, psicólogo, é especialista em Educação em Sexualidade e em Terapia Sexual (Centro Universitário Salesiano de São Paulo – UNISAL), membro do grupo de pesquisa "Sexualidade Humana" (CNPq) do UNISAL e articulista em jornais, revistas e sites sobre temas referentes a sexualidade e gênero.

A construção da identidade depende também do reconhecimento do diferente e do convívio com o outro. Em outras palavras, é resultado da recusa a tornar o outro invisível, visto que, reconhecer as diferenças é um meio de cidadania e não uma cortesia para a necessidade humana.[2]

Mas isso nem sempre é fácil. Para Jean-Paul Sartre, o inferno são os outros.[3] Admitir que este outro também sou eu, pode gerar a necessidade de silenciar o outro, afastá-lo e até mesmo eliminá-lo, pois reconhecê-lo implicaria reconhecer a sua liberdade, autonomia e emancipação. Implicaria também reconhecer que não possuo controle e poder sobre o outro, revelando, assim, o meu próprio limite. Como afirma Baudrillard, "o outro é o que me dá a possibilidade de não me repetir ao infinito".[4]

Procurarei, aqui, abordar o respeito à alteridade, à autodenominação e à representatividade sexual de cada um e lançar luz sobre o mal e a repressão sexual na tentativa de ajudar a compreender que devemos resistir tanto a um quanto à outra e, assim, combatê-los.

Hannah Arendt e a banalidade do mal

Iniciaremos nosso percurso partindo da definição de banalidade a fim de nos apropriarmos, primeiro, da perspectiva do mal e, somente depois, aplicá-la à sexualidade. Os pressupostos utilizados para compreender a banalização do mal serão assumidos numa perspectiva arendtiana. Hannah Arendt[5] começou a refletir sobre a banalização do mal ao participar

---

2 TAYLOR, Charles. *Multiculturalismo: Examinando a Política do Reconhecimento*. Lisboa: Instituto Piaget, 1998.
3 Expressão presente em uma das peças de teatro que ele escreveu, em 1944, chamada "Entre Quatro Paredes". SARTRE, Jean-Paul. *Entre Quatro Paredes*. São Paulo: Abril Cultural, 1977.
4 BAUDRILLARD, Jean. *A Transparência do Mal: Ensaio sobre os Fenômenos Extremos*. Trad. Estela dos Santos Abreu. 2. ed. Campinas: Papirus, 1992, p. 185.
5 Hannah Arendt, alemã judia, refutava o título de filósofa; preferia ser considerada uma teórica política. Sua proximidade com o filósofo Martin Heidegger influenciou o seu pensamento.

do julgamento de Adolf Eichmann, em 1961, em Jerusalém. O julgamento de Eichmann, pela sua ativa participação no Holocausto, tornou-se um evento midiático e foi transmitido por várias cadeias radiofônicas da época, com autorização do governo israelense. A respeito do julgamento, Arendt escreveu cinco artigos para a revista *The New Yorker*, da qual era correspondente.

Arendt, no caminho oposto da opinião pública, considerou Eichmann um funcionário, um burocrata que cumpriu ordens e realizou fielmente seu ofício enquanto oficial nazista e organizador da logística de transporte para os campos de concentração. Foi exatamente a superficialidade de Eichmann diante do horror que protagonizava que impressionou Arendt:

> Há alguns anos, em relato sobre o julgamento de Eichmann em Jerusalém, mencionei a "banalidade do mal". Não quis, com a expressão, referir-me a teoria ou doutrina de qualquer espécie, mas antes a algo bastante factual, o fenômeno dos atos maus, cometidos em proporções gigantescas – atos cuja raiz não iremos encontrar em uma especial maldade, patologia ou convicção ideológica do agente; sua personalidade destacava-se unicamente por uma extraordinária superficialidade.[6]

Totalitarismo e Normose

Arendt assim definiu Eichmann como membro da SS (*Schutzstaffe*, exército nazista que protegia Adolf Hitler e os dirigentes do Partido Nazista):

> De uma vida vulgar, sem significado e consequência, o vento o fizera voar para dentro da História, como ele a compreendia, a saber, um movimento contínuo e no qual, alguém

---

6 ARENDT, Hannah. *A Dignidade da Política: Ensaios e Conferências*. Trad. Antonio Abranches. Rio de Janeiro: Relume Dumará, 1993, p. 145.

como ele – um fracasso total aos olhos da sua classe social, da sua família, e daí, até aos seus próprios olhos – poderia começar do marco zero e ainda fazer uma carreira.[7]

Para fazer um contraponto a esta normalidade assustadora apresentada pelo funcionário Eichmann, cumpridor de seus deveres e que chamou a atenção de Arendt, evoco a noção de "normose". Esse termo surgiu do encontro entre Pierre Weil (psicólogo francês), Jean-Ives Leloup (filósofo, psicólogo e teólogo francês) e Roberto Crema (psicólogo e antropólogo brasileiro), na década de 1980, em um simpósio em Brasília, e refere-se a comportamentos normais que causam sofrimento e morte. Comportamentos considerados normais, não tanto por serem repetidos ou resultantes de hábitos e costumes, mas por falta de perspectivas, resistência às mudanças e transformações, e estagnação.[8] Eichmann, o funcionário normótico, executava aquilo que lhe era designado sem juízo crítico sobre seus atos: "[...] falamos em normose quando o que prevalece é o desamor, quando o dominante é a falta de escuta, a falta de visão, a injustiça e a corrupção generalizada".[9]

Na obra *Origens do Totalitarismo*, de Arendt, a compreensão conceitual dos preceitos, o sistema político vigente e a prática do fenômeno totalitário nos orientam para a leitura da figura normótica que flerta com a própria mediocridade. O medíocre, um arrivista que vive seu empobrecimento de afeto, "reside" na mesmice e considera o que faz suficiente, sem discriminação moral.[10]

---

7 ARENDT, Hannah. *Eichmann em Jerusalém*: um Relato sobre a Banalidade do Mal. São Paulo: Companhia das Letras, 1999, p. 49.
8 WEIL, Pierre; LELOUP, Jean-Yves; CREMA, Roberto. *Normose: a Patologia da Normalidade*. 5. ed. Petrópolis: Vozes, 2014, p. 33 (Coleção Unipaz: Colégio Internacional dos Terapeutas).
9 WEIL; LELOUP; CREMA. *Normose*, p. 33.
10 ARENDT, Hannah. *As Origens do Totalitarismo*: Antissemitismo, Imperialismo e Totalitarismo. Trad. Roberto Raposo. São Paulo: Companhia das Letras, 1989.

Eichmann era o cumpridor de ordens que não questionava. Ele possuía, inclusive, o desejo de ascensão profissional por meio de sua eficiência, sem refletir e considerar os malefícios do próprio trabalho. Um homem tão banal quanto o próprio mal que se enraizou em seu caráter.

A ideologia totalitária

É no contexto da Alemanha, após a primeira guerra, imersa em uma crise econômica sem precedentes em decorrência das sansões impostas pelos países triunfantes, em uma crise política na qual se questionava o sistema liberal e em uma crise social que buscava referências mais robustas na figura de uma liderança confiável capaz de dar sentido à vida, que surge Hitler como um "redentor". Pautado no conflito entre raças, o totalitarismo alemão constrói-se como uma ideologia que dissemina ódio e intolerância.

> Como o grupo pensante domina a consciência social, tem o poder de transmitir as ideias dominantes para toda a sociedade, através da religião, das artes, da escola, da ciência, da filosofia, dos costumes, das leis e do direito, moldando a consciência de todas as classes sociais e uniformizando o pensamento de todas as classes. Os ideólogos são membros da classe dominante e das classes aliadas a ela, que, como intelectuais, sistematizam as imagens e as ideias sociais da classe dominante em representações coletivas, gerais e universais. Essas imagens e ideias não exprimem a realidade social, mas representam a aparência social do ponto de vista dos dominados.[11]

É por essa ideologia totalitária que a sociedade alemã é conduzida a assumir uma mentalidade – "Um-Só-Homem de dimensões gigantescas"[12] – que elimina a liberdade de pensamento. Trata-se de uma ideologia persuasiva e muito convincente, que "age com uma

---
11 CHAUÍ, Marilena de Souza. *Convite à Filosofia*. 12. ed. São Paulo: Ática, 1999, p. 417-418.
12 ARENDT. *As Origens do Totalitarismo*, p. 518.

coerência que não existe em parte alguma no terreno da realidade";[13] um discurso que se debruça ao darwinismo e a postulados eugênicos.[14] A indústria do holocausto[15] necessitava, portanto, de generalizações e ações imediatistas para eliminar os inimigos objetivos.[16]

Para Arendt, o totalitarismo é consistente porque cria uma identificação entre seu líder e as pessoas cativadas por ele. Não parece ser um sistema ditatorial ou tirano, pois não causa medo na população, mas, pelo contrário, provoca empatia. Foi nesse contexto que Adolf Eichmann se envolveu com o totalitarismo, anulando sua consciência crítica e moral diante das ordens recebidas e do discurso de um líder convincente.

Não existe individuação[17] num sistema totalitário, porque o pensamento está atrelado ao líder. A filósofa Marcia Tiburi, em

---

13 ARENDT. *As Origens do Totalitarismo*, p. 523.
14 Faço alusão às medidas eugênicas e à ideia de evolução da sociedade, amplamente praticadas na Alemanha nazista. Francis J. Galton é o nome associado ao surgimento da genética e da eugenia, que significa "bem nascer". Baseava-se no estudo dos "fatores socialmente controláveis que podem elevar ou rebaixar as qualidades raciais das gerações futuras, tanto física quanto mentalmente" (PEQUIGNOT *apud* COSTA, Jurandir Freire. *História da Psiquiatria no Brasil: um Corte Ideológico*. 5. ed. Rio de Janeiro: Garamond, 2007, p. 49). Por meio de casamentos e uniões seletivas, Galton acreditava que poderia modificar a natureza das pessoas, separando aquelas que supostamente eram perfeitas e preservando, assim, a qualidade das futuras gerações. Na Alemanha, as Leis de Nuremberg, alicerçadas nos pressupostos eugênicos, proibiam o casamento de pessoas com transtornos mentais, doenças contagiosas ou hereditárias. Propunha-se a esterilização de pessoas com problemas hereditários e das que poderiam comprometer a perpetuação saudável da população. No Brasil, o movimento eugênico teve como seu principal entusiasta o médico Renato Ferraz Kehl. Nas pautas deste movimento estavam o controle e a seleção dos imigrantes, do matrimônio e da reprodução humana, a educação sexual, higiênica e sanitária, bem como debates e discussões sobre pasteurização (branqueamento) e regeneração social.
15 FINKELSTEIN, Norman G. *A Indústria do Holocausto: Reflexões sobre a Exploração do Sofrimento dos Judeus*. Trad. Vera Gertel. Rio de Janeiro: Record, 2001.
16 LAFER, Celso. *Hannah Arendt. Pensamento, Persuasão e Poder*. Rio de Janeiro: Paz e Terra, 1979. No regime totalitário nazista, os inimigos eram classificados como "objetivos" e "suspeitos", sendo que os primeiros não eram apenas suspeitos, mas constituíam uma ameaça ao sistema totalitário, um perigo a ser eliminado.
17 Individuação não é individualismo, como nos alerta o psicólogo analítico Carl Gustav Jung. É um processo de transcendência que busca estimular o melhor na pessoa e no outro, abandonando o isolamento e estabelecendo conexões e coletividades. Ou, como afirma Hall, a identidade significa o ponto de encontro, o ponto de sutura entre, por um lado, os discursos e as práticas que tentam nos "interpelar", nos falar ou nos convocar para que assumamos nossos lugares como sujeitos sociais de discursos particulares e, por outro, os processos que produzem subjetividades, que nos constroem como sujeitos aos quais se pode falar. HALL, Stuart. "Quem Precisa de Identidade?". *In*: SILVA, Tomaz Tadeu (org.). *Identidade e Diferença: a Perspectiva dos Estudos Culturais*. Petrópolis: Vozes, 2000, p. 103-133.

Como Conversar com um Fascista, elucida a massificação totalitária e fascista: "a multidão preserva a alteridade, a massa aniquila a singularidade. [...] A massa é autoritária, a multidão, emancipada. [...] A massa precisa de um líder que a conduza, a multidão só precisa do desejo de cada um".[18]

Eichmann não era um sádico, nem perverso,[19] mas alguém que tornou o mal rotineiro, trivial e banal. Após o julgamento, Eichmann foi sentenciado e condenado à forca, em 1962. Para Arendt, o mal é banal porque está associado à normalidade.

A normalização e normatização do mal se traduzem, ou estão implícitas, em muitas normas e padrões criados para o controle da sociedade e que fazem da sexualidade uma prisão, impõem métodos de coerção, violência e punição ao prazer e ao desejo, como veremos a seguir.

A face patriarcal do mal

Os elementos abordados na obra de Hannah Arendt devem ser analisados com cuidado, primeiro porque a reflexão sobre o mal é complexa e minuciosa; segundo porque esses elementos vão nos auxiliar na compreensão da manifestação do mal no contexto da sexualidade.

A normatização assustadora presente em Eichmann se expressa por meio do seu comportamento normótico, ou seja, por meio de conceitos internalizados construídos a partir de normas sugeridas como absolutas e que, aos poucos, foram sendo naturalizados à sua conduta e caráter. A normatização, que difere da normalização, é a primeira etapa, pois é preciso, primeiro, criar normas e leis específicas que atuem em privilégio de uns e detrimento de outros. Só em um segundo momento isso se torna "natural".

---

18 TIBURI, Márcia. *Como Conversar com um Fascista: Reflexões sobre o Cotidiano Autoritário Brasileiro*. 5. ed. Rio de Janeiro: Record, 2016, p. 51.
19 ROUDINESCO, Elisabeth. *A Parte Obscura de Nós Mesmos: uma História dos Perversos*. Trad. André Telles. Rev. téc. Marco Antonio Coutinho Jorge. Rio de Janeiro: Zahar, 2008.

O patriarcado constitui-se em normatividades que reforçam o binarismo de gênero. O mal se expressa, assim, como aquilo que se espera de homens e mulheres, ou seja, como uma divisão complexa e enraizada na sociedade de categorias e hierarquias. Assim, a "categoria mulher" estaria a serviço das normas patriarcais e, portanto, excluída dos privilégios da "categoria homem".[20]

O patriarcado é, portanto, um sistema que endossa poderes e saberes,[21] cuja leitura masculinista e patriarcal da sociedade, além de não contemplar as mulheres, pauta-se numa ontologia androcêntrica, que representa a humanidade no masculino e, portanto, considera o homem como medida de todas as coisas.[22]

Os homens, assim, buscam se enquadrar em papéis sociais que visam reafirmar relações de dominação e soberania diante das mulheres, em um processo identitário, ou seja, no sentido de que a masculinidade deveria assumir características específicas que a diferenciasse da feminilidade, como uma espécie de iniciação masculina.[23] A identidade masculina consiste em ser viril, macho, adulto e heterossexual.

Dessa maneira, o sexo torna-se poderosa prática de dominação, em uma concepção falocêntrica de superioridade e virilidade,[24] e a penetração assume o caráter de humilhação e desonra do outro. Conforme Boswell, "penetração e poder estavam entre as inúmeras prerrogativas da elite dirigente masculina; ceder à penetração era uma ab-rogação simbólica do poder e da autoridade".[25]

---

20   BUTLER, Judith. *Problemas de Gênero: Feminismo e Subversão da Identidade*. Trad. Renato Aguiar. 8. ed. Rio de Janeiro: Civilização Brasileira, 2015, p. 39.
21   FOUCAULT, Michel. *Vigiar e Punir: Nascimento da Prisão*. Trad. Raquel Ramalhete. 42. ed. Petrópolis: Vozes, 2014.
22   GARCIA, Carla Cristina. *Breve História do Feminismo*. São Paulo: Claridade, 2015.
23   BORIS, Georges. *Os Rituais da Construção da Subjetividade Masculina. Ser Macho ou Ser Homem? Uma História de Dor, Violência, Paixão e Regozijo*. II Seminário Internacional de Educação Intercultural, Gênero e Movimentos Sociais: Identidade, Diferença e Mediações. Florianópolis, 2003.
24   BOURDIEU, Pierre. *A Dominação Masculina*. Trad. Maria Helena Kuhner. 3. ed. Rio de Janeiro: BestBolso, 2016.
25   BOSWELL apud BOURDIEU. *A Dominação Masculina*, p. 38.

O patriarcado, determinando a divisão sexual do trabalho, o formato do casal e do casamento, imputa culpa ao desejo e ao prazer das pessoas, cerceia a liberdade, propaga o desrespeito e sujeita o corpo às suas ordens. O que for ameaçador à ideologia torna-se abjeto,[26] será alvo de retaliações. Muitas vezes, esta abjeção é invisibilizada, sutil e imperceptível.[27] O patriarcado nega espaço para todos os que são considerados uma ameaça ao seu bom funcionamento, à ordem social e política.[28]

É por este olhar político e, também, como dispositivo doutrinador que o patriarcado se equipara ao totalitarismo, impondo uma condição de subalternidade às pessoas e aos grupos que estão fora do poder da estrutura hegemônica; daí o conceito de subalternidade exigir um espaço territorial definido e demarcado, bem como aqueles que se encontram fora do pensamento hegemônico:

> Forma de organização política, econômica, religiosa, social baseada na ideia de autoridade e liderança do homem, no qual se dá o predomínio dos homens sobre as mulheres; do marido sobre as esposas, do pai sobre a mãe, dos velhos sobre os jovens, e da linhagem paterna sobre a materna. O patriarcado surgiu da tomada de poder histórico por parte dos homens que se apropriaram da sexualidade e reprodução das mulheres e seus produtos: os filhos, criando ao mesmo tempo uma ordem simbólica por meio dos mitos e da religião que o perpetuam como única estrutura possível.[29]

Numa possível analogia, o patriarcado está para o homem assim como o regime totalitário estava para a sociedade alemã.

---

26 KRISTEVA *apud* ÁVILA, Simone. *Transmasculinidades: a Emergência de Novas Identidades Políticas e Sociais*. Rio de Janeiro: Multifoco, 2014.
27 COLLING, Leandro. "A Heteronormatividade e a Abjeção: os Corpos de Personagens Não-Heterossexuais nas Telenovelas da Rede Globo (1998-2008)". In: *VI ENECULT – Encontro de Estudos Multidisciplinares em Cultura*. Salvador, 2010. Disponível em: http://www.cult.ufba.br/wordpress/24611.pdf. Acesso em: 28 mar. 2017.
28 MISKOLCI, Richard. *Teoria Queer: um Aprendizado pelas Diferenças*. 2. ed. Belo Horizonte: Autêntica/UFOP, 2015 (rev. e ampl.).
29 REGUANT *apud* GARCIA. *Breve História do Feminismo*, p. 17.

Regimes que, se por um lado dão sentido à vida, fornecendo referências e fortalecendo alguns, por outro lado, vulnerabilizam os demais. Ao compreender seus propósitos, a verdade é desnudada. Tais sistemas causam violações, segregações, injustiças sociais, ressentimentos e violentam a todos, sem exceção. O mal se manifesta elegendo seus monstros.

Quem são estes monstros?

O conceito de monstro depende muito do contexto histórico e do período vivido, assim como da cultura vigente. Estes seres são marcados pelo preconceito e pelo ódio da sociedade que, ao mesmo tempo que os alimenta, igualmente sente medo deles.

Se os monstros despertam medo, o preconceito toma como base este medo. Um medo do outro, que, por isso, não será reconhecido enquanto outro. Essa é a lógica contrária ao multiculturalismo sugerido por Charles Taylor, no qual as construções de identidades se dariam por meio do diferente e pelo convívio com o outro. Não reconhecer este outro é invisibilizá-lo. Uma invisibilidade de raízes sexista, étnica, racial e classista.[30]

O que os monstros possuem de assustador desperta também fascínio e admiração, pois são, em si mesmos, transgressores. Os monstros que emergem na sociedade, por meio da violência sofrida, precisam transgredir as leis e as normas para que possam existir; seu poder está em mostrar e revelar as mazelas, demagogias e hipocrisia de uma sociedade excludente. A monstruosidade é a própria existência; logo, os monstros precisam ser ocultados e até mesmo eliminados.

Bastam dois exemplos para ilustrar esta realidade. Eva é a personagem bíblica associada ao pecado, que incentivou o homem, Adão, a cometê-lo. Maria, por sua vez, é o símbolo da mulher imaculada e santa, mãe de Jesus, associada à redenção. Essa dualidade entre a mulher-pecadora e a mulher-santa ainda existe no imaginário de muitos

---
30 TAYLOR. *Multiculturalismo*.

homens.³¹ Se entendida como "um organismo estranho no corpo da cultura masculina",³² ela precisa ser eliminada ou controlada. Daí a monstruosidade das bruxas condenadas à fogueira ou das doentes na figura da ninfomaníaca, monstros criados pelos saberes médicos e que precisavam ter seu desejo controlado. Outro exemplo refere-se às monstruosidades atribuídas aos sodomitas,³³ considerados perversos que não seguem a ordem natural da prática sexual e da reprodução, conforme uma heterossexualidade compulsória,³⁴ cuja heteronormatividade³⁵ continua inventando seus monstros através da homofobia, lesbofobia, bifobia, transfobia, desigualdades e violência de gênero.

Perseguidos, os monstros, se não estavam em cavernas e grutas, deveriam permanecer o mais distante possível das pessoas, seja no gineceu,³⁶ seja no campo de concentração, seja na periferia. De fato, o banal, assim como o mal, está em uma sociedade que insiste em criar monstros e destruí-los.

O ódio que transparece

Das várias expressões do mal, o discurso de ódio talvez seja a mais eficiente na tentativa de provocar discórdia e ruptura social, haja vista o efeito de sua disseminação e, consequentemente, a desmoralização aos direitos humanos. O discurso de ódio é uma manifestação segregacionista, baseada na dicotomia superior e inferior.³⁷

---

31   CIRLOT, Juan-Eduardo. *Dicionário de Símbolos*. Trad. Rubens Eduardo Ferreira Frias. São Paulo: Centauro, 2005.
32   LEITE JÚNIOR, Jorge. *Das Maravilhas e Prodígios Sexuais: a Pornografia "Bizarra" como Entretenimento*. São Paulo: Annablume, 2006, p. 173.
33   SAEZ, Javier; CARRASCOSA, Sejo. *Pelo Cu: Políticas Anais*. Trad. Rafael Leopoldo. Belo Horizonte: Letramento, 2016.
34   COLLING, Leandro. "O Que Perdemos com os Preconceitos?". *Revista Cult*, 18 (202): 22-25, 2015 (São Paulo).
35   Termo criado em 1991 e atribuído a Michael Warner. Diz respeito a uma "nova ordem social" na qual as pessoas devem organizar suas vidas conforme os modelos heterossexuais, tendo práticas sexuais heterossexuais ou não.
36   Cômodo de uma casa que, na Grécia Antiga, era destinado exclusivamente à mulher, uma espécie de prisão dentro da própria residência.
37   SILVA, Rosane Leal da *et al*. "Discursos de Ódio em Redes Sociais: Jurisprudência

O que Arendt tratou como banalização do mal, o filósofo Jean Baudrillard tratou como "transparência do mal". Para ele, "já não sabemos enunciar o mal"[38] e, por isso mesmo, o ser humano passa a conviver com o mal, interiorizando-o por meio da violência e disseminando o ódio às diferenças como forma de massificação e, assim, promovendo a eliminação dos monstros que lhe convém.

Como exemplo, cito a cena dramática de uma travesti, Dandara,[39] sendo espancada até a morte, compartilhada por milhares de pessoas nas redes sociais. Muitos comentários são contrários à agressão e tantos outros, de maneira natural, reforçam o próprio ódio com comentários igualmente violentos proferidos sobre ela. O número de *likes*, compartilhamentos e comentários oculta outra leitura sobre o mal, isto é, o mal daqueles que viram a cena e não deram a mínima importância, julgando não terem nada a ver com aquilo.

> Se o indivíduo já não se confronta com o outro, defronta-se consigo mesmo. (...) Toda a nossa sociedade busca neutralizar a alteridade, destruir o outro como referência natural – na efusão asséptica da comunicação, na efusão interativa, na ilusão da troca e do contato. De tanta comunicação, a sociedade torna-se alérgica a si mesma. (...) O corpo torna-se alérgico até a sua sombra. (...) Doravante, é a transparência dos outros que se torna absoluta. Já não há o Outro como espelho, como superfície refletora. (...) Já não há negação determinada do sujeito, só há uma indeterminação da posição de sujeito e da posição do outro. Na indeterminação, o sujeito não é mais nem um nem outro, é só o Mesmo.[40]

Brasileira". *Revista Direito GV*, 7 (2), 2011 (São Paulo). Disponível em: http://www.scielo.br/scielo.php?script=sci_arttext&pid=S1808-24322011000200004&lng=en&nrm=iso. Acesso em: 03 abr. 2017.
38   BAUDRILLARD. *A Transparência do Mal*, p. 93.
39   Dandara dos Santos foi espancada e levou alguns tiros. Assassinada no bairro Bom Jardim, em Fortaleza, parte do crime foi filmado. O crime, motivado por transfobia, aconteceu em 15 de fevereiro de 2017, e foi realizado por, pelo menos, seis homens.
40   BAUDRILLARD. *A Transparência do Mal*, p. 129-130.

A banalidade e a transparência do mal são mantidas por um consumismo de linguagem,[41] explicitado por falsos argumentos, distorções e mentiras produzidos com o efeito de confundir aquele que questiona e que busca compreender. A finalidade é assegurar para si poder e privilégios, o que não tem nada a ver com direitos. Algumas exemplificações:

- Práticas de coisificação,[42] como na cultura do estupro, que desnuda a exotificação e a violência sexual sofridas pelos povos indígena e negro no período de colonização,[43] e todas as mulheres que são vítimas da exploração de seu corpo, inclusive, culpabilizadas pela violência que sofreram, seja ela sexual ou doméstica;
- Violências domésticas ocultadas, camufladas e atenuadas diante da máxima "em briga de marido e mulher não se mete a colher", assim como o estupro marital; aumento do já crescente número de casos de feminicídio,[44] situando a mulher como inessencial,[45] isto é, como alguém que deve servir aos essenciais e, não havendo serventia, pode desaparecer;

---

41 TIBURI. *Como Conversar com um Fascista*.
42 Dias e Silva explicam sobre o mecanismo de coisificação "caracterizada pela desumanização do outro, ou seja, pela retirada dos aspectos humanos das pessoas, (...) passando a transformá-lo, a seus olhos, em 'coisa' (...). Desarma secretamente seu possível agressor, transformando-o de acordo com sua perspectiva, em um ser inanimado. Despersonaliza, petrifica e coisifica o outro, acreditando anular qualquer perigo a si mesmo". DIAS, Victor R. C. S.; SILVA, Virgínia de Araújo. *Psicopatologia e Psicodinâmica na Análise Psicodramática*. São Paulo: Ágora, 2008, p. 176.
43 QUIJANO, Aníbal. *Colonialidade do Poder, Eurocentrismo e América Latina*. Buenos Aires: CLACSO, 2005. Disponível em: http://biblioteca.clacso.edu.ar/clacso/sur-sur/20100624103322/12_Quijano.pdf. Acesso em: 14 abr. 2017.
44 A Lei n. 13.104, de 9 de março de 2015, alterou o Código Penal em seu artigo 121 do Decreto-Lei n. 2.848, de 7 de dezembro de 1940, passando a prever o feminicídio como crime de homicídio classificado contra a mulher por razões da condição de sexo feminino. O § 2º-A define duas razões para esta condição: violência doméstica e familiar, e menosprezo ou discriminação à condição de mulher. Este crime é considerado hediondo.
45 TIBURI, Márcia. "Democracia Hard: Homens, Feminismo e Machismo ao Contrário". *Revista Cult*, 16 mar. 2017. Disponível em: https://revistacult.uol.com.br/home/democracia-hard-homens-feminismo-e-machismo-ao-contrario/.

- Sociedades que consideram ser lésbica uma mulher "mal comida" e que o estupro serviria para corrigir tal equívoco. Outras que consideram normais práticas de controle do desejo da mulher, como a amputação e a circuncisão feminina, comuns em alguns países no Norte da África e no Oriente Médio;
- Violência contra os próprios homens, obrigados a cumprir as *performances* e os estereótipos de gênero. À margem deste pseudopoder, os homens têm de lidar com a crise do masculino, com seus conflitos, fracassos, insuficiências, dúvidas e medos. Na dialética da dominação patriarcal, essa realidade oculta a prisão e a escravidão ao machismo;
- Práticas de silenciamento e invisibilidade dos movimentos democráticos. Enquanto a política estabelece laços comuns e promove a convivência entre todos, o contrário é o antipolítico,[46] que entorpece a conscientização e retarda o diálogo, desqualifica as representatividades, não reconhece a diversidade e a pluralidade das identidades e deslegitima movimentos questionadores aos regimes. Daí a pergunta insistente e incômoda: ainda se pode falar de democracia?[47]

As facetas da violência sexual são marcadas por esse mal, são o reflexo dele em nós mesmos. É o que explica a cultura do assédio, já que "a sociedade do assédio forma pessoas capazes de produzir o assédio. E de consentirem com ele. (...) Cada um introjeta, ao tratar o outro como coisa".[48] É neste ínterim que profundas práticas repressivas se manifestam, como o aniquilamento do corpo e das singularidades, a eliminação do desejo e da condição humana, e o esfacelamento do sentimento de pertencimento social.

---

46 TIBURI. *Como Conversar com um Fascista*.
47 RANCIÈRE, Jacques. *Ainda se Pode Falar em Democracia?* Trad. Vanessa Brito. Dir. João Francisco Figueira e Vítor Silva. Lisboa: KKYM, 2014.
48 TIBURI. *Como Conversar com um Fascista*, p. 101.

Considerações finais

O regime totalitário constrói-se na opacidade de identidades, como se a humanidade se resumisse numa só pessoa.[49] Urge, portanto, uma (re)educação sexual, que desconstrua privilégios e (re)construa direitos, equidade e preserve o respeito ao outro e às identidades. A desconstrução deve ser entendida como um instrumento de ressignificação de conceitos, determinações e imposições sociais do sistema patriarcal e dos sistemas autoritários. A desconstrução também

> pode ser entendida como uma aproximação que busca inverter as hierarquias tradicionais (...), sem contudo cair na totalização ou negação do conceito em si. (...) A desconstrução é um jogo duplo, fiel e violento de inversão e deslocamento de dentro e de fora (...).[50]

Assim, esse lugar privilegiado deve favorecer aquele que não o possui; permitir o debate em ambientes de opressão; inserir o diálogo e a contestação em lugares e entre pessoas que perpetuam a intransigência; possibilitar a fala necessária para a legitimação das diferenças. Fato é que nenhum privilégio nos isenta de vulnerabilidades. A dialética entre opressor e oprimido é tênue; afinal de contas, somos todos potencialmente sujeitos tanto para infligir quanto sofrer opressões.

As estatísticas sobre violência sexual demonstram, por exemplo, que os casos de estupros notificados chegam a centenas por dia.[51] Mas, se considerarmos apenas os números, corremos o risco de não percebermos a banalização da violência de fato – e, portanto, a banalização do mal –, reduzindo-a apenas a uma dura realidade social. Os números podem significar que hoje a sociedade

---

49 ARENDT, Hannah. *As Origens do Totalitarismo.*
50 DUQUE-ESTRADA, Paulo Cesar (org.). *Desconstrução e Ética: Ecos de Jacques Derrida.* Rio de Janeiro/São Paulo: PUC-Rio/Loyola, 2004, p. 94.
51 Ver: ANUÁRIO BRASILEIRO DE SEGURANÇA PÚBLICA. Disponível em: http://www.forumseguranca.org.br/. Acesso em: 03 mar. 2018.

está discutindo e refletindo mais sobre a violência sexual; daí uma maior visibilidade a tal fenômeno. Mas eles podem ignorar o fato de que a violência sexual está baseada num binarismo de gênero, alicerçado num sistema patriarcal misógino e sexista, que cria uma cultura da naturalização e banalização da violência.

A violência social, emocional ou familiar; o estupro marital ou conjugal; o estupro corretivo; violência no namoro; o feminicídio;[52] a violência no trabalho; a intolerância em relação à diversidade; a discriminação sexual e racial;[53] os abusos verbais e físicos; a tortura; a escravidão sexual (desde a prostituição até os casos de lenocínio); o abuso sexual infantil incestuoso e extrafamiliar; o espancamento físico e emocional; a mutilação genital; a maternidade e o aborto forçados, tudo isso deve ser identificado como um *não direito humano*.

Para François de La Rochefoucauld, aristocrata e moralista francês, "nada é tão contagioso como o exemplo". Há exemplos perpetuados e saberes enraizados que precisam ser revistos urgentemente. Muitos homens, contagiados pelo patriarcado, possuem práticas machistas e misóginas, e as consideram naturais. Precisam, por meio da violência imposta à mulher, assegurar sua masculinidade, pois acreditam numa hierarquização generificada.

Sistemas opressores não são naturais, mas tornam-se comuns à medida que os oprimidos, inclusive os próprios homens, iludem-se com uma hegemonia efêmera e uma ideologia que só dissemina desigualdades e intolerância. O mal está na prática e no discurso; o banal, na complacência. A educação, por

---

52 Ver: PRADO, Débora; SANEMATSU, Marisa (Orgs.). *Feminicídio: #InvisibilidadeMata*. São Paulo: Instituto Patrícia Galvão, 2017. Disponível em: https://agenciapatriciagalvao.org.br/wp--content/uploads/2017/03/LivroFeminicidio_InvisibilidadeMata.pdf. Acesso em: 02 mar. 2018.
53 Ver: CARNEIRO, Suelaine. *Mulheres Negras e Violência Doméstica: Decodificando os Números*. São Paulo: Geledés Instituto da Mulher Negra, 2017. Disponível em: https://www.geledes.org.br/wp-content/uploads/2017/03/e-BOOK-MULHERES-NEGRAS-e-VIOLÊNCIA-DOMÉSTICA-decodifancando-os-números-isbn.pdf. Acesso em: 02 mar. 2018.

sua vez, é o instrumento de superação tanto de um quanto do outro.

Referências

ANUÁRIO BRASILEIRO DE SEGURANÇA PÚBLICA. Disponível em: http://www.forumseguranca.org.br/. Acesso em: 03 mar. 2017.

ARENDT, Hannah. *Eichmann em Jerusalém*: um Relato sobre a Banalidade do Mal. São Paulo: Companhia das Letras, 1999.

_____. *A Dignidade da Política*: Ensaios e Conferências. Trad. Antonio Abranches. Rio de Janeiro: Relume Dumará, 1993.

_____. *As Origens do Totalitarismo*: Antissemitismo, Imperialismo e Totalitarismo. Trad. Roberto Raposo. São Paulo: Companhia das Letras, 1989.

ÁVILA, Simone. *Transmasculinidades: a Emergência de Novas Identidades Políticas e Sociais*. Rio de Janeiro: Multifoco, 2014.

BAUDRILLARD, Jean. *A Transparência do Mal: Ensaio sobre os Fenômenos Extremos*. Trad. Estela dos Santos Abreu. 2. ed. Campinas: Papirus, 1992.

BORIS, Georges. *Os Rituais da Construção da Subjetividade Masculina. Ser Macho ou Ser Homem? Uma História de Dor, Violência, Paixão e Regozijo*. II Seminário Internacional de Educação Intercultural, Gênero e Movimentos Sociais: Identidade, Diferença e Mediações. Florianópolis, 2003.

BOURDIEU, Pierre. *A Dominação Masculina*. Trad. Maria Helena Kuhner. 3. ed. Rio de Janeiro: BestBolso, 2016.

BRASIL. Lei n. 13.104 – que altera o art. 121 do Decreto-Lei n. 2.848 do Código Penal, de 7 de dezembro de 1940, para prever o feminicídio como circunstância qualificadora do crime de homicídio, e o art. 1º da Lei n. 8.072, de 25 de julho de 1990, para incluir o feminicídio no rol dos crimes hediondos – de 9 de março de 2015. Disponível em: http://www.planalto.gov.br/ccivil_03/_Ato2015-2018/2015/lei/L13104.htm. Acesso em: 03 abr. 2017.

BUTLER, Judith. *Problemas de Gênero: Feminismo e Subversão da Identidade*. Trad. Renato Aguiar. 8. ed. Rio de Janeiro: Civilização Brasileira, 2015.

CARNEIRO, Suelaine. *Mulheres Negras e Violência Doméstica: Decodificando os Números*. São Paulo: Geledés Instituto da Mulher Negra, 2017.

CHAUÍ, Marilena de Souza. *Convite à Filosofia*. 12. ed. São Paulo: Ática, 1999.

CIRLOT, Juan-Eduardo. *Dicionário de Símbolos*. Trad. Rubens Eduardo Ferreira Frias. São Paulo: Centauro, 2005.

COLLING, Leandro. "O Que Perdemos com os Preconceitos?". *Revista Cult*, 18(202): 22-25, 2015 (São Paulo).

_____. "A Heteronormatividade e a Abjeção: os Corpos de Personagens Não-Heterossexuais nas Telenovelas da Rede Globo (1998-2008)". In: *VI ENECULT - Encontro de Estudos Multidisciplinares em Cultura*. Salvador, 2010. Disponível em: http://www.cult.ufba.br/wordpress/24611.pdf. Acesso em: 28 mar. 2017.

COSTA, Jurandir Freire. *História da Psiquiatria no Brasil: um Corte Ideológico*. 5. ed. Rio de Janeiro: Garamond, 2007.

DIAS, Victor R. C. S.; SILVA, Virgínia de Araújo. *Psicopatologia e Psicodinâmica na Análise Psicodramática*. São Paulo: Ágora, 2008.

DUQUE-ESTRADA, Paulo Cesar (org.). *Desconstrução e Ética: Ecos de Jacques Derrida*. Rio de Janeiro/São Paulo: PUC-Rio/Loyola, 2004.

FINKELSTEIN, Norman G. *A Indústria do Holocausto: Reflexões sobre a Exploração do Sofrimento dos Judeus*. Trad. Vera Gertel. Rio de Janeiro: Record, 2001.

FOUCAULT, Michel. *Vigiar e Punir: Nascimento da Prisão*. Trad. de Raquel Ramalhete. 42. ed. Petrópolis: Vozes, 2014.

FRANGIOTTI, Roque. *Cristãos, Judeus, Pagãos: Acusações, Críticas e Conflitos no Cristianismo Antigo*. São Paulo: Ideias & Letras, 2006.

GARCIA, Carla Cristina. *Breve História do Feminismo*. São Paulo: Claridade, 2015.

HALL, Stuart. "Quem Precisa de Identidade?". *In*: SILVA, Tomaz Tadeu (org.). *Identidade e Diferença: a Perspectiva dos Estudos Culturais*. Petrópolis: Vozes, 2000, p. 103-133.

LAFER, Celso. *Hannah Arendt. Pensamento, Persuasão e Poder*. Rio de Janeiro: Paz e Terra, 1979.

LEITE JÚNIOR, Jorge. "O que é um Monstro". *Com Ciência – Revista Eletrônica de Jornalismo Científico*, 2007 (Campinas, SP). Disponível em: http://comciencia.br/comciencia/handler.php?section=8&edicao=29&id=340. Acesso em: 02 abr. 2017.

_____. *Das Maravilhas e Prodígios Sexuais: a Pornografia "Bizarra" como Entretenimento*. São Paulo: Annablume, 2006.

MISKOLCI, Richard. *Teoria Queer: um Aprendizado pelas Diferenças*. 2. ed. Belo Horizonte: Autêntica/UFOP, 2015 (rev. e ampl.).

MUIR, Edward. *Fiesta y Rito en la Europa Moderna*. Trad. Ana Márquez Gómez. Madri: Complutense, 2001.

NJAINE, Kathie. "Violência no Namoro". *In*: FLEURY-TEIXEIRA, Elizabeth e MENEGUEL, Stela N. (orgs.). *Dicionário*

Feminino da Infâmia: Acolhimento e Diagnóstico de Mulheres em Situação de Violência. Rio de Janeiro: FIOCRUZ, 2015.

PRADO, Débora; SANEMATSU, Marisa (orgs.). *Feminicídio: #InvisibilidadeMata*. São Paulo: Instituto Patrícia Galvão/Fundação Rosa Luxemburgo, 2017.

QUIJANO, Aníbal. *Colonialidade do Poder, Eurocentrismo e América Latina*. Buenos Aires: CLACSO, 2005. Disponível em: http://biblioteca.clacso.edu.ar/clacso/sur-sur/20100624103322/12_Quijano.pdf. Acesso em: 14 abr. 2017.

RANCIÈRE, Jacques. *Ainda se Pode Falar em Democracia?* Trad. Vanessa Brito. Dir. João Francisco Figueira e Vítor Silva. Lisboa: KKYM, 2014.

ROUDINESCO, Elisabeth. *A Parte Obscura de Nós Mesmos*: uma *História dos Perversos*. Trad. André Telles. Rev. téc. Marco Antonio Coutinho Jorge. Rio de Janeiro: Zahar, 2008.

SAEZ, Javier; CARRASCOSA, Sejo. *Pelo Cu: Políticas Anais*. Trad. Rafael Leopoldo. Belo Horizonte: Letramento, 2016.

SILVA, Rosane Leal da *et al*. "Discursos de Ódio em Redes Sociais: Jurisprudência Brasileira". *Revista Direito GV*, 7(2), 2011, (São Paulo). Disponível em: http://www.scielo.br/scielo.php?script=sci_arttext&pid=S1808-24322011000200004&lng=en&nrm=iso. Acesso em: 03 abr. 2017.

TAYLOR, Charles. *Multiculturalismo: Examinando a Política do Reconhecimento*. Lisboa: Instituto Piaget, 1998.

TIBURI, Márcia. "Democracia Hard: Homens, Feminismo e Machismo ao Contrário". *Revista Cult*, 16 mar. 2017. Disponível em: https://revistacult.uol.com.br/home/democracia-hard-homens-feminismo-e-machismo-ao-contrario/. Acesso em: 07 abr. 2017.

_____. *Como Conversar com um Fascista: Reflexões sobre o Cotidiano Autoritário Brasileiro*. 5. ed. Rio de Janeiro: Record, 2016.

WEIL, Pierre; LELOUP, Jean-Yves; CREMA, Roberto. *Normose: a Patologia da Normalidade*. 5. ed. Petrópolis: Vozes, 2014 (Coleção Unipaz: Colégio Internacional dos Terapeutas).

3
A banalização do mal e a violência contra a mulher

Rosana Nubia Sorbille[1]

Primeiro ato: palavras

[Vozes ritmadas – música] *A mulher sabe o que ela quer de verdade: quer respeito, quer direito e igualdade. Quer dignidade, estar na rua à vontade.* [...] [Mulher 1] *No espaço público, esse da cidade, homens e mulheres situam-se nas duas extremidades da escala de valores. Opõem-se como a noite e o dia.* Investidos de uma função oficial, o homem público desempenha um papel importante e reconhecido, mais ou menos célebre, ele participa do poder. Depravada, debochada, lúbrica, venal, a mulher pública é fácil, mulher comum que pertence a todos. O homem público, sujeito eminente da cidade, deve encarnar a honra e a virtude. A mulher pública constitui a vergonha, a parte escondida, simulada, vil objeto, território de passagem, sem individualidade própria. *Por que essa dissimetria das palavras e das imagens?* O nosso objetivo é justamente... [interrupção: choro de uma criança recém-nascida]... vocês me dão licença, é um minutinho só, por favor. [Mulher 2] *A mulher circula pelo espaço público desempenhando funções mundanas e domésticas...*, mas os homens é que ... [Mulher 1 e 2 revezam no palco em plena correria e

---

[1] Rosana Nubia Sorbille é mestra em Integração da América Latina (Universidade de São Paulo) e professora no Instituto Federal de São Paulo.

complementação] *mas os homens é que são, na verdade, os senhores do privado, em especial da família, instância fundamental, [...] cristal da sociedade civil que eles governam e representam, dispostos a delegar às mulheres... dispostos a delegar às mulheres somente a gestão do cotidiano.* Uma mulher, na intimidade do seu quarto, pode escrever um livro... pode escrever um livro ou um artigo de jornal que a introduzirá no espaço público. É por isso que a pintura assim como a escritura... a pintura, assim como a escritura, foi uma das primeiras conquistas femininas e uma das que causou mais forte... mais forte resistência. *Em suma, existem muitos meios de se tornar uma mulher pública com a condição de dar a essa expressão uma "certa" extensão.* [Mulheres 1 e 2] *Por que as mulheres que conquistaram a igualdade civil, a instrução, a condição de assalariadas, certas formas da criação artística, o esporte de alto nível, etc., têm tanta dificuldade de chegar aos comandos da cidade tanto econômicos, como políticos?* [...] [Mulheres 1 e 2 revezando] *Cachorro: melhor amigo do homem*; cadela: puta. *Touro: homem forte;* vaca: puta. *Vadio: que não faz nada;* vadia: puta. *Homem dado: afável, de bom trato;* mulher dada: puta. *Atirado: disponível, impetuoso;* atirada: puta. *Atrevido: ousado, petulante;* atrevida: puta. *Ambicioso: visionário, enérgico;* ambiciosa: puta. *Um qualquer: fulano, beltrano;* uma qualquer: puta. *Puto: nervoso, irritado;* puta: puta [...].[2]

Entre 2010 e 2017, a Companhia de Teatro Kiwi apresentou a peça *Carne – Histórias em Pedaços* "mais de 270 vezes em diversas regiões da cidade e do Estado de São Paulo (...), sempre em parceria com movimentos feministas e de mulheres e organizações sociais". O grupo teatral discutiu "as relações entre patriarcado e capitalismo, mostrando o panorama da opressão de gênero e a situação específica da violência contra as mulheres no Brasil".[3]

Entre as muitas referências da exploração e da opressão sobre as mulheres, a Kiwi provocou: "por que as mulheres que conquistaram a igualdade civil, a instrução, a condição de assalariadas,

---

2   *Carne – Histórias em pedaços*, 2015, 5 min. Disponível em: https://www.youtube.com/watch?v=1gzV1hYC3ig. Acesso em: 11 ago. 2017.
3   Informação extraída de: http://www.kiwiciadeteatro.com.br/portfolio/carne/. Acesso em: 01 ago. 2017.

certas formas da criação artística, o esporte de alto nível, etc., têm tanta dificuldade de chegar aos comandos da cidade tanto econômicos, como políticos?". Situar elementos para responder à provocação e contribuir na construção de caminhos à superação da exploração e da opressão sobre as mulheres são os objetivos deste capítulo.

Sobre a violência contra as mulheres

> Dos *mais pobres do mundo*, 70% são mulheres [...]. Um estudo da Organização Internacional do Trabalho [OIT], feito em 23 países industrializados, concluiu que 15 a 30% de mulheres pesquisadas já *foram assediadas sexualmente,* e uma de cada doze delas teve de abandonar seu trabalho; dados da Organização das Nações Unidas [ONU] apontam que 45 a 60% dos *assassinatos de mulheres são cometidos por homens com quem elas tiveram algum envolvimento amoroso* [...]. O *tráfico de mulheres* gera receitas anuais de US$ 32 bilhões no mundo todo, e 85% desse dinheiro vem da *exploração sexual,* que só na América Latina e no Caribe fez 100 mil vítimas em 2006 [...]. *As mulheres* representam 57% da população de todo o mundo; *realizam 66% das horas de trabalho; ganham menos de 10% do salário total* enquanto os homens representam 43% da população, possuem 99% das propriedades do planeta. Na atualidade [ONU 2002], há 328 milhões de mulheres de 60 anos ou mais no mundo, enquanto há 265 milhões de homens. *Quanto mais velhas se tornam as mulheres, ficam mais pobres e mais solitárias.*[4]

Os dados organizados e publicados pela entidade feminista União de Mulheres de São Paulo[5] desvelam a violência contra as

---

4 UNIÃO DE MULHERES DE SÃO PAULO. *Violência contra a Mulher e a Impunidade: uma Questão Política*. Ils. Marta Baião. Ed. Cesar A. Teles. 3. ed. São Paulo: UMSP, 2007, p. 6-9 [*Grifos meus*] (Equipe: Criméia Alice Schmidt de Almeida, Generosa Deise Rigo Leopoldi, Maria Amélia de Almeida Teles, Maria Cecília dos Santos, Maria Lúcia Bierrembach Flores da Cunha, Marta Baião, Sônia Maria dos Santos e Terezinha de Oliveira Gonzaga).
5 A União de Mulheres do Município de São Paulo (UMMSP), fundada em 1981, é uma entidade não governamental feminista. Ao longo de seus mais de 35 anos de existência, *a*

mulheres para além da visível dupla jornada de trabalho:⁶ a pobreza, a exploração e a opressão no trabalho remunerado (jornada, assédio e desigualdade salarial), o assassinato por homens com os quais tiveram envolvimento amoroso, a exploração sexual e a velhice desamparada.

Partindo dessa referência, duas considerações são necessárias para uma melhor aproximação com a realidade de *violências cotidianas contra as mulheres*. A primeira é que os dados tornam-se mais trágicos quando a violência é categorizada: "5 espancamentos a cada 2 minutos (...), 1 estupro a cada 11 minutos (...), 1 feminicídio a cada 90 minutos (...), 179 relatos de agressão por dia (...) e 13 homicídios femininos por dia em 2013" (..).⁷ A segunda é sobre a pluralidade da desigualdade, constatada quando os dados são analisados nacionalmente,⁸ na intersecção renda familiar, étnico-racial, região e campo-cidade, ou mesmo de privação de liberdade⁹:

União, como é conhecida, foi protagonista de importantes lutas e conquistas pelo fim da exploração e da opressão do humano sobre o humano e pela libertação de mulheres e homens. A história das fundadoras da entidade está ligada, de modo visceral, à luta contra a ditadura militar brasileira. Atualmente, *a União* é reconhecida nacional e internacionalmente por organizar, em todo o país, o projeto Promotoras Legais Populares (PLPs). Por meio desta e de outras práticas, *a União* busca formar as mulheres para a construção e o exercício de uma cidadania crítica e para a igualdade.

6   Denominação da realização, para a maioria das mulheres, do trabalho doméstico e do trabalho remunerado ("fora").

7   *Cronômetro da Violência Contra as Mulheres no Brasil*. Disponível em: http://www.agenciapatriciagalvao.org.br/dossies/feminicidio/biblioteca/cronometro-da-violencia-contra-as-mulheres-no-brasil/. Acesso em: 22 maio 2017.

8   VENTURI, Gustavo; RECAMÁN, Marisol; OLIVEIRA, Suely de (orgs.). *A Mulher Brasileira nos Espaços Público e Privado*. São Paulo: Perseu Abramo, 2004.

9   Sobre o encarceramento das mulheres, Drauzio Varella narra: "De todos os tormentos do cárcere, o abandono é o que mais aflige as detentas. Cumprem suas penas esquecidas pelos familiares, amigos, maridos, namorados e até pelos filhos. A sociedade é capaz de encarar com alguma complacência a prisão de um parente homem, mas a da mulher envergonha a família inteira. Enquanto estiver preso, o homem contará com a visita de uma mulher, seja a mãe, esposa, namorada, prima ou vizinha, esteja ele num presídio de São Paulo ou a centenas de quilômetros. A mulher é esquecida (...). A minguada ala mais jovem se restringe a maridos e namorados registrados no Programa de Visitas Íntimas, ao qual as presidiárias só conseguiram acesso em 2002, quase vinte anos depois da implantação nos presídios masculinos. Ainda assim, graças às pressões de grupos defensores dos

> Os traços que definem o perfil sociodemográfico da mulher brasileira logo desautorizam o uso do singular, uma vez que os indicadores médios, em si ruins, tornam-se dramáticos em alguns segmentos da população feminina. Se no momento da coleta dos dados (...) três quartos das brasileiras (75%) viviam em domicílios com renda mensal até 5 salários mínimos (sendo 41% com até 2 S. M.) e somente 8% passavam dos 10 salários; entre as residentes no Nordeste 86% viviam em famílias com até 5 salários e em apenas 5% dos casos a renda mensal ultrapassava os 10 salários (...); entre as mulheres que cresceram e ainda viviam no campo, 93% tinham renda familiar até 5 S. M. e só 1% acima de 10 S. M. Se entre as brasileiras com ascendência racial branca dois terços tinham renda familiar até 5 salários (66%), entre a maioria com ascendência negra e branca ou só negra, respectivamente 82% e 87% viviam em domicílios com até 5 salários/mês. Se entre as mulheres brancas 10% tinham renda familiar acima de 10 salários, entre as brasileiras negras apenas 2% chegavam a essa faixa de renda por domicílio (...).[10]

Há muito tempo, as mulheres, principalmente as feministas, têm apontado que a superação da violência contra elas exige um conjunto de ações combinadas: o conhecimento da existência cotidiana (local, nacional e internacional), suas raízes históricas e, fundamentalmente, a organização das mulheres nas lutas, saberes e práticas de libertação. Neste caminho, inúmeras mulheres, feministas ou não, estiveram presentes nas lutas pela palavra, pelo voto, pela educação escolar, pela autonomia econômica e igualdade no mundo do trabalho, pelo direito ao corpo (saúde integral, direitos sexuais e reprodutivos) e pela educação para a igualdade e cidadania.

---

direitos da mulher". *In*: VARELLA, Drauzio. *Prisioneiras*. São Paulo: Companhia das Letras, 2017, p. 38-39.
10   VENTURI; RECAMÁN; OLIVEIRA. *A Mulher Brasileira nos Espaços Público e Privado*, p. 15-16.

Intelectuais e militantes feministas

> A gênese do feminismo se situa certamente nesses séculos recuadíssimos da história humana. (...) Suas sementes aparecem quando a primeira mulher precisou fugir da opressão do homem e defendeu-se de sua violência. Sozinha, ou ajudada por outras, buscou escapar dos raptos, quando sofria maus tratos ou era brutalmente escravizada.
> (Zuleika Alambert)[11]

A historiadora Christine Rufino Dabat destaca "cinco grandes figuras do feminismo revolucionário" para "vencer o silêncio": Flora Tristan (1803-1844), Clara Zetkin (1857-1933), Emma Goldman (1869-1940), Alexandra Kollontai (1872-1952) e Qiu Jin (1875-1907). Por meio da análise das ações militantes destas feministas, Dabat sintetiza:

> (...) poder-se-ia dizer que as associações feministas devem sua existência à incompetência, ou melhor, à estreiteza de visão dos grandes movimentos políticos. *Só elas foram capazes de levar em consideração* – de maneiras às vezes contraditórias – *elementos da exploração e opressão dos humanos por outros humanos que foram descartados pelas correntes majoritárias* (masculinas, sobretudo): *as relações hierárquicas dentro da família* – que se refletiam também *na disparidade nos salários* como o mostrou Marx; *questões íntimas como a liberdade sexual e a contracepção*; até temáticas extremamente diversificadas, na medida em que abrangiam e abrangem todos os âmbitos da vida. *Direitos econômicos e políticos básicos, direito à educação, à formação e ascensão profissional, ao salário igual para trabalho igual, à disposição do próprio corpo, à afirmação cultural.* Pois, quando começaram os movimentos feministas, na virada do século XVIII para o XIX, as mulheres eram privadas destes direitos nos países ocidentais.[12]

---

11 ALAMBERT, Zuleika. *A História da Mulher. A Mulher na História.* Brasília: Fundação Astrojildo Pereira, 2004, p. 29.
12 DABAT, Christine Rufino. "Cinco Grandes Figuras do Feminismo Revolucionário". *In:* DABAT, Christine Rufino; ABREU E LIMA, Maria do Socorro (orgs.). *História do Pensamento Socialista e Libertário.* Recife: UFPE, 2008, p. 130 [*Grifos meus*].

As reflexões de Christine Dabat, ao apontar as lutas das feministas e de suas associações por uma outra cidadania, remetem a um outro questionamento: os estudos sobre as mulheres e feministas no Brasil. Afinal, na percepção e vivência das injustiças e desigualdades cotidianas, o que leram as feministas brasileiras? De onde partiu o legado das mulheres para a ação e reflexão nos movimentos sociais gerais e feministas?

Os estudos apontam para o trabalho original de Heleieth Iara Bongiovani Saffioti, *A Mulher na Sociedade de Classes: Mito e Realidade*, escrito entre 1966 e 1967 e publicado, em segunda edição, dez anos depois.[13] Em prefácio à obra, Antônio Cândido avaliou:

> *O grande mérito da autora foi não separar o problema da mulher dos problemas gerais da sociedade, mostrando como formigaram racionalizações ideológicas ligadas à estrutura social e às formas de dominação.* De modo particular, focaliza as relações entre a posição da mulher e o capitalismo; e, ao fazê-lo, insere a reflexão no próprio ritmo do nosso tempo. Sobre esta base, levanta a segunda parte, referente à condição da mulher no Brasil, discriminando os elementos peculiares à nossa formação histórica e à nossa organização social. Neste contexto, ressalta o ângulo educacional e o movimento feminista, buscando esclarecimento no tipo de formação destinado à mulher e na definição de seus papéis sociais. Finalmente, *traça uma larga meditação teórica, à luz das teorias contemporâneas, para tentar um balanço sobre o vínculo que há entre a sociedade capitalista e as representações concernentes à mulher.*[14]

A Mulher na Sociedade de Classes: Mito e Realidade, de Saffioti, está entre as publicações mais importantes daquela década da mulher

---

13 SAFFIOTI, Heleieth Iara Bongiovani. *A Mulher na Sociedade de Classes: Mito e Realidade*. Pref. Antônio Cândido. Petrópolis: Vozes, 1976. A primeira edição saiu, em 1969, pela Editora Quatro Artes de São Paulo e, em 2013, o livro foi lançado pela Editora Expressão Popular.
14 CÂNDIDO, Antonio. "Prefácio". In: SAFFIOTI. *A Mulher na Sociedade de Classes*, p. 7 [*Grifos meus*].

no Brasil (1975-1985) e é referência e parte da memória feminista no Brasil e na América Latina.[15]

Nesta memória, o marco inaugural da articulação das organizações no país foi a iniciativa da Organização das Nações Unidas (ONU) em declarar, em 1975, o Ano Internacional da Mulher.[16] Assim, na cidade do México, naquela *I Conferência da Mulher da ONU*, instituiu-se a *Década da Mulher* que, posteriormente, em 1985, em Nairóbi/Quênia, realizaria, com a participação de quinze mil representantes de organizações não governamentais, a avaliação das políticas públicas governamentais para o cumprimento dos objetivos da década: igualdade, desenvolvimento e paz. Nairóbi, de 15 a 26 de junho daquele ano, ficou conhecida como "o lugar do nascimento do feminismo em escala mundial".[17]

No Brasil, a articulação das mulheres e feministas construiu-se, em confronto com a ditadura militar, por meio da criação do Movimento Feminino pela Anistia (1975) e pela formação dos jornais *Brasil Mulher* (1975-1979) e *Nós Mulheres* (1976-1978). Sobre o *Brasil Mulher*, escreveu Bernardo Kucinski após entrevistar a jornalista Joana Lopes, em 1990:

> (...) produzido em Londrina, trazido para São Paulo na mala de viagem de sua fundadora, a jornalista Joana Lopes, e impresso nas oficinas da Folha da Manhã. *Precursor dos alternativos feministas (...) foi lançado em dezembro de 1975, com o apoio do Movimento Feminino pela Anistia (...) o MFA não era um movimento feminista, ao contrário, usava a imagem da mulher para legitimar a luta pela anistia e nesse sentido – do uso da imagem da mulher –*

---

15   A crítica literária argentina Beatriz Sarlo destaca os trabalhos de Saffioti; de Isabel Larguia, Lourdes Benería e Martha Roldán; de Elizabeth Jelin, María del Carmen Feijó, Larissa Lomnitz e Catalina Wainerman; e o de Marysa Navarro como os marcos teóricos, nos anos 1970, dos estudos sobre mulheres na América Latina.
16   PEDRO, Joana Maria. "Narrativas Fundadoras do Feminismo: Poderes e Conflitos (1970-1978)". *Revista Brasileira de História*, 26(52): 249-272, dez. 2006 (São Paulo).
17   Ver: ORGANIZAÇÃO DAS NAÇÕES UNIDAS. *Las Cuatro Conferencias Mundiales sobre la Mujer (1975 a 1995): una Perspectiva Histórica*, 2000. Disponível em: http://www.unwomen.org/es/how-we-work/intergovernmental-support/world-conferences-on-women. Acesso em: 20 ago. 2017.

> *poderia ser considerado até como de inspiração machista.* Joana Lopes havia entrevistado Therezinha Zerbini para a Folha de Londrina, a primeira incursão do jornal no tema da anistia. Desse contato e "da presença em Londrina de Narciso Kalili e Rui Barbosa, nasceu a idéia de um boletim do MFA, que logo virou jornal, um jornal feminista". (...) *Da contradição entre as posições de Therezinha Zerbini "que pregava anistia, mas não para os terroristas" e das feministas em torno de Joana Lopes, surgiu um racha, já na reunião de pauta do número 2, em fevereiro de 1976.* Uma reunião "com mais de 40 pessoas, gente de todos os partidos que queriam se reorganizar" através do jornal. *BRASIL MULHER transferiu-se para São Paulo, onde criou a entidade feminista Sociedade BRASIL MULHER.* O jornal era publicado a cada dois meses, com tiragem de dez mil exemplares e distribuição nacional.[18]

Sobre este momento, Rosalina Santa Cruz Leite relata:

> (...) a companheira Amelinha Teles e eu decidimos nos unir mais uma vez numa ação conjunta, entre tantas outras que vivemos ao longo de nossas vidas. Amelinha e eu nos conhecemos em 1976 participando do jornal *Brasil Mulher* e do movimento de anistia. Na época éramos mães com filhos pequenos, ex-presas políticas buscando não interromper nossas militâncias, e estávamos, sobretudo, aprendendo a ser feministas entre machistas. Quando decidimos escrever este livro juntas, em 2012, estávamos envolvidas na luta pela implantação da Comissão da Verdade no Brasil (...). Rever as companheiras, pensar num coletivo, despertou nosso desejo de divulgar a história do movimento feminista, movimento com o qual estamos envolvidas até hoje.[19]

Da dedicatória das autoras, no livro *Da Guerrilha à Imprensa Feminista,* um ciclo histórico – em que a saída da prisão política, a luta pela anistia e a formação feminista estão politicamente vinculados – é apresentado

---

18 KUCINSKI, Bernardo. *Jornalistas e Revolucionários: nos Tempos da Imprensa Alternativa.* São Paulo: Scritta, 1991, p. 79-80 [*Grifos meus*].
19 TELES, Amelinha; LEITE, Rosalina Santa Cruz. *Da Guerrilha à Imprensa Feminista: a Construção do Feminismo Pós-Luta Armada no Brasil (1975-1980).* Pref. Margareth Rago. Apr. Rosalina Santa Cruz Leite. São Paulo: Intermeios, 2013, p. 16.

às mulheres militantes do *Nós Mulheres* e do *Brasil Mulher* que compartilharam conosco suas vivências, inquietudes e indagações – feministas e protagonistas dessa história; aos homens e mulheres que atuaram na imprensa clandestina, alternativa e feminista, contribuíram com informações, denúncias e abriram perspectivas para as lutas de resistência; a todos que foram presos(as) e torturados(as), sobreviveram, resistiram e continuam a lutar e denunciar a violência do Estado; aos que foram assassinados(as) e aos que tiveram seus corpos ocultados pelos agentes da repressão política da ditadura e que nunca puderam ser sepultados; *em especial, a Heleieth Saffioti, nossa eterna mestra*; à companheira Ines Etienne Romeu, sequestrada, torturada e estuprada na Casa da Morte em Petrópolis, única sobrevivente que denunciou detalhes das torturas ali praticadas e, a Diva Burnier, afeto e coragem.[20]

Em outra e anterior publicação sobre o movimento feminista, Maria Amélia de Almeida Teles refere-se ao livro de Saffioti como uma contribuição "para abrir horizontes" e refere-se à iniciativa da ONU, em 1975, diferindo das interpretações das mulheres de países ricos do sistema que criticaram o evento, "como uma luva: excelente instrumento legal para fazer algo público, fora dos pequenos círculos das ações clandestinas".[21]

No início dos anos 1980, a socióloga paulista Heleieth Saffioti comporia, com a intelectual e militante Elisabeth Souza Lobo, o Conselho Editorial[22] do terceiro, e mais longevo,[23] jornal da imprensa feminista da década da mulher – *Mulherio*. Diferentemente do *Brasil Mulher* e do *Nós Mulheres*, *Mulherio* era

---

20 TELES; LEITE. *Da Guerrilha* à *Imprensa Feminista*, p. 16 [*Grifo meu*].
21 TELES, Maria Amélia de Almeida. *Breve História do Feminismo no Brasil*. São Paulo: Brasiliense, 1993, p. 85. Há uma nova edição, pela Editora Alameda, acrescida de outras reflexões da autora (2017).
22 Além de Heleieth Saffioti e Elisabeth Souza Lobo, compunham o Conselho Editorial: Carmem Barroso, Carmem da Silva, Cristina Bruschini, Eva Alterman Blay, Lélia Gonzales, Maria Carneiro da Cunha, Maria Malta Campos, Maria Moraes, Maria Rita Kehl, Maria Valéria Junho Penha, Marília de Andrade, Mariza Correa e Ruth Cardoso. As Editoras: Adélia Borges (jornalista responsável) e Fúlvia Rosemberg. O projeto gráfico ficou sob a responsabilidade de Derly Barroso.
23 O *Mulherio* existiu de 1981 a 1988 – 39 números. Disponível em: http://www.fcc.org.br/conteudosespeciais/mulherio/historia.html. Acesso em: 20 ago. 2017.

uma publicação bimestral, nacional e contou, inicialmente, com financiamento da Fundação Ford e da Fundação Carlos Chagas. O *Mulherio* reuniu experiências diferentes do pós-75: as acadêmicas, as banidas e exiladas retornadas, as ex-presas políticas e as militantes. O que as unificava: uma pauta, de ação e estudo, radicalmente feminista.

Na agenda específica de lutas das mulheres e feministas estavam os direitos da mulher no campo da reprodução (pílulas anticoncepcionais, planejamento familiar, sexualidade e aborto), os direitos da mulher no campo da produção (salários iguais, fim da discriminação no cotidiano do trabalho, a profissionalização para as mulheres e a luta por creches) e a campanha de combate à violência contra a mulher "O silêncio é cumplice da violência".[24]

Maria Lygia Quartim de Moraes, a Maria Moraes do *Mulherio*, acadêmica, marxista e feminista, abriu o ano de 2017 em importante publicação. Em sua 28ª edição, a *Margem Esquerda*[25] dedicou-se "(...) a acompanhar o percurso da maior tentativa de transformação social já empreendida na história da humanidade: a Revolução Russa de outubro de 1917 (...) esse excepcional evento (...)".[26] Ao lado da historiadora estadunidense Wendy Z. Goldman e da doutoranda e ativista feminista Rejane Carolina Hoeveler, Maria Lygia Quartim de

---

24 A partir do I Encontro de Entidades Populares de Combate à Violência Contra a Mulher (1993), com a presença de 75 entidades de mulheres e feministas, a campanha se ressignifica: *"A impunidade é cumplice da violência"*. UNIÃO DE MULHERES DE SÃO PAULO. *Violência contra a Mulher e a Impunidade*, p. 13-15.

25 A *Margem Esquerda – Ensaios Marxistas* é uma revista semestral, em circulação desde 2003. São membros do conselho editorial da revista: Afrânio Mendes Catani, Alysson Leandro Mascaro, Boaventura de Sousa Santos, Carlos Nelson Coutinho (*in memoriam*), Emília Viotti da Costa, Emir Sader, Francisco de Oliveira, Heloísa Fernandes, István Mészáros, Jacob Gorender (*in memoriam*), João Alexandre Peschanski, José Paulo Netto, Leandro Konder (*in memoriam*), Maria Lygia Quartim de Moraes, Maria Orlanda Pinassi, Michael Löwy, Miguel Urbano Rodrigues, Paulo Arantes, Paulo Barsotti, Ricardo Antunes, Roberto Schwarz e Slavoj Žižek.

26 MORAES, Maria Lygia Quartim de. "As Origens do Feminismo Marxista (e da Revolução de 1917)". *Margem Esquerda*, 28: 9, 2017 (São Paulo, Boitempo).

Moraes compõe, no "Dossiê: Feminismo, Marxismo e Revolução Russa", o artigo "As Origens do Feminismo Marxista (e da Revolução de 1917)".[27]

No referido artigo, a autora orienta a pensar, historicamente, a relação entre feminismo e marxismo, em sua origem e desenvolvimento. Para tal, estabelece as seguintes balizas: a publicação, em 1960-1961, no Brasil, de *O Segundo Sexo* de Simone de Beauvoir, e uma outra manifestação de pensamento, de Angela Davis, *A Liberdade é uma Luta Constante*.[28] A obra de Beauvoir foi, para Maria Lygia Quartim de Moraes, a chave de acesso ao debate marxismo-feminismo naqueles anos:

> Faço parte dessa geração das filhas de Simone (...). A leitura de *O segundo sexo* revelou a análise marxista sobre a opressão da mulher e as lutas e conquistas das socialistas alemãs e russas, especialmente, Clara Zetkin e Aleksandra Kollontai. Simone, como Clara e Aleksandra, inspirou-se e utilizou os escritos de socialistas e comunistas, incorporando a seu trabalho as teses de Engels sobre as origens da família e da opressão da mulher. O ocultamento da incorporação do marxismo em *O segundo sexo* é uma das dimensões da atual despolitização do feminismo e suas teóricas, assim como o das lutas operárias e do fato inquestionável que as lutas pela libertação nacional, as lutas de classe e as lutas contra a opressão da mulher são lutas encabeçadas e apoiadas por pessoas e partidos de esquerda.[29]

Há na reflexão, para além dos elementos dispostos à compreensão da análise, *um mal-estar em relação ao tempo presente*. Ao enfatizar as vitórias conquistadas na Revolução Russa pelas mulheres, que pela "primeira vez na história da humanidade (...) tiveram seus direitos igualados com os dos homens, ademais o acesso

---

27 MORAES, Maria Lygia Quartim de. "As Origens do Feminismo Marxista (e da Revolução de 1917)". *Margem Esquerda*, 28: 25-37, 2017 (São Paulo, Boitempo).
28 MORAES. "As Origens do Feminismo Marxista", p. 37.
29 MORAES. "As Origens do Feminismo Marxista", p. 26.

livre ao divórcio e o direito ao aborto",[30] Maria Lygia Quartim de Moraes denuncia:

> Mas provando que os direitos conquistados (...) podem ser perdidos (...) os dados da Rússia pós-comunista atestam a rápida degradação (...). Em 1989 elas ocupavam um terço do Congresso dos deputados do povo (...). Hoje as mulheres eleitas representam apenas 12,6% do total de deputados. (...) Cem anos mais tarde, no dia 12 de janeiro de 2017, pela esmagadora maioria de 368 votos contra um (de um deputado comunista) foi votado um projeto de lei que visa despenalizar as violências domésticas em nome da "tradição familiar", com o apoio da Igreja Ortodoxa.[31]

Como e por que este estado de coisas pode realizar-se? Não havia, no mundo, um aumento nas conquistas pela igualdade? A força desta denúncia remete à necessidade e urgência de (re)tomar os estudos feministas, estudos e reflexões de mais *filhas de Simone*.

Pensando também o feminismo na América Latina, o Conselho Latino-Americano de Ciências Sociais – CLACSO publica a antologia *Mujeres Intelectuales: Feminismos y Liberación en América Latina y el Caribe,* organizada pelas intelectuais mexicanas Alejandra de Santiago Guzmán, Edith Caballero Borja e Gabriela González Ortuño. Nessa antologia, a teóloga brasileira Ivone Gebara faz-se presente com o artigo "Teología de la Liberación y Género: Ensayo Crítico Feminista". Esta reflexão original permite "(...) *captar la posibilidad de pensar las religiones y las elaboraciones teológicas a partir de algunas de las cuestiones fundamentales planteadas por el feminismo*".[32]

A autora, intelectual e militante de movimentos sociais populares, realiza um refinado itinerário no intuito de pautar o feminismo nos

---

30 MORAES. "As Origens do Feminismo Marxista", p. 35.
31 MORAES. "As Origens do Feminismo Marxista", p. 37.
32 GEBARA, Ivone. "Teología de la Liberación y Género: Ensayo Crítico Feminista". *In*: SANTIAGO GUZMÁN, Alejandra de; CABALLERO BORJA, Edith; GONZÁLEZ ORTUÑO, Gabriela (eds.). *Mujeres Intelectuales: Feminismos y Liberación en América Latina y el Caribe*. Buenos Aires: CLACSO, 2017, p. 199.

estudos e espaços teológicos propondo uma *hermenêutica de gênero*,[33] e, denunciando a impossibilidade das formações culturais patriarcais em gerar relações de justiça e igualdade entre os gêneros, propõe: "(...) *escribir una nueva página de nuestra historia común o dar un paso creativo, histórico y utópico al mismo tiempo, en la larga tradición humana de construcción de relaciones de justicia y ternura*".[34]

Ivone Gebara é uma das "feministas históricas" presentes em *A Aventura de Contar-se* da historiadora Margareth Rago.[35] O livro reflexão-feminagem da historiadora está organizado em três movimentos: *experimentações, cartografias* e *um lugar no mapa*. Ao apresentar as demais narradoras de sua *heteroautobiografia*,[36] Criméia Alice de Almeida Schmidt, Gabriela Silva Leite, Maria Amélia de Almeida Teles, Maria Lygia Quartim de Moraes, Norma de Abreu Telles e Tânia Navarro Swain, Margareth Rago estabelece, como ela própria denominou, balizas para "(...) pensar (...) as experiências de invenção subjetiva e de inserção política dessas mulheres".[37]

A Aventura de Contar-se articula vozes rebeldes, inspira e anuncia outras possíveis rupturas. Realiza feminismos, escritas e invenções. Por meio da *vida-voz* de Ivone Gebara alerta e questiona:

> O medo de perder o poder patriarcal parece confundir até os homens de boa vontade (...). Muitos deles temem até o uso da palavra "feminista", pensando que, ao guardarem o termo "feminina", estarão sendo fiéis à mesma tradição que os engendrou. Recusam as palavras "feminista" e "feminismo" como se fossem por elas

---

33 GEBARA. "Teología de la Liberación y Género", p. 201.
34 GEBARA. "Teología de la Liberación y Género", p. 225.
35 RAGO, Luzia Margareth. *A Aventura de Contar-se: Feminismos, Escrita de si e Invenções da Subjetividade*. Pref. Márcio Seligmann-Silva. Campinas, 2014 (reimp.).
36 No prefácio à obra, Seligmann-Silva, analisa: "(...) trata-se de uma *heteroautobiografia*, ou seja, de uma escrita de si que se dá através da reinscrição da vida de *outras* mulheres. Margareth é da mesma geração que está retratando e seu modo de narrar (...) advém justamente dessa sua participação nesse grupo de mulheres (...) tanto enfatiza a *singularidade* de cada vida narrada, como constrói uma *comunidade* (...)". RAGO. *A Aventura de Contar-se*, p. 17.
37 RAGO. *A Aventura de Contar-se*, p. 34. Os critérios para a formação da comunidade são o *assombro-afeto*, a *coetaneidade* e a inserção impetuosa na vida pública.

agredidos. Não percebem que o termo "feminista", termo contextual como qualquer outro, indica e denuncia a presença de distorções e injustiças nas relações sociais, culturais (...). A Mãe Patriarcal é tão devoradora quanto o Pai é assassino. A Mãe pode ser tão idealizada quanto o Pai. (...) Trata-se talvez de construir uma sociedade fundada na amizade, na interdependência, na reciprocidade, na descoberta dos valores do coração, dos valores capazes de manter nossa humanidade viva.[38]

Talvez, para *manter nossa humanidade viva*, as teses sobre o conceito de história, de Walter Benjamin, apelem:

> Pois não somos tocados por um sopro do ar que foi respirado antes? Não existem, nas vozes que escutamos, ecos de vozes que emudeceram? Não têm as mulheres que cortejamos irmãs que elas não chegaram a conhecer? Se assim é, existe um encontro secreto, marcado entre as gerações precedentes e a nossa. Alguém na terra está à nossa espera. Nesse caso, como a cada geração, foi-nos concedida uma frágil força messiânica para a qual o passado dirige um apelo. Esse apelo não pode ser rejeitado impunemente. O materialista histórico sabe disso. (...) O dom de despertar no passado as centelhas da esperança é privilégio exclusivo do historiador convencido de que também os mortos não estarão em segurança se o inimigo vencer. E esse inimigo não tem cessado de vencer.[39]

Flora, Clara, Emma, Aleksandra, Qiu, Simone, Zuleika, Heleieth, Inês, Elisabeth e Diva são persistentes nas contínuas ações pela igualdade das mulheres. As intelectuais e militantes feministas brasileiras seguem, ativa e criticamente, esses passos que são matéria da luta pela libertação da espécie humana da exploração e da opressão.

---

38 RAGO. *A Aventura de Contar-se*, p. 257 e 262. Elisabeth Souza Lobo havia escrito, em 1984. "O poder feminino também pode ser autoritário e injusto, apesar de nossas belas intenções e discursos". *Mulherio*, 4(17), jul.-ago. 1984 (São Paulo).
39 BENJAMIN, Walter. "Sobre o Conceito de História". *Obras Escolhidas: Magia e Técnica, Arte e Política*. 3. ed. Pref. Jeanne Marie Gagnebin. Trad. Sérgio Paulo Rouanet. São Paulo: Brasiliense, 1987, p. 223-225 [*teses 2 e 6*].

Organização, ações e esperança

> Insistir na transgressão é deixar-se seduzir pelo impossível. Mas o impossível é o horizonte de Antígona e ei-la pronta a cometer um tríplice crime político: ultrapassar os muros da casa, reduto protegido do feminino; entrar na política pela subversão da lei; e, finalmente, desafiar não só a lei do Estado, que condena seu irmão, mas a lei dos homens, que a condena, mulher, ao silêncio (...).
> (Rosiska Darcy Oliveira)[40]

Desde 1975, a capacidade mobilizadora da agenda feminista brasileira é inquestionável. A organização das mulheres na construção de redes públicas de debate e solidariedade foi fundamental para a conquista, em 1985, da primeira Delegacia de Polícia de Defesa da Mulher (DPDM) e, em 1992, na Câmara Federal, da primeira Comissão Parlamentar de Inquérito sobre o assunto; o poder público reconhecia, por fim, como uma problemática real e de sua competência, a violência contra a mulher.[41]

Entre as experiências mais criativas do movimento feminista está, a partir de 1994, a implantação do Projeto de Promotoras Legais Populares[42] que, a partir da finalidade de fomentar "os direitos humanos sob o enfoque da questão de gênero, raça e etnia, dentro dos princípios do Estado Democrático de Direito, com repúdio a todas as formas de opressão e discriminação", resguarda os seguintes cinco objetivos:

> 1. Capacitar para o reconhecimento de direitos juridicamente assegurados ou não, de situações em que ocorram violações e dos mecanismos jurídicos de reparação.

---

40   OLIVEIRA, Rosiska Darcy de. *Elogio da Diferença: o Feminino Emergente*. São Paulo: Brasiliense, 1991, p. 22.
41   UNIÃO DE MULHERES DE SÃO PAULO. *Violência contra a Mulher e a Impunidade*, p. 14-15.
42   Ver: UNIÃO DE MULHERES DE SÃO PAULO. *Promotoras Legais Populares*. Animação: Priscila Garcia. Roteiro, *briefing*, sonoplastia e locução: Elisa Gargiulo. Ilustrações: Marcita, 2017, 1min45s, col. Disponível em: https://vimeo.com/179089179. Acesso em: 15 out. 2017.

2. *Criar condições para que as participantes do Projeto possam orientar mulheres e homens em defesa de seus direitos.*
3. Estimular as participantes para que multipliquem os conhecimentos conjuntamente produzidos nos movimentos em que atuem.
4. *Possibilitar aos(às) educadores(as) que reflitam o ensino do Direito sob a perspectiva de gênero, raça/etnia e classe social em uma educação popular transformadora.*
5. *Capacitar as participantes para que atuem na promoção e defesa de seus direitos, propondo e fiscalizando a implementação e realização de políticas públicas.*[43]

Os cursos de Promotoras Legais Populares são realizados anualmente, em diferentes municípios, gratuitamente, dirigidos exclusivamente às mulheres, com um currículo mínimo, e as(os) coordenadoras(es) e professoras(es) trabalham em caráter voluntário.[44] São espaços de democratização de conhecimentos e de metodologias participativas. Conhecer e transformar são os verbos que orientam as pesquisas de campo realizadas.

Assim, entre 1994 e 2004, nos encontros, congressos e conferências, essa agenda foi consolidando um enfrentamento às inúmeras violências contra as mulheres e, efetivamente, àquelas que acontecem no âmbito doméstico e familiar.[45]

---

43 PROMOTORAS LEGAIS POPULARES. *Carta de Princípios*. Disponível em: http://promotoraslegaispopulares.org.br/carta-de-principios/. Acesso em: 22 maio 2017 (grifos meus).
44 PROMOTORAS LEGAIS POPULARES. *Carta de Princípios*. O currículo mínimo está organizado em dezenove temas: 1. Introdução ao curso: a questão de gênero, raça/etnia, identidade e direitos humanos; 2. Noções do conceito de Estado e a formação de gênero; 3. Introdução ao estudo do Direito; 4. A tripartição dos poderes: Executivo, Legislativo e Judiciário; 5. Acesso à Justiça: Ministério Público, Defensoria Pública e a Polícia; 6. História e atualidade dos direitos humanos (inclui a "Convenção Interamericana para Prevenir, Punir e Erradicar a Violência contra a Mulher"; e "Convenção para Eliminar Todas as Formas de Discriminação contra a Mulher"); 7. Direito à saúde: SUS e a saúde da mulher (aborto, AIDS, etc.); 8. Direitos sexuais e reprodutivos; 9. Discriminação racial: legislação e história; 10. Previdência Social e Acidentes do Trabalho; 11. Habitação e política fundiária; 12. Meio ambiente e gênero; 13. Pessoas com deficiência e pessoas idosas; 14. Introdução ao Direito Penal, com ênfase na questão da violência e gênero; 15. Noções de Processo Penal; 16. Processo Civil e o direito de ação; 17. Direito Civil e o Direito do Consumidor; 18. Direito Civil e Direito de Família e Sucessões; 19. Estatuto da Criança e do Adolescente.
45 Como resultado deste processo estão tipificadas, na Lei Maria da Penha, as violências

Este início de século traria outras rupturas. Em 1º de janeiro de 2011, pela primeira vez no Brasil, foi empossada uma mulher na presidência da república: Dilma Vana Rousseff, uma mulher politicamente do campo democrático-popular e, historicamente, da luta armada contra a ditadura militar. Naquele mesmo ano, feministas brasileiras de diferentes regiões, credos, etnias/raças, idades e orientações sexuais, deixariam suas casas, "reduto protegido do feminino" ou não, para participarem da Marcha das Vadias.

A carta manifesto, *Por que Marchamos?*, denuncia, entre outros pontos, uma cultura patriarcal que reprime a sexualidade da mulher, acusa-a pelas violências sofridas, exalta o corpo para o exclusivo prazer masculino e "se escandaliza quando mostramos o seio em público para amamentar nossas filhas e filhos".[46] Essa mesma cultura, base de todo tipo de violências físicas e/ou simbólicas, segue o documento, afeta as mulheres de todas as etnias/raças, idades e classes sociais. Simultaneamente a esta denúncia, o manifesto – *Por que Marchamos?* – realiza uma cronologia da violência sobre as mudanças de comportamento e das experiências das mulheres desde o pós-guerra:

> Já fomos chamadas de vadias porque usamos roupas curtas, (...) porque transamos antes do casamento, (...) por simplesmente dizer "não" a um homem, (...) porque levantamos o tom de voz em uma discussão, (...) porque andamos sozinhas à noite

física, psicológica, sexual, patrimonial e moral. BRASIL. Lei n. 11.340, de 7 de agosto de 2006. Cria mecanismos para coibir a violência doméstica e familiar contra a mulher, nos termos do § 8o do art. 226 da Constituição Federal, da "Convenção sobre a Eliminação de Todas as Formas de Discriminação contra as Mulheres" e da "Convenção Interamericana para Prevenir, Punir e Erradicar a Violência contra a Mulher"; dispõe sobre a criação dos Juizados de Violência Doméstica e Familiar contra a Mulher; altera o Código de Processo Penal, o Código Penal e a Lei de Execução Penal; e dá outras providências. Disponível em: http://www.planalto.gov.br/ccivil_03/_ato2004-2006/2006/lei/l11340.htm. Acesso em: 22 abr. 2017.
46 MARCHA DAS VADIAS. *Carta Manifesto da Marcha das Vadias de Brasília – Por Que Marchamos?*. Disponível em: https://marchadasvadiasdf.wordpress.com/manifesto--porque-marchamos/. Acesso em: 20 ago. 2017.

e fomos estupradas, (...) porque ficamos bêbadas e sofremos estupro enquanto estávamos inconscientes, por um ou vários homens ao mesmo tempo (...) quando torturadas e curradas durante a Ditadura Militar.[47]

A deposição da presidente Dilma Rousseff, no início de seu segundo mandato,[48] encerra um ciclo de mobilizações[49] e de ampliação de direitos. Neste momento, em que se evidencia o "profundo desprezo que as classes dominantes brasileiras têm pela democracia e pela vontade popular",[50] após a destituição da primeira presidente brasileira, é imperativo ampliar o pensar, o fazer e o lutar feministas para, necessariamente, transformar o mundo. A esperança é sempre!

Referências

AGÊNCIA PATRÍCIA GALVÃO. *Cronômetro da Violência Contra as Mulheres no Brasil*. Disponível em: http://www.agenciapatriciagalvao.org.br/dossies/feminicidio/biblioteca/cronometro-da-violencia-contra-as-mulheres-no-brasil/. Acesso em: 22 maio 2017.

ALAMBERT, Zuleika. *A História da Mulher. A Mulher na História*. Brasília: Fundação Astrojildo Pereira, 2004.

---

47 MARCHA DAS VADIAS. *Carta Manifesto da Marcha das Vadias de Brasília*.
48 Dilma Rousseff foi reeleita, em 26 de outubro de 2014, com 54.501.118 de votos representando 51,64% dos votos válidos. Tomou posse, para o segundo mandato, em 1º de janeiro de 2015. Em 17 de abril de 2016, com 367 votos, a Câmara Federal aprovou a abertura do processo de *impeachment* e, um dia depois, a revista *Veja* publicou matéria intitulada "Marcela Temer: bela, recatada e 'do lar'". Em 31 de agosto, Dilma Rousseff teve o mandato cassado em votação no plenário do Senado (60 votos dos 81). Há muito patriarcalismo neste golpe.
49 Em março de 2015 seria aprovada a lei de qualificação do feminicídio. BRASIL. Lei n. 13.104 – que altera o art. 121 do Decreto-Lei n. 2.848 do Código Penal, de 7 de dezembro de 1940, para prever o feminicídio como circunstância qualificadora do crime de homicídio, e o art. 1º da Lei n. 8.072, de 25 de julho de 1990, para incluir o feminicídio no rol dos crimes hediondos – de 9 de março de 2015.
50 LÖWY, Michel. "O Golpe de Estado de 2016 no Brasil". Trad. Mariana Echalar. *Blog da Boitempo*, 17 maio 2016. Disponível em: https://blogdaboitempo.com.br/2016/05/17/michael-lowy-o-golpe-de-estado-de-2016-no-brasil/. Acesso em: 20 ago. 2017.

BENJAMIN, Walter. "Sobre o Conceito de História". *Obras Escolhidas: Magia e Técnica, Arte e Política*. 3. ed. Pref. Jeanne Marie Gagnebin. Trad. Sérgio Paulo Rouanet. São Paulo: Brasiliense, 1987.

DABAT, Christine Rufino. "Cinco Grandes Figuras do Feminismo Revolucionário". *In*: DABAT, Christine Rufino; ABREU E LIMA, Maria do Socorro (orgs.). *História do Pensamento Socialista e Libertário*. Recife: UFPE, 2008.

GEBARA, Ivone. "Teología de la Liberación y Género: Ensayo Crítico Feminista". *In*: SANTIAGO GUZMÁN, Alejandra de; CABALLERO BORJA, Edith; GONZÁLEZ ORTUÑO, Gabriela (eds.). *Mujeres Intelectuales: Feminismos y Liberación en América Latina y el Caribe*. Buenos Aires: CLACSO, 2017.

KIWI COMPANHIA DE TEATRO. *Carne – Histórias em pedaços*, 2015, 5 min. Disponível em: https://www.youtube.com/watch?v=1gzV1hYC3ig. Acesso em: 11 ago. 2017.

_____. *Portfólio*. Disponível em: http://www.kiwiciadeteatro.com.br/portfolio/carne/. Acesso em: 01 ago. 2017.

KUCINSKI, Bernardo. *Jornalistas e Revolucionários: nos Tempos da Imprensa Alternativa*. São Paulo: Scritta, 1991.

LÖWY, Michel. "O Golpe de Estado de 2016 no Brasil". Trad. Mariana Echalar. *Blog da Boitempo*, 17 maio 2016. Disponível em: https://blogdaboitempo.com.br/2016/05/17/michael-lowy-o-golpe-de-estado-de-2016-no-brasil/. Acesso em: 20 ago. 2017.

MARCHA DAS VADIAS. *Carta Manifesto da Marcha das Vadias de Brasília – Por Que Marchamos?*. Disponível em: https://marchadasvadiasdf.wordpress.com/manifesto-porque-marchamos/. Acesso em: 20 ago. 2017.

MORAES, Maria Lygia Quartim de. "As Origens do Feminismo Marxista (e da Revolução de 1917)". *Margem Esquerda*, 28, 2017 (São Paulo, Boitempo).

MULHERIO. Disponível em: http://www.fcc.org.br/conteudosespeciais/mulherio/historia.html. Acesso 20 ago. 2017.

OLIVEIRA, Rosiska Darcy de. *Elogio da Diferença: o Feminino Emergente*. São Paulo: Brasiliense, 1991.

ORGANIZAÇÃO DAS NAÇÕES UNIDAS. *Las Cuatro Conferencias Mundiales sobre la Mujer (1975 a 1995): una Perspectiva Histórica*, 2000. Disponível em: http://www.unwomen.org/es/how-we-work/intergovernmental-support/world-conferences-on-women. Acesso em: 20 ago. 2017.

PEDRO, Joana Maria. "Narrativas Fundadoras do Feminismo: Poderes e Conflitos (1970-1978)". *Revista Brasileira de História*, 26(52), dez. 2006 (São Paulo).

PROMOTORAS LEGAIS POPULARES. *Carta de Princípios*. Disponível em: http://promotoraslegaispopulares.org.br/carta-de-principios/. Acesso em: 22 maio 2017.

RAGO, Luzia Margareth. *A Aventura de Contar-se: Feminismos, Escrita de si e Invenções da Subjetividade*. Pref. Márcio Seligmann-Silva. Campinas, 2014 (reimp.).

SAFFIOTI, Heleieth Iara Bongiovani. *A Mulher na Sociedade de Classes: Mito e Realidade*. Pref. Antônio Cândido. Petrópolis: Vozes, 1976.

TELES, Amelinha; LEITE, Rosalina Santa Cruz. *Da Guerrilha à Imprensa Feminista: a Construção do Feminismo Pós-luta Armada no Brasil (1975-1980)*. Pref. Margareth Rago. Apr. Rosalina Santa Cruz Leite. São Paulo: Intermeios, 2013.

TELES, Maria Amélia de Almeida. *Breve História do Feminismo no Brasil.* São Paulo: Brasiliense, 1993.

UNIÃO DE MULHERES DE SÃO PAULO. *Promotoras Legais Populares.* Animação: Priscila Garcia. Roteiro, *briefing*, sonoplastia e locução: Elisa Gargiulo. Ilustrações: Marcita, 2017, 1min45s, col. Disponível em: https://vimeo.com/179089179. Acesso em: 15 out. 2017.

_____. *Violência contra a Mulher e a Impunidade: uma Questão Política..* Ils. Marta Baião. Ed. Cesar A. Teles. 3. ed. São Paulo: UMSP, 2007 (Equipe: Criméia Alice Schmidt de Almeida, Generosa Deise Rigo Leopoldi, Maria Amélia de Almeida Teles, Maria Cecília dos Santos, Maria Lúcia Bierrembach Flores da Cunha, Marta Baião, Sônia Maria dos Santos e Terezinha de Oliveira Gonzaga).

VARELLA, Drauzio. *Prisioneiras.* São Paulo: Companhia das Letras, 2017.

VENTURI, Gustavo; RECAMÁN, Marisol; OLIVEIRA, Suely de (orgs.). *A Mulher Brasileira nos Espaços Público e Privado.* São Paulo: Perseu Abramo, 2004.

4
Corpo, prazer e sexualidade: um diálogo possível

André Luiz Boccato de Almeida[1]

Introdução

O tema em questão desafia-nos na busca por uma argumentação que tem como objetivo a integração entre corpo, prazer e sexualidade, dimensões do humano que, no Ocidente, nem sempre foram abordadas senão de forma fragmentada. No horizonte das transformações culturais que estamos vivendo, percebemos o quão urgente é aprofundar a integração da corporeidade, do prazer e da sexualidade dentro de um âmbito formativo e educacional. Contudo, a questão de fundo emerge com toda a sua força: como falar de corpo, prazer e sexualidade hoje? É possível pensar numa integração destas três realidades que exprimem o mistério mais profundo do ser humano? Em que sentido pensar num diálogo, sem levar em consideração certas tensões históricas e culturais?

Mais que propor uma solução harmônica à tríade *corpo, prazer e sexualidade*, queremos *apontar alguns desafios* inerentes à

---

1 André Luiz Boccato de Almeida é pós-doutorando em Teologia (Pontifícia Universidade Católica do Paraná - Curitiba), doutor em Teologia Moral (Academia Alfonsiana - Roma), mestre em Teologia (Pontifícia Universidade Católica de São Paulo) e especialista em Educação Sexual (Centro Universitário Salesiano de São Paulo - UNISAL).

temática, pois ela nos convida à busca de uma metodologia que pode encontrar no *diálogo* uma possibilidade de *reaproximação*. Cremos que é possível estabelecer uma instância dialógica com o foco de aproximar três realidades que culturalmente, por motivos antropológicos mais profundos, se distanciaram. Certamente, esta discussão só pode ser compreendida dentro do contexto de transformações culturais e éticas mais abrangentes, em momentos fundamentais da evolução do pensamento Ocidental. Meu foco será o de indagar que as várias percepções sobre o corpo, o prazer e a sexualidade não são meros organismos tratados de formas distintas e, às vezes, contrastantes, mas advêm de *antropologias* próprias de cada momento.

A sexualidade, o corpo e o prazer não podem ser tratados de forma sistêmica se não se pergunta em que antropologia estão enraizados. Queremos sensibilizar para uma "genealogia" ou "arqueologia" antropológica e filosófica como sendo o "pano de fundo" para uma discussão mais profunda. A partir desta constatação inicial, queremos propor um roteiro reflexivo, dividido em três partes: (1) apresentar uma panorâmica geral das transformações culturais e os valores éticos emergentes; (2) analisar três modelos antropológicos ocidentais (filosóficos) que deram a base para a cultura Ocidental; (3) apresentar um indicativo pedagógico diante de tal cenário.

Dialogar numa cultura em contínuas transformações

A cultura contemporânea é marcada por visões fragmentadas,[2] complexas e até discordantes sobre o ser humano, o corpo, o prazer e a sexualidade. Não podemos negar que é no corpo – antes sagrado, depois "profanizado" e agora "abusado" – que a

---

2 Sobre esta perspectiva de fragmentação é sugestiva a obra de OLIVEIRA, Manfredo Araújo de. *Para Além da Fragmentação: Pressupostos e Objeções da Racionalidade Dialética Contemporânea*. São Paulo: Loyola, 2002 (Coleção Filosofia, 54).

sexualidade e o prazer se reelaboram. Convém ressaltar a análise que Le Breton faz:

> É a formidável convergência de práticas relativamente recentes, ou de sucesso recente, que faz com que o corpo seja hoje muitas vezes vivido como um acessório da presença (...). O corpo é um objeto imperfeito, um rascunho a ser corrigido. Vejam o sucesso da cirurgia estética: trata-se de fato de mudar seu corpo para mudar sua vida.[3]

Somos todos "filhos" de uma cultura de transformações constantes e novas formas de reconfigurações humanas e corporais. Estas transformações podem ser consideradas em um horizonte de crise que a humanidade, sobretudo a Ocidental, percorre.

Carecemos de referenciais seguros e utópicos capazes de apontar ao ser humano uma vida mais plena. Este dado já nos indica – sem muita reflexão – que a sexualidade, o corpo e o prazer também se encontram nesta dinâmica de crise. Os antigos projetos modernos, solidificados na racionalidade, subjetividade e progresso são colocados em "xeque-mate" paulatinamente.

Há correntes que veem descontinuidade entre a fase cultural e o processo da modernidade; outras preferem considerar a pós--modernidade como continuação e realização completa da modernidade, sendo aquela a última consequência da conversão ao sujeito, própria desta.[4]

O pensamento moderno, desenvolvido durante o pós-iluminismo, caracterizando-se pela rejeição e marginalização da tradição,[5] colocou as bases da confiança quase cega no progresso e no poder ilimitado da liberdade. O importante é a conquista da razão, superando as tradições que apenas aprisionam o ser

---

[3] LE BRETON, David. *Adeus ao Corpo: Antropologia e Sociedade*. Campinas: Papirus, 2008, p.10.
[4] Esta análise é desenvolvida por GIDDENS, Anthony. *As Consequências da Modernidade*. São Paulo: UNESP, 1991, p. 51-58 (Biblioteca Clássica).
[5] LYON, David. *Pós-Modernidade*. São Paulo: Paulus, 1998, p. 35.

humano em *"crenças religiosas"*[6] a serem ultrapassadas pela luz das possibilidades racionais, substitutivas de crendices.

Nesse processo da formação do espírito moderno, outro fator marcante foi a negação da transcendência, privando o ser humano de profundidade e integração.[7] Esta mesma razão que faria a humanidade progredir de forma livre e construtiva, negando o Ser que era tido como o princípio da ordem, é a mesma que teria de enfrentar as próprias contradições.

O dito projeto moderno fracassou, provocando desencanto do ser humano. Digamos que esse processo ainda está em operação na nossa cultura ocidental. Somos os "expectadores" da cultura moderna em crise. Sentimo-nos desmobilizados e até fracassados, após colhermos alguns poucos frutos da liberdade, da racionalidade e do progresso que foram projetados. Eis alguns atenuantes que modificaram a história do presente: as guerras mundiais com a terrível experiência dos campos nazistas de concentração; a perseguição ideológica em nome de sistemas anunciados como libertadores da condição humana e a derrocada do marxismo real.[8] Não podemos nos esquecer também das várias crises políticas, sociais e de representatividade democrática que nossos países latino-americanos estão experimentando.

Mesmo que essas duas simples constatações não possam ser caracterizadas como determinantes da totalidade da modernidade, mudaram as formas de relacionamento do ser humano com a sexualidade, o prazer e o corpo. Na verdade, mudaram as formas de o ser humano se relacionar com o outro. As guerras e as suas consequências, por si só, falam dessas transformações.

Toda experiência de guerra é, antes de tudo, experiência do corpo. Na guerra, são os corpos que infligem a violência, mas também

---

6 LYON. *Pós-Modernidade*, p. 37.
7 TORRES QUEIRUGA, André. *Creio em Deus Pai*. São Paulo: Paulus, 1993, p. 40.
8 GIDDENS. *As Consequências da Modernidade*, p. 17.

são os corpos que sofrem violência. Esta face corporal da guerra se confunde tão intimamente com o próprio fenômeno bélico que é difícil separar a "história da guerra" de uma antropologia histórica das experiências corporais induzidas pela atividade bélica.[9] Os campos de concentração, uma forma sofisticada, racional e avançada da razão instrumental moderna, provaram ser uma eficaz forma de doutrinar corpos, sexualidades, prazeres e pessoas. Um engenheiro livre, numa das minas de ouro de Kolyma (região inóspita e isolada do nordeste da Sibéria, símbolo do Gulag por suas condições de detenção particularmente cruéis), descobre detentos em um estado espantoso e exclama: *"Mas esses homens podem morrer! Que homens? – pergunta, sorrindo, o representante da administração dos campos. Aqui só há inimigos dos homens".*[10]

Um outro relato assombroso de total repressão aos inimigos de um regime político – no caso, o soviético – pode ser constatado em outra narração. Fala-se no Gulag de "três" "D": disenteria, distrofia, demência; isso se adapta perfeitamente aos campos de concentração nazistas. Não é de se espantar, neste contexto, que a expressão "mergulhar num rio de merda"[11] signifique morrer nos campos soviéticos, enquanto Georges Petit, evocando Buchenwald, escrevia:

> Será que eu pressentia estar entrando no reino da merda? (...) Diante de mim apareceu, pela primeira vez, o espetáculo assustador das fileiras de prisioneiros cobertos de fezes, com desarranjo dos intestinos, ao "Scheisse-Kommando" onde eu assistia, incrédulo, ao zelo dos SS, olhando, sem nojo aparente, para os presos que chapinhavam os rios de merda (...). Um dos prisioneiros foi forçado a comer seus excrementos (...).

---

9   AUDOIN-ROUZEAU, Stéphane. "Massacres: o Corpo e a Guerra". *In:* CORBIN, Alain; COURTINE, Jean-Jacques.; VIGARELLO, Georges. *História do Corpo.* III. *As Mutações do Olhar: O Século XX.* Petrópolis: Vozes, 2008, p. 365.
10 BECKER, Annette. "Extermínios: o Corpo e os Campos de Concentração". *In:* CORBIN, Alain; COURTINE, Jean-Jacques.; VIGARELLO, Georges. *História do Corpo.* III. *As Mutações do Olhar: O Século XX.* Petrópolis: Vozes, 2008, p. 418-419.
11 ROSSI, Jacques. *Le Manuel du Goulag.* Paris: Le Cherche Midi, 1997, p. 59.

Merda onipresente, espetáculo inesquecível para nós, franceses, escarnecidos por sua pretensa sujeira pelo regime nacional-socialista.[12]

Assim, o corpo dos prisioneiros é marcado, classificado, arquivado: na chegada ele tem um rosto, um corpo, uma alma. Depois, tudo os transforma: a fome, o trabalho forçado, as doenças. O campo, funcionando ao contrário do seu primeiro objetivo de classificação, só vai registrando aquilo para que foi realmente concebido: a morte. O fato de se cancelar uma matrícula após a morte para a dar lugar a alguém recém-chegado é sintomático: não há indivíduos, mas números intercambiáveis. O corpo está no tempo de morrer.[13]

Seria muita ingenuidade da nossa parte nos esquecermos de que hoje, em meio à extrema valorização do corpo e da sexualidade – como também da liberdade fundamental – há uma terrível história de corpos, sexualidades e prazeres, em regimes ditatoriais, que reprimem pessoas, rostos e histórias. De um lado, o Ocidente nos aterroriza com essas repressões monstruosas (certamente localizadas e "colonialistas"), fazendo-nos contrair uma dívida histórica impagável com pessoas e "corpos sexuados" do passado. Por outro, também há um niilismo ético, uma fragmentação do sujeito narcísico,[14] gerador de um relativismo com o qual ainda precisamos aprender a dialogar. Será que essas características da pós-modernidade não nos colocam numa condição de violência humana,[15] própria da modernidade "esquizofrênica"?

---

12 PETIT, Georges. *Retour à Langenstein: une Expérience de la Dépórtation*. Paris: Belin, 2001, p. 28.
13 BECKER. "Extermínios", p. 431-432.
14 LIPOVETSKY, Gilles. *A Era do Vazio: Ensaios sobre o Individualismo Contemporâneo*. Barueri: Manole, 2005. No terceiro capítulo ("Narciso ou a Estratégia do Vazio", p. 31-58), o autor apresenta uma boa análise da gênese do narcisismo na cultura contemporânea.
15 GIRARD, René. *La Violence et le Sacré*. Paris: Grasset, 1972. Para este autor, a violência nas nossas sociedades modernas não é uma mera instituição deste tempo, mas uma espécie de instituição social que se exprime na forma de vingança. Em sociedades primitivas, o sacrifício tornava-se uma manifestação do código da vingança e não o que impedia seu

Resulta evidente como é fundamental trilharmos alguns paradigmas do ser humano e da extensão de suas concepções para percebermos que a própria cultura da racionalidade, subjetividade, progresso e liberdade é a mesma que criou formas sutis, mascaradas e corrompidas de desumanização, verdadeiras violências admitidas por um poder constituído. Será que hoje não mascaramos também tantas violências no regime da liberdade por meio de uma nova simbologia da tolerância passiva?

Alguns modelos antropológicos ocidentais: qual é o lugar do corpo, do prazer e da sexualidade?

Queremos, aqui, apresentar suscintamente algumas referências antropológicas acerca do ser humano e da sua relação com a ideia de corpo, prazer e sexualidade, tentando destacar suas peculiaridades e convergências nas atuais transformações culturais, ou seja, no modo de compreender os avanços da atual modernidade tardia.

A cultura ocidental, desde as suas primeiras orientações filosóficas, espirituais e racionais, apresentou-se na sua formulação mais radical, na forma do dualismo antropológico, isto é, numa visão em que coexistem duas realidades, dois dinamismos diferentes: a razão e a afetividade.[16] Na verdade, por trás desta antropologia há o desejo por uma vida feliz – a *eudaimonia* – e, para isso, a moral deve regular o que é bom, belo e fonte de prazer.[17]

O platonismo pode ser considerado a primeira forma sistemática em que há uma oposição e até contradição entre a razão e os afetos. Obviamente que o corpo, sendo a entidade afetiva por

---

desenvolvimento: nem substituição, nem transferência. O sacrifício era o efeito direto do princípio da vingança, uma exigência de sangue sem disfarces, uma violência a serviço do equilíbrio, da perenidade do cosmo e o social.
16   LECLERC, Bruno; PUCELLA, Salvatore. *As Concepções do Ser Humano: Teorias e Problemáticas*. Lisboa: Instituto Piaget, 2004, p. 58.
17   PLÉ, Albert. *Por Dever ou por Prazer?* São Paulo: Paulinas, 1984, p. 25.

excelência, segundo Platão, será colocado em uma condição de inferioridade em detrimento da instância racional, única capaz de conduzir o indivíduo à verdadeira felicidade nesta vida.

> O corpo causa-nos mil dificuldades pela necessidade em que nos encontramos de o alimentar; por ele nos chegam as doenças, por ele nos vemos coartados no nosso contato com o real. O corpo afeta-nos com amores, desejos e temores, quimeras de todo o tipo, inumeráveis tolices, e até, como se costuma dizer, nos retira verdadeira e realmente toda a possibilidade de pensar. Guerras, dissensões, batalhas, é o corpo e os seus apetites que constituem a sua causa, pois não se fazem guerras senão para acumular riqueza e é o corpo que nos força a acumulá-las; é o seu serviço que nos reduz à escravatura (...).[18]

A razão erigiu-se como a única capaz de dominar a natureza e os instintos humanos mais primitivos. O prazer foi se tornando lentamente uma dimensão humana a ser reprimida ou dominada. Desde as pulsões até as manifestações sensitivas ligadas ao corpo, o prazer foi sendo compreendido como uma dimensão inferior em detrimento da razão, a parte nobre do ser racional. O que está em questão nesta forma de pensar é a felicidade vivenciada e o caminho de realização.

Essa primeira consideração, muito presente em referenciais teóricos de tendência racionalista, desenvolveu-se na cultura ocidental com toda a sua força. Ela foi marcante para um projeto de idealização utópica do homem racional e livre, sem influências passionais e eróticas. Este horizonte reflexivo de Platão situa-se dentro da perspectiva segundo a qual a verdadeira felicidade consiste em se libertar do corpo, das suas necessidades, dos seus sofrimentos e dos seus prazeres, para contemplar, na sua pureza, as ideias-formas.

Não é preciso destacar que essa ideia não impera mais de forma plena em nosso atual contexto de transformações culturais;

---

18 PLATÃO. "Fédon". *Oeuvres Complètes*. Paris: Garnier-Flammarion, 1965, t. 2, p. 115.

contudo, é um horizonte reflexivo que se impôs na cultura ocidental, deixando suas marcas.

Ao projeto intelectual platônico se somou um outro, não de menor importância na construção do imaginário ocidental: o referencial do *estoicismo*. Essa corrente de pensamento e sua moral, mais ainda do que o platonismo, estava presente e ativa na mentalidade do mundo greco-romano e, por conseguinte, nos cristãos dos primeiros séculos.[19] O estoico é alguém que se esforça por descobrir as leis do cosmo, observando a vontade divina e a forma como o mundo é governado. Ele deve se convencer de que tudo o que lhe acontece, o bem ou o mal, está na Ordem do mundo, obra da Providência.

Estando submetido a essa Ordem, o estoico vai descobrindo que possui um *daimon*[20] que lhe permite aceitar as leis com benevolência e respeito, o que depende de cada pessoa. Faz-se necessário que esse gênio interior seja desimpedido e não amarrado às paixões do corpo, às suas dores e prazeres. Essas paixões ou perturbações só são superadas mediante a impassibilidade (*apatheia*). A felicidade está então ligada à capacidade de desprendimento de todo tipo de prazer ou satisfação imediata ligada ao corpo. Nenhuma adversidade pode ser capaz de roubar a segurança interior que o estoico deve ter em seu cotidiano.

O corpo, o prazer e a sexualidade, no horizonte de sentido estoico, são compreendidos como "repressão" dos instintos ligados à dimensão material. Esta transformação social ou cultural, com sua consequente perspectiva teórica, corroborou lentamente para sedimentar as bases do cristianismo primitivo.

O *cristianismo*, na sua forma católica, estruturando-se lentamente dentro deste longo horizonte antropológico (pós-semítico) dualista, rigorista e espiritualista, fundou a sua construção

---

19   PLÉ. *Por Dever ou por Prazer?*, p. 73.
20   PLÉ. *Por Dever ou por Prazer?*, p. 75.

moral dentro de um campo de visão não harmônico, mas plural e heterogêneo, num horizonte de antropologias plurais. Não podemos negar que o cristianismo é uma religião complexa; em grande parte, uma síntese do pensamento hebraico e grego, com outras influências. Teve como base o naturalismo hebraico, para o qual o sexo era visto como uma criação de Deus, cuja ênfase era posta na procriação e no domínio do homem.[21] Existiam tendências ascéticas, nomeadamente entre os essênios, mas as diretrizes antissexo provieram do exterior do judaísmo e influenciaram as jovens igrejas cristãs.

Digamos que o cristianismo, embora herdando uma antropologia unitária da cultura semítica ou judaica, foi influenciado, em seus primeiros desenvolvimentos, pelo gnosticismo, grande adversário intelectual e espiritual nos dois primeiros séculos da era cristã. No horizonte semítico, o ser humano é "carne" (*basar*) na medida em que se revela a fragilidade e a transitoriedade da sua existência; é "alma" (*nefesh*) na medida em que a fragilidade é compensada, nele, pelo vigor da sua vitalidade; é "espírito" (*ruah*) ou seja, manifestação superior da vida e do conhecimento, pela qual o homem pode entrar em relação com Deus; finalmente, é "coração" (*leb*) ou seja, o interior profundo do homem, sede dos afetos e das paixões, da inteligência e da vontade, do pecado e da conversão a Deus.[22]

O dualismo preconizado pelas correntes gnósticas implica uma condenação da matéria, obra do princípio do mal, que o coloca em oposição frontal à verdade central do anúncio cristão. Os primeiros pensadores ou teólogos cristãos começam a ter que pensar o corpo, o prazer e a sexualidade no horizonte da herança unitária e positiva

---

21 Estas ideias podem ser percebidas na análise de PARRINDER, Geoffrey. "Diversidade Cristã". *Sexualidade e Moral nas Religiões do Mundo*. Lisboa: Publicações Europa-América, 1996, p. 209-246.
22 VAZ, Henrique Cláudio de Lima. *Antropologia Filosófica I*. 3. ed. São Paulo: Loyola, 1993, p. 61.

da perspectiva hebraica, mas também influenciados pela herança gnóstica. A antropologia cristã grega sofrerá grande influência da filosofia grega de inspiração platônica e gnóstica.

A ideia de lei natural, em geral, pode ser caracterizada como um bom "casamento", fruto do lento processo de transformação social ou cultural entre o cristianismo e o estoicismo. A iniciação de reflexão cristã sistemática, em matéria moral, enlaça explicitamente as categorias estoicas.[23] Filósofos estoicos são citados abundantemente por Padres da Igreja, tais como Ambrósio, Agostinho, Jerônimo. Embora a concepção de lei natural tenha sua gênese no campo político – no sentido de justificar o poder político, fazendo remontar a estirpe de quem detinha o poder até algum antepassado divino ou poderoso – será no campo religioso que a lei natural encontrará certo respaldo para solidificar certo naturalismo ou "determinismo". Sêneca, importante estoico, associará a lei natural como a própria manifestação de Deus.

Essa dupla influência antropológica no cristianismo sobre a concepção de corpo sofrerá um forte impacto nos inícios da Idade Média, a partir da exacerbação e repressão do corpo, que já ocorria em um momento anterior, na própria crise da cultura grega clássica.[24] Não deixa de ser verdade que o cristianismo dará um impulso mais forte a essa depreciação corporal por meio de Jerônimo, Agostinho e até Tomás de Aquino, contudo, a grande reviravolta dar-se-á por meio da transformação do pecado original em pecado sexual.[25] Digamos que esta forma de compreender o corpo, pecado e prazer será mais uma transformação cultural impactante na cultura Ocidental.[26]

---

23 CHIAVACCI, Enrico. "Lei Natural". *In:* COMPAGNONI, Francesco; PIANA, Giovanni; PRIVITERA, Salvatore. *Dicionário de Teologia Moral.* São Paulo: Paulus, 1997, p. 691.
24 LE GOFF, Jacques; TRUONG, Nicolas. *Uma História do Corpo na Idade Média.* Rio de Janeiro: Civilização Brasileira, 2006, p. 48.
25 LE GOFF; TRUONG. *Uma História do Corpo na Idade Média*, p. 49.
26 Certa dificuldade de integração entre corpo, prazer e sexualidade no Ocidente e

É verdade que, lentamente, a sexualidade e as práticas sexuais, com o advento da modernidade, deixam de estar "dominadas" pela força do discurso religioso (cristão) que enfatizava a ideia de procriação e passam por um lento processo de privatização dos atos íntimos. Evidência disso está na construção dos cômodos íntimos, das paredes que passam a envolver a cama para as práticas eróticas.²⁷ Se por um lado há uma diminuição relativa do peso real das interdições de natureza religiosa na vida privada, há, por outro, a emergência do Estado como instituição estruturante e reguladora da vida social.

Tanto o dualismo platônico como o rigorismo estoico e a assimilação cristã na antiguidade sofreram ferozes críticas dos vários mestres e pensadores modernos e contemporâneos, destacando o excessivo controle sobre o corpo, o prazer e a sexualidade. Convém ressaltar que o tema ficou em aberto com desdobramentos próprios na moderna concepção de corporeidade e as suas respectivas consequências para a sexualidade e o prazer. Nesse sentido, um outro modelo antropológico muito presente no Ocidente, que de certa forma influencia e ainda continua influenciando, é o atual referencial *tecnológico*.

A partir do período moderno, com o desenvolvimento científico, o corpo passa a ser considerado apenas como um objeto de estudo e pesquisa. Não importa a sua totalidade e, muito menos, as implicações éticas. Hoje, mais do que nunca, o corpo tem sido objeto de propaganda e exploração por parte dos *mass media*. Graças à mentalidade mecanicista e dualista atual, as ciências²⁸

---

no pensamento da Igreja será perceptível na obra FLANDRIN, Jean-Louis. *La Chiesa e il Confronto delle Nascite: Storia Breve della Polemica sulla Contracezione nella Dottrina Cristiana*. Bolonha: Transeuropa, 1988.
27 WOLF, Eduardo. "Ética e Sexualidade: Normatividades em Perspectiva Histórica". *In*: TORRES, João Carlos Brum (org.). *Manual de Ética: Questões de Ética Teórica e Aplicada*. Petrópolis: Vozes, 2014, p. 719.
28 SCOPINHO, Sávio Carlos Desan. "O Corpo e suas Implicações Éticas no Estudo das Ciências Modernas". *In*: ALMEIDA, Danilo di Mianno (org.). *Corpo em Ética: Perspectivas de uma Educação Cidadã*. São Bernardo do Campo: UMESP, 2002, p. 97.

continuam desenvolvendo suas pesquisas desconsiderando o ser humano na sua totalidade. Essa tendência atingiu o contexto tecnológico com toda a sua força e suscitou questões de extrema importância: com o avanço tecnológico e o seu desejo *prometeico* de maior liberdade ao indivíduo, até que ponto as transformações sociais, no que se referem à sexualidade, são um avanço ou uma forma mais sofisticada de controle social sobre os indivíduos? Há um interesse "cultural" segundo o qual as pessoas sejam mais livres e "donas" do seu próprio corpo ou as tecnologias contemporâneas se tornaram um outro modo de controlar as subjetividades? Saímos de uma fase de contínuos controles ideológicos, mas estamos caminhando para onde, com tantas transformações culturais?

Sabemos que a ciência moderna veio reformular as relações entre ciência e técnica. A tecnociência é o casamento entre a ciência, que tem como função adquirir conhecimento, com a técnica, cujo escopo é o de realizar certos procedimentos ou produtos. A meta da ciência é saber algo; a meta da técnica é fazer algo.[29] Digamos que a técnica é esse modo de proceder, próprio do homem, ou de construir um ambiente artificial para poder viver. Pode-se até afirmar que o artificial passa a ser natural para o homem. O homem que descobre certa técnica não tem necessidade de saber o porquê desta ou daquela prática serem mais eficazes do que outras.

Estamos imersos na civilização tecnocêntrica.[30] Ela produz mutações profundas e radicais nos mais variados setores da vida social contemporânea, como por exemplo, no corpo, no prazer e na própria sexualidade. É verdade que há resultados bem-sucedidos nas mais variadas áreas – biotecnologia, genética, informática e tantas outras –; contudo, não podemos deixar de admitir que a cada projeto bem sucedido reaparece o caráter ambivalente das tecnociências. Dois sentimentos aparecem de forma paradoxal:

---

29 AGGAZI, Evandro. *El bien, el Mal y la Ciencia*. Madri: Tecnos, 1996, p. 95.
30 Esta expressão está cunhada em ZUBEN, Newton Aquiles von. *Bioética e Tecnociências: a Saga de Prometeu e a Esperança Paradoxal*. Bauru: EDUSC, 2006, p. 49.

tecnofobia e *tecnolatria*.³¹ Ao mesmo tempo em que as tecnociências geram uniformização e conformação (provocam conformismo – eis a dificuldade hoje de se pensar criticamente, pois estamos inseridos em uma época sem pensamento crítico), também, como um rolo compressor, esmagam as culturas, apagando as diferenças e homogeneizando o mundo em nome da razão.

Parece que o caminho tecnocêntrico se dirige para um único destino: consumir como compensação ao "desempoderamento" e viver sob certa ditadura da mediocridade com a banalização do excepcional e a exaltação do banal.³² É verdade que as tecnologias propiciaram a preservação da vida, a segurança dos bens e das pessoas e infinitas possibilidades de comunicação; no entanto, elas também têm um efeito ambivalente, quando propiciam mais conforto, exigem maior controle de si mesmo e provocam certa sensação de total liberdade.

Não podemos negar que por trás das modernas e necessárias transformações culturais que vivemos – principalmente no que se refere ao corpo, ao prazer e à sexualidade – encontra-se a ideia de progresso, libertação e sensação de total independência de controles e opressões passadas. Contudo, não podemos deixar de nos perguntar se não estamos revivendo a corajosa saga de Prometeu.

> O mito que nos relata a saga de Prometeu, se o considerarmos com atenção, contém elementos pertinentes para aprofundar e tornar mais claras nossas reflexões éticas sobre a técnica e seus desafios (...). A ambivalência de Prometeu, sua coragem em enfrentar Zeus, sua generosidade para com os humanos, sua filantropia, e, ao mesmo tempo, seu orgulho, sua ousadia, e teimosia exagerados. Esses traços não encobriram o traço mais forte, o

---

31 Estas duas expressões foram usadas como autocrítica por LATOUCHE, S. *La Mégamachine et la Destruction du Lien Social*. Disponível em: http://1libertaire.free.fr/SLatouche03.html. Acesso em: 10 fev. 2017.
32 Vale a pena ver as obras: GUILLEBAUD, Jean-Claude. *A Tirania do Prazer*. Rio de Janeiro: Bertrand Brasil, 1999; HENRY, Michel. *A Barbárie*. São Paulo: Realizações, 2012; TÜRCKE, Christoph. *Sociedade Excitada: Filosofia da Sensação*. Campinas: UNICAMP, 2010.

da astúcia. Desse modo, com esse horizonte na sua gênese mítica, a técnica aparece, de fato, como um poder eminentemente perigoso, ligado à transgressão. A intervenção técnica, de certo modo, põe a natureza à distância para melhor subjugá-la. Esse domínio denota uma agressão tornando-se uma transgressão. A finalidade era a conquista do "saber", cujo primeiro passo era a "técnica" do fogo. Os humanos tomaram como paradigma Prometeu, seu criador e benfeitor, e incorporaram suas qualidades da sabedoria proibida (...). Cada nova invenção tecnocientífica, a humanidade renova o gesto tanto de Prometeu como de Pandora, mas curiosamente, sabendo de antemão, que no fundo da caixa encontra-se a esperança.[33]

À luz desta reflexão, gostaria de propor, enfim, um caminho esperançoso (esperançar, no sentido freireano), de abertura a um processo educativo, pedagógico, de discernimento. Hoje, mais do que em épocas anteriores, em que outras antropologias não dualistas ou rigoristas se impuseram, vemos desmoronar um modo repressor e dualista de conceber o ser humano, a sexualidade, o corpo e o prazer. Portanto, além de uma palavra de criticidade, convém também lançar um olhar de esperança ética a partir de uma possível proposta dialogante entre as três importantes dimensões do ser humano.

Indicativos ético-pedagógicos para um diálogo: corpo, prazer e sexualidade

Diante do contexto antropológico paradoxal e ambivalente em que vivemos, queremos propor alguns caminhos ético-educativos viáveis para uma ressignificação do humano que clama um corpo individualizado-humanizado e busca sentido no prazer da plena comunhão com os outros.

---

33 ZUBEN. *Bioética e Tecnociências*, p. 52-53.

Educar para uma visão integral da corporeidade

A mentalidade pós-moderna impede que o ser humano pense a vida na sua totalidade. O corpo – realidade integral e a própria pessoa – tende a ser visto, conforme o foco de quem olha, a partir de interesses subjacentes. Sendo assim, torna-se necessário educar o olhar, isto é, educar para uma integralidade que favoreça uma concepção que aqui chamaremos de "corporeidade". A corporeidade não é um elemento inteiramente acidental, mas uma realidade fundamental, tanto do ponto de vista do ser quanto do existir. Todo indivíduo deve aceitar e amar o próprio corpo e compreender a linguagem que o corpo fala, tanto a quem o possui quanto aos outros. A corporeidade é um fator estruturante do nosso psiquismo e da nossa personalidade. A soma das representações do corpo e dos seus órgãos, a assim chamada imagem corpórea, é muito importante para a formação do Eu.[34] O corpo não é somente uma soma de sensações e de interrelações psíquicas. É um meio de comunicação, uma via privilegiada para se entrar em relação com os outros. Diz, sobre isso, Dacquino:

> De fato, além de se exprimir com a voz, o homem "fala" também com os olhos, com o sorriso, com as mãos, com todo o corpo. Existe, então, com a linguagem verbal, também uma linguagem "não verbal", ou "corpórea", que se exprime com os movimentos dos olhos, os gestos da cabeça, as várias posições do corpo, as roupas, o odor, o calor etc.[35]

Somos seres biológicos, psicoafetivos, sociais, éticos e espirituais. O corpo não é só o biológico isoladamente. Ele é esse todo que se manifesta segundo cada uma dessas dimensões. Contudo, não podemos negar que é na materialidade do corpo que se cruzam prazeres e desprazeres. É também na materialidade do corpo que se concentram todos os poderes e saberes. É nele, ainda, que a sexualidade encontra sua sede, pois:

---
34 DACQUINO, Giacomo. *Viver o Prazer*. São Paulo: Paulinas, 1992, p. 47.
35 DACQUINO. *Viver o Prazer*, p. 48.

> É para caracterizar a complexidade das muitas dimensões que constituem nosso corpo (biológica, social, psicológica, ética, cósmica etc.), que atualmente se prefere falar em "corporeidade", ou "corporalidade", em vez de se falar de corpo. A corporeidade é experiência vivida do corpo como realidade fenomenológica.[36]

A corporeidade ou corporalidade é, segundo Zilda Ribeiro, própria do humano. Ultrapassa o fenômeno físico e não se identifica com ele. O termo corporalidade se dá:

> como a confluência das exigências da exegese, da fenomenologia e da filosofia existencial, conforme o pensamento contemporâneo de ultrapassar as dicotomias grega e cartesiana da alma e do corpo. A corporalidade designa uma modalidade primitiva do homem inteiro que só pode ser tematizada por uma reflexão transcendental.[37]

Durante séculos, fomos devedores de uma concepção de corpo totalmente desprezada em detrimento da alma. Não se falava em corporeidade. Em nossos dias, por outro lado, predomina a imagem visual, a televisão, o cinema; e os jornais impõem à atenção modelos estéticos, um tanto elevados e inalcançáveis, do físico atlético do esportista ao flexível da bailarina, do belo rosto da apresentadora ao imponente jovem ator ou cantor. Tudo isto comporta, para o indivíduo comum, uma maior dificuldade em aceitar-se e valorizar-se, inclusive corporalmente.[38] Filosoficamente, a categoria de corpo contribui enormemente para uma visão integral de corporeidade. Vaz nos ajuda a compreender que essa categoria filosófica pode ser a possibilidade de superação de todo dualismo, quando relacionada com todas as dimensões humanas e integradas entre si.

---

36 MOSER, Antonio. *O Enigma da Esfinge: a Sexualidade*. 4. ed. Petrópolis: Vozes, 2003, p. 60.
37 RIBEIRO, Zilda Fernandes. *A Mulher e seu Corpo*: Magistério Eclesiástico e Renovação da Ética. Aparecida/SP: Santuário, 1998, p. 21.
38 DACQUINO. *Viver o Prazer*, p. 66-67.

> Pelo corpo o homem está presente no mundo. Mas, segundo se entenda o corpo como totalidade físico-orgânica e o corpo como totalidade intencional, é oportuno distinguir uma presença natural (presença impropriamente dita ou simples estar--aí) e uma presença intencional (presença no sentido próprio ou ser-aí). Pela primeira, o homem está no mundo ou na natureza em situação fundamentalmente passiva. Pela segunda, o homem está no mundo em situação fundamentalmente ativa, ou é ser-no mundo (...). Pela presença natural, o homem está presente no espaço-tempo físico e no espaço-tempo biológico do seu corpo que o situa no espaço-tempo do mundo. Pela presença intencional começa a estruturar-se o espaço-tempo propriamente humano, que tem no corpo próprio como corpo vivido o pólo imediato da sua estruturação para-o-sujeito, ou o lugar em que primeiramente se articulam o espaço tempo do mundo e o espaço-tempo do sujeito: psicológico, social e cultural. O corpo próprio pode ser chamado, assim, o lugar fundamental do espaço propriamente humano, e o evento fundamental do tempo propriamente humano.[39]

Queremos ressaltar o conceito de corpo que engloba a totalidade do ser humano, como ser aberto e com inúmeras possibilidades e disposições, cujas relações e ações ampliam o próprio corpo. Corpo-relação-consigo-próprio na integridade e, ao mesmo tempo, relação-com-o-outro-e-os-outros. No processo de educar para uma visão integral da corporeidade, é fundamental elucidar alguns "atentados" contra a consciência humana que impedem uma visão integral. Um primeiro "atentado" é fruto da cultura "perturbada" que vivemos, que nos manipula, gerando equívocos entre imagem e realidade:

> Numa sociedade alienada, toda atividade perde o significado pessoal, e este fica substituído por uma imagem. A perturbação esquizóide gera a dissociação entre a imagem e a realidade. O termo "imagem" refere-se a símbolos e criações mentais em oposição à realidade da experiência física. (...) A imagem é uma

---

39 VAZ. *Antropologia Filosófica I*, p. 176-177.

concepção mental que, superposta ao ser físico, reduz a existência corporal a um papel secundário. O corpo transforma-se num instrumento da vontade a serviço da imagem. A pessoa fica então alienada da realidade de seu corpo. Ao enfatizar em demasia o papel da imagem, ficamos cegos à realidade da vida do corpo e de seus sentimentos.[40]

Portanto, a educação para uma visão integral da corporeidade necessita de um olhar crítico sobre todas as imagens que nos são impostas e pelas quais somos bombardeados por todos os lados. Questioná-las é um exercício de busca da integralidade. Um outro caminho educativo para favorecer uma verdadeira e integral corporeidade é a consciência de que o corpo humano não existe isoladamente: ele é parte integrante da vida do planeta e de todo o sistema cósmico.[41]

Educar para o discernimento e a autonomia relativa

As novas tecnologias da informação e telecomunicação deram origem a novos tipos de espaço, alterando nossa relação com o mundo físico e com as inúmeras situações complexas. Temos dificuldade de decidir porque perdemos a visão do todo e, assim, não conseguimos discernir. Não conseguindo discernir, sentimo-nos frágeis em nossa autonomia. Já que o discernimento está em função da decisão, esta só se entende a partir da liberdade fundamental do projeto, isto é, uma liberdade situada em diálogo com outras liberdades. Considerando a complexidade cultural e humana, queremos propor a retomada do discernimento para o exercício da autonomia. Sabemos que:

> A palavra "discernir" sugere, inclusive etimologicamente, o fato de ver entre duas (ou mais) possibilidades: ver com clareza qual é a doutrina verdadeira; qual é a opção acertada.

---
40 RIBEIRO. *A Mulher e seu Corpo*, p. 24.
41 CAVALCANTI, Matilde. *O Corpo Essencial: Trabalho Corporal Integrado para o Desenvolvimento de uma Nova Consciência*. Rio de Janeiro: Rosa dos Tempos, 1992, p. 209.

Ora, todo homem se acha em situação de discernir, isto é, de descobrir de forma consciente e livre os motivos para uma boa escolha. Para escolher bem é suficiente que aquele que discerne seja prudente, pois, como dizia Tomás de Aquino: "o conselho (ou discernimento prévio à escolha) pertence à prudência". Toda pessoa deve ser prudente porque está chamada a escolher e para isto deve saber discernir.[42]

Em se tratando de discernimento, dimensão fundamental da vida moral, três questões devem ser consideradas: qual é o resultado ou a meta a ser alcançada (consequencialista); qual é a obrigação ou o dever a ser cumprido (não consequencialista); qual indicação o contexto ou a situação oferece para se poder assumir uma postura ética (contextualista). São três perguntas diferentes que orientarão a tomada de decisões de modos diferentes, com resultados diferentes; são instrumentos valiosos para a análise ética e explicam por que as pessoas chegam a conclusões morais diferentes diante de um mesmo fato.[43] Qual a relação entre o constante exercício do discernimento e a busca da autonomia? Segundo López-Azpitarte:

> O sujeito que discerne nao é um absoluto incondicionado, mas o que se encontra já com uma série de influências que escapam do ordinário de sua vontade. Nunca se situa de forma neutra diante de suas decisões, pois já está afetado por sua estrutura psicológica, com todo o mundo de experiências passadas e de sentimentos diante do futuro, que o estão condicionando. Esforçar-se por reconhecer a situação pessoal concreta a partir da qual se efetua é uma condição imprescindível para não espiritualizar excessivamente o que se explica por outras razões.[44]

---

42 BELLOSO, Josep M. Rovira. "Quem é Capaz de Discernir?". *Concilium*, 139: 85-86, 1978.
43 MAY, Roy H. *Discernimento Moral: uma Introdução à Ética Cristã*. São Leopoldo: Sinodal/EST, 2008, p. 55-56.
44 LÓPEZ AZPITARTE, Eduardo. "Discernimento". *In:* COMPAGNONI, Francesco; PIANA, Giovanni; PRIVITERA, Salvatore. *Dicionário de Teologia Moral*. São Paulo: Paulus, 1997, p. 234.

Educar para um sentido pleno do prazer

As novas gerações não se pautam mais pelo dever. Pautam-se pela vazão e realização imediata do prazer. A valorização do *eros* pode desestimular o pensar. Estímulos contínuos para a vivência "aqui e agora" impedem a criação dinâmica de um projeto de vida. Por fim, a desumanização sutil e inconsciente vaga sobre essa égide do total desfrute do prazer. A ideia de educar o prazer em conformidade com a busca da felicidade de forma equilibrada é tão antiga quanto as formulações éticas. Nesta busca de educar o prazer e a vida afetiva em seu todo, pretendia-se dar respostas aos anseios humanos mais profundos:

> Aristóteles via na vida afetiva o próprio objeto da moral: os problemas humanos ou aqueles que concernem aos caracteres e às paixões. Santo Tomás não pensará de forma diferente. Para ele a vida afetiva (que chama de *vis apetitiva*, o desejo) é o objeto "material" da moral, e as virtudes morais, ou seja, os dinamismos estruturados e estruturantes da maneira de agir, são as que humanizam essa força apetitiva, pelo jogo moderador e finalizante da inteligência que é a razão do amor. Poderíamos dizer que o homem moral é um ser cuja vida afetiva possui "músculos": ela é forte, hábil, capaz de adaptação e fonte de prazer.[45]

Entre a felicidade e o prazer não deveria existir oposição. Mas quando o prazer é tratado de modo absoluto, corre-se o risco de vivê-lo como fim e não como meio, tornando-se incapaz de ajudar a ir além de si mesmo. No contexto pós-moderno, o prazer imediato é tratado como totalidade, despersonalizando e desumanizando o ser, podendo impedir a busca contínua rumo a uma felicidade que se realiza como um processo. A pós-modernidade abandona a ideia da gradualidade da experiência do prazer, como também a de amadurecimento gradativo da pessoa, pois descarta a memória histórica e afetiva, focando-se no indivíduo enquanto

---

45 PLÉ, Albert. *Por Dever ou por Prazer?* São Paulo: Paulinas, 1984, p. 137.

sujeito que quer se realizar no imediato momento, mesmo que, para isso, deva compensar os vazios existenciais de inúmeros modos segundo o prazer individualizado. Notamos o quão necessário hoje é repropor a gradual busca pela maturidade.

> Esta [maturidade] é o resultado de nossa história evolutiva, consciente e inconsciente. Quer dizer, ela pressupõe um desenvolvimento adequado das diferentes capacidades e disposições psíquicas: sublimação das pulsões instintivas, por conseguinte, atenuação das ambivalências (reações violentas de ódio e amor), capacidade de oblatividade e de reciprocidade nas relações com os outros. Essa maturidade é própria do indivíduo integrado, isto é, em harmonia com as pulsões, os desejos e os pensamentos de seu psiquismo.[46]

Destacamos que o desejo, o qual impele ao prazer, não poderia ser reduzido a uma vivência restrita da genitalidade, como vem sendo manipulado pela mídia e pelo capital de consumo. Notamos que, culturalmente, há o impedimento de uma vivência integral do prazer imposto por esses mecanismos da civilização e da cultura; por outro, há um impedimento ontológico e existencial arraigado na cultura, esvaziando o sentido personalista do prazer. Precisamos questionar a mentalidade reinante, destacando que:

> A criança que deseja que os pais satisfaçam suas pulsões parciais, vai enfrentar negativas que vão obrigá-la a crescer e a mudar a maneira de gratificar-se. Embora, durante a infância, a busca do prazer domine o psiquismo, progressivamente a criança terá que aprender que o prazer para o consciente é uma consequência e não um fim como o é para o inconsciente. Este estado de tensão será fonte de conflitos durante toda a existência. Desta impossibilidade de obter imediatamente tudo o que se quer, nasce a pulsão, mas também o trabalho do desejo.[47]

---

46 DACQUINO. *Viver o Prazer*, p. 116.
47 JUNGES, José Roque. "Ética Sexual e Novos Padrões Culturais". *Perspectiva Teológica*, 71: 74, 1995.

Educar para uma vivência plena da sexualidade

Seguindo apenas os impulsos, não se consegue viver a sexualidade de forma autenticamente humana. Faz-se imprescindível propor uma educação que se conecte com todas as dimensões humanas, em direção a uma superação do estágio infantil e egoísta no qual só se busca a satisfação imediata dos próprios apetites e caprichos. Se se quiser alcançar um mínimo de maturidade e equilíbrio humano, a conduta, aberta para qualquer possível configuração, necessita de um esforço ascético e de uma séria dose de renúncia.[48] Contudo, a vivência plena da sexualidade depende da antropologia subjacente. Percebemos que:

> Diante de uma visão muito espiritualista e uniforme, como a que se viveu até tempos recentes, encontramo-nos hoje no meio de uma sociedade que apresenta diferentes antropologias sexuais de signo muito contrário à anterior. Se antes era a alma que se devia livrar de todas as ataduras e escravizações do corpo, para alcançar certo nível de espiritualização, agora é o corpo que deve se despojar de tudo o que lhe impeça sua expressão mais espontânea e natural. A permissividade absoluta e um naturalismo biológico são os denominadores comuns de muitas correntes modernas.[49]

O discurso ético, propiciando certa sustentação teórica a uma visão de sexualidade, abre o ser humano a um projeto de vida amplo. Um dado inicial e importante para se pensar a sexualidade num sentido pleno é o de que a ética dá sustentação a uma visão integrada de sexualidade à medida que esta é compreendida em um projeto de vida amplo. Um critério norteador para a vivência integral da sexualidade é o de optar por uma verdadeira antropologia unitária e não dualista do ser humano. O dualismo, que

---

48 LÓPEZ AZPITARTE, Eduardo. Ética Sexual: Masturbação, Homossexualismo, Relações Pré-Matrimoniais. 2. ed. São Paulo: Paulinas, 1991, p. 7.
49 LÓPEZ AZPITARTE, Eduardo. Ética da Sexualidade e do Matrimônio. São Paulo: Paulus, 1997.

historicamente se revestiu ora de rigorismo, ora de permissividade, se fundamenta numa antropologia que separa radicalmente psiquismo e matéria, racional e biológico. O peso que se atribui a cada um desses elementos leva ao rigorismo ou à permissividade.[50]

Toda tentativa de se aproximar do homem de hoje a partir de uma ótica dualista acha-se condenada ao fracasso, pelo perigo de cair em qualquer um dos dois extremos. A eliminação do sentido psicológico e transcendente da matéria, ou o esquecimento da condição encarnada do espírito, dá ao ser humano caráter demasiado animal ou excessivamente angélico. Não podemos negar que vivemos ainda sob o império de um dualismo, no entanto, este agora se centraliza mais na dimensão físico-corporal-erótica, dissociando o sexo da sexualidade, ou seja,

> O sexo dissociado da sexualidade encontra sua satisfação em puras técnicas sem viver plenamente a sexualidade. O equilíbrio de uma personalidade não se regenera numa vida genital intensa, mas no desenvolvimento de uma sexualidade fonte de vida relacional. A dissociação entre sexo e sexualidade leva a não conseguir integrar a pulsão sexual por falta de recursos internos. O que desintegra não são acontecimentos, situações ou crises, mas a maneira de interpretá-los e assumi-los. A personalidade precisa elaborar interiormente estes elementos, mas para poder fazê-lo, necessita de uma interioridade. O sexo separado da verdadeira relação intersubjetiva perde seu sentido e torna-se deprimente.[51]

Considerações finais

O tema em questão sugere-nos que superemos determinados tipos de dualismos antropológicos ocidentais ainda presentes nas três palavras desenvolvidas neste debate, a saber: sexualidade (*sexolatria* e *sexofobia*), corpo (*corpolatria* e *corpofobia*) e prazer (*erolatria* e *erofobia*). Somos chamados, neste novo contexto de transformações

---

50 LÓPEZ AZPITARTE. *Ética da Sexualidade e do Matrimônio*, p. 25.
51 JUNGES. "Ética Sexual e Novos Padrões Culturais", p. 72.

culturais, a superar visões fragmentadas, dicotômicas, fundamentalistas e moralistas insuficientes.

A tríade em questão – sexualidade, corpo e prazer – aparentemente, nunca gozou de certa tranquilidade em época alguma, até porque expressa um mistério do ser humano sempre aberto a possíveis olhares. Diria, portanto, que nenhum de nós está isento de ressignificação da própria sexualidade, do corpo e do prazer. Todos somos chamados a um compromisso pessoal e coletivo para reordenar a própria força interior, que é a sexualidade. Esta é a vocação contínua do ser humano: integrar corpo, prazer e sexualidade, superando fundamentalismos e relativismos fáceis. Para isso, é preciso dialogar com o diferente e o desafiante, com o intuito de repropor uma humanidade que tende a viver ambivalências nem sempre eticamente humanizantes.

Referências

AGGAZI, Evandro. *El Bien, el Mal y la Ciencia*. Madri: Tecnos, 1996.

AUDOIN-ROUZEAU, Stéphane. "Massacres: o Corpo e a Guerra". *In:* CORBIN, Alain; COURTINE, Jean-Jacques.; VIGARELLO, Georges. *História do Corpo*. III. *As Mutações do Olhar: O Século XX*. Petrópolis: Vozes, 2008.

BELLOSO, Josep M. Rovira. "Quem é Capaz de Discernir?". *Concilium*, 139: 85-86, 1978.

CAVALCANTI, Matilde. *O Corpo Essencial: Trabalho Corporal Integrado para o Desenvolvimento de uma Nova Consciência*. Rio de Janeiro: Rosa dos Tempos, 1992.

CHIAVACCI, Enrico. "Lei Natural". *In*: COMPAGNONI, Francesco; PIANA, Giovanni; PRIVITERA, Salvatore. *Dicionário de Teologia Moral*. São Paulo: Paulus, 1997, p. 690-701.

CORBIN, Alain; COURTINE, Jean-Jacques.; VIGARELLO, Georges. *História do Corpo*. III. *As Mutações do Olhar: O Século XX*. Petrópolis: Vozes, 2008.

DACQUINO, Giacomo. *Viver o Prazer*. São Paulo: Paulinas, 1992.

FLANDRIN, Jean-Louis. *La Chiesa e il Confronto dele Nascite: Storia Breve dela Polemica sulla Contracezione nella Dottrina Cristiana*. Bolonha: Transeuropa, 1988.

GIDDENS, Anthony. *As Consequências da Modernidade*. São Paulo: UNESP, 1991.

GIRARD, René. *La Violence et le Sacré*. Paris: Grasset, 1972.

GUILLEBAUD, Jean-Claude. *A Tirania do Prazer*. Rio de Janeiro: Bertrand Brasil, 1999.

HENRY, Michel. *A Barbárie*. São Paulo: Realizações, 2012.

JUNGES, José Roque. "Ética Sexual e Novos Padrões Culturais". *Perspectiva Teológica*, 71: 65-81, 1995.

LE BRETON, David. *Adeus ao Corpo: Antropologia e Sociedade*. Campinas: Papirus, 2008.

LE GOFF, Jacques; TRUONG, Nicolas. *Uma História do Corpo na Idade Média*. Rio de Janeiro: Civilização Brasileira, 2006.

LECLERC, Bruno; PUCELLA, Salvatore. *As Concepções do Ser Humano: Teorias e Problemáticas*. Lisboa: Instituto Piaget, 2004.

LIPOVETSKY, Gilles. *A Era do Vazio: Ensaios sobre o Individualismo Contemporâneo*. Barueri: Manole, 2005.

LÓPEZ AZPITARTE, Eduardo. *Ética da Sexualidade e do Matrimônio*. São Paulo: Paulus, 1997.

_____. *Ética Sexual: Masturbação, Homossexualismo, Relações Pré-Matrimoniais.* 2. ed. São Paulo: Paulinas, 1991.

LYON, David. *Pós-Modernidade.* São Paulo: Paulus, 1998.

MAY, Roy H. *Discernimento Moral: uma Introdução à Ética Cristã.* São Leopoldo: Sinodal/EST, 2008.

MOSER, Antonio. *O Enigma da Esfinge: a Sexualidade.* 4. ed. Petrópolis: Vozes, 2003.

OLIVEIRA, Manfredo Araújo de. *Para Além da Fragmentação: Pressupostos e Objeções da Racionalidade Dialética Contemporânea.* São Paulo: Loyola, 2002 (Coleção Filosofia, 54).

PARRINDER, Geoffrey. *Diversidade Cristã: Sexualidade e Moral nas Religiões do Mundo.* Portugal: Publicações Europa-América, 1996.

PETIT, Georges. *Retour à Langenstein: une Expérience de la Dépórtation.* Paris: Belin, 2001.

PLATÃO. "Fédon". *Oeuvres Complètes.* Paris: Garnier-Flammarion, 1965, t. 2.

PLÉ, Albert. *Por Dever ou por Prazer?* São Paulo: Paulinas, 1984.

RIBEIRO, Zilda Fernandes. *A Mulher e seu Corpo: Magistério Eclesiástico e Renovação da Ética.* Aparecida/SP: Santuário, 1998.

ROSSI, Jacques. *Le Manuel du Goulag.* Paris: Le Cherche Midi, 1997.

SCOPINHO, Sávio Carlos Desan. "O Corpo e suas Implicações Éticas no Estudo das Ciências Modernas". *In*: ALMEIDA, Danilo di Mianno (org.). *Corpo em Ética: Perspectivas de uma Educação Cidadã.* São Bernardo do Campo: UMESP, 2002.

TORRES QUEIRUGA, André. *Creio em Deus Pai.* São Paulo: Paulus, 1993.

TÜRCKE, Christoph. *Sociedade Excitada: Filosofia da Sensação*. Campinas: UNICAMP, 2010.

VAZ, Henrique Cláudio de Lima. *Antropologia Filosófica I*. 3. ed. São Paulo: Loyola, 1993.

WOLF, Eduardo. "Ética e Sexualidade: Normatividades em Perspectiva Histórica". *In*: TORRES, João Carlos Brum (org.). *Manual de Ética: Questões de Ética Teórica e Aplicada*. Petrópolis: Vozes, 2014.

ZUBEN, Newton Aquiles von. *Bioética e Tecnociências: a Saga de Prometeu e a Esperança Paradoxal*. Bauru: EDUSC, 2006.

5
Discriminação e violência contra a diversidade de gênero e orientação sexual

Denise Leite Vieira e Mônica Saldanha Pereira[1]

Identidade de gênero, orientação sexual e diversidade

Ao longo da trajetória dos estudos sobre a sexualidade, conceitos e categorias foram produzidos para apreender as realidades e comportamentos sexuais observados em cada momento histórico e cultural.

O conceito de orientação sexual surge no início do século XX, no escopo da emergente sexologia, quando o discurso

---

[1] Denise Leite Vieira, psicóloga, é doutora em Psiquiatria e Psicologia Médica (Universidade Federal de São Paulo), mestra em Clinical & Public Health Aspects Of Addiction (Institute of Psychiatry King's College London – Universidade de Londres), especialista em Educação Sexual (Centro Universitário Salesiano de São Paulo – UNISAL), Sexualidade Humana (Faculdade de Medicina - Universidade de São Paulo), Sexologia Clínica (Centro de Sexologia de Brasília/Escola Bahiana de Medicina e Saúde Pública), Sexual and Reproductive Health Research - SRHR (Geneva Foundation for Medical Education and Research – GFMER) e Terapia Sexual (UNISAL) e membro do Grupo de Pesquisa "Sexualidade Humana" (CNPq) do UNISAL.
Mônica Saldanha Pereira é especialista em Educação Sexual (Centro Universitário Salesiano de São Paulo - UNISAL), graduada em Letras (Centro Universitário UNISEB) e membro do Grupo de Pesquisa "Sexualidade Humana" (CNPq) do UNISAL e do Grupo de Pesquisa Educação, Gênero e Cultura Sexual (EdGES/USP).

médico toma para si a competência para o estudo e tratamento das práticas sexuais não reprodutivas, até então concernentes ao campo moral-religioso. A estratégia teve como objetivo descriminalizar as práticas sexuais não normativas, atribuindo-as a patologias psiquiátricas.

A identidade de gênero, por sua vez, emerge nos trabalhos de Robert Stoller, como meio de captar a realidade de sujeitos, cujos comportamentos e expressões fogem ao padrão esperado para os indivíduos de seu sexo. Deste modo, pretendia-se justificar aquilo que era compreendido como desconformidade, também através da patologização.

Em ambos os casos, propunha-se a cura ou a correção dos "desvios", e foi somente por meio da mobilização dos sujeitos marginalizados – os movimentos ligados à sigla LGBTQIA+ – que estes discursos passaram a ser contestados e revistos. A homossexualidade – orientação sexual para indivíduos do mesmo sexo – foi retirada dos manuais diagnósticos oficialmente em 1971; já a transexualidade e a transgeneridade – diversidade de expressões e identidades de gênero – permanecem alvo de discussões, obtendo uma série de conquistas parciais e estando cada vez mais próximas de um horizonte de despatologização total.

Em que pesem as mudanças de posicionamento e entendimento na esfera institucional – nas políticas sociais, de saúde, de educação, etc. – norteadas pelo ideal de respeito à diversidade, a resistência em relação à pluralidade e ao estigma social sobre estas populações permanece em diversos contextos, com diferentes intensidades.

A sexualidade é considerada dimensão constitutiva do sujeito e um marcador de qualidade de vida,[2] abrangendo saúde, direitos sexuais e reprodutivos, relações intra e interpessoais, questões de identidade, estendendo-se muito além das práticas sexuais. O

---

2   WORLD HEALTH ORGANIZATION. *Defining Sexual Health*. Disponível em: http://www.who.int/reproductivehealth/topics/sexual_health/sh_definitions/en/. Acesso em: 10 maio 2017.

respeito à diversidade e o direito à livre expressão da sexualidade são princípios básicos de direitos humanos.

O impacto da discriminação e da violência contra diversidade de gênero e orientação sexual

Seguindo o padrão do relatório sobre violência homofóbica no Brasil, utilizar-se-á "homofobia" para designar de maneira geral as discriminações em função de orientação sexual e identidade de gênero, como forma de facilitar a leitura e simplificar o texto. Entretanto, é necessário destacar que o termo pode colaborar para a homogeneização das discriminações e para o apagamento das diferenças e desigualdades internas ao movimento LGBTQIA+, sendo, portanto, imprescindível que se pensem as diferenças entre as realidades e experiências que integram esta população.

Segundo Wiliam Siqueira Peres, há um espectro bastante limitado de situações que a sociedade em geral aprendeu a representar e conceituar como violência homofóbica e, para compreender profundamente essa realidade, faz-se necessário acessar a experiência de marginalização e violência a partir do olhar da vítima.[3] A partir dessa posição, se poderá perceber uma gama de violências homofóbicas – os casos criminalmente reconhecidos são apenas uma faceta – que passa pela discriminação, a ofensa, a humilhação, a restrição de direitos. Ademais, os múltiplos processos de exclusão e discriminação sistemáticas configuram um quadro de "sinergia de vulnerabilidades", uma rede que se fortalece, potencializando os efeitos de exclusão, conforme aponta Richard Parker.[4] O *status* socioeconômico, o gênero e a etnia são

---

3   PERES, Wiliam Siqueira. *Subjetividade das Travestis Brasileiras: da Vulnerabilidade da Estigmatização à Construção da Cidadania*. Rio de Janeiro: Instituto de Medicina Social, Universidade do Estado do Rio de Janeiro, 2005 (Tese de Doutorado).
4   PARKER, Richard *apud* JUNQUEIRA, Rogério Diniz (org.). *Diversidade Sexual na Educação: Problematizações sobre a Homofobia nas Escolas*. Brasília: Edições MEC/UNESCO, 2009. Disponível em: http://unesdoc.unesco.org/images/0018/001871/187191por.pdf. Acesso em: 13 nov. 2016.

fatores que influenciam sobremaneira a vulnerabilidade que os sujeitos podem sofrer. Embora a diversidade sexual e de gênero seja pouco entendida e tolerada, quanto menos recursos financeiros a pessoa tiver, mais vulnerável ela poderá ser. O mesmo acontece em relação à etnia não branca.

Os resultados encontrados pela ONG *Transgender Europe*, em seu projeto de monitoramento de assassinatos de pessoas trans, *Trans Murder Monitoring* (TMM) – *Transrespect versus Transphobia Worldwide (*TvT*)*,[5] colocam o Brasil no topo do *ranking* sobre violência transfóbica, com o maior número absoluto de mortes devido à transfobia. O Relatório de Violência Homofóbica, por sua vez, aponta que, apesar da subnotificação, foram registrados 5,22 casos de violência homofóbica por dia no ano de 2013,[6] enquanto o Grupo Gay da Bahia destaca que a cada 25 horas, uma pessoa LGBTQIA+ foi morta no Brasil, no ano de 2016.[7]

Ainda conforme o Relatório de Violência Homofóbica, a discriminação sofrida por estas populações interfere no delineamento de suas possibilidades e trajetórias de vida, principalmente aquela caracterizada como institucional, que estrutura a sociedade e se apresenta nas sociabilidades cotidianas, de maneira naturalizada. Vale salientar a reflexão de Fernando Pocahy sobre o modo como as injúrias – segundo o autor, o ato de homofobia mais presente na experiência de diversidade de gênero e sexualidade – assinalam o lugar do sujeito, (re)constroem seu espaço social e desqualificam-no de sua condição de humanidade.[8] Sendo assim,

---

5 Disponível em: https://transrespect.org/en/research/trans-murder-monitoring/. Acesso em: 05 abr. 2017.
6 BRASIL. *Relatório de Violência Homofóbica no Brasil: Ano de 2013.* Brasília, 2016. Disponível em: http://www.direito.mppr.mp.br/arquivos/File/RelatorioViolenciaHomofobicaBR2013.pdf. Acesso em: 15 jan. 2018.
7 GRUPO GAY DA BAHIA. *Relatório 2016. Assassinatos de LGBT no Brasil.* Salvador, 2016. Disponível em: https://homofobiamata.files.wordpress.com/2017/01/relatc3b3rio--2016-ps.pdf. Acesso em: 23 set. 2017.
8 POCAHY, Fernando. "Um Mundo de Injúrias e Outras Violações". *Rompendo o Silêncio: Homofobia e Heterossexismo na Sociedade Contemporânea.* Porto Alegre: Nuances, 2007, p. 9-26.

não se pode considerar que, por serem entendidas juridicamente como violências menores, as injúrias, a discriminação constante e sistemática através de palavras e gestos, tenham impacto reduzido na vivência destas populações. Há que se enfatizar, ainda, que o processo de abjeção – este assujeitamento desumanizante – não ocorre somente em espaços isolados da vivência cotidiana do sujeito LGBTQIA+, mas, principalmente, naqueles que constituem seu cotidiano, por exemplo, o ambiente educacional.[9]

Além disso, há que se salientar o silenciamento e a invisibilidade como aspectos de um cenário heteronormativo e, portanto, de violência contra as populações LGBTQIA+. Essa realidade evidencia-se em trabalhos como os de Cláudia Vianna e Lula Ramires que, em exame do material didático distribuído na rede de ensino nacional, apontam ter encontrado um "eloquente silêncio" no que toca à diversidade sexual; uma prática discriminatória talvez ainda mais grave do que a condenação explícita, na medida em que, ao impedir a representação das muitas variações possíveis do comportamento e da afetividade humana, reforça e atualiza a heteronormatividade, recria os espaços de silêncio que integram as estratégias discursivas da estrutura violenta e excludente que é o heterossexismo.[10] Do mesmo modo, Maria Cristina Cavaleiro, em seu estudo sobre as feminilidades homossexuais na escola, testemunha que o espaço escolar relega as práticas homossexuais a "esconderijos" e exige "artimanhas" para que possam existir.[11] Destaca-se do texto de Cavaleiro, ainda, a percepção que professores e alunos têm da

---

9   POCAHY. *Um Mundo de Injúrias e Outras Violações.*
10   VIANNA, Claudia; RAMIRES, Lula. "A Eloquência do Silêncio: Gênero e Diversidade Sexual nos Conceitos de Família Veiculados por Livros Didáticos". *Revista Psicologia Política*, 8(16), dez. 2008. Disponível em: http://pepsic.bvsalud.org/scielo.php?script=sci_arttext&pid=S1519-549X2008000200011. Acesso em: 28 nov. 2017.
11   CAVALEIRO, Maria Cristina. *Feminilidades Homossexuais no Ambiente Escolar: Ocultamentos e Discriminações Vividas por Garotas.* São Paulo: Faculdade de Educação, Universidade de São Paulo, 2009 (Tese de Doutorado).

homossexualidade e como esta representação influencia o cotidiano escolar e os debates acerca da diversidade nas instituições. Verifica-se que as concepções individuais dos professores – a despeito dos compromissos formais da instituição e, até mesmo, daqueles compromissos individuais declarados pelos educadores – restringem e invisibilizam as vivências homoafetivas e homoeróticas de estudantes.[12]

O que significa e a que se aplica o termo *bullying*

Os primeiros registros de uso do termo *bullying* provêm da literatura inglesa e referem-se a comportamentos de agressão sistemática e direcionada no contexto escolar; segundo Smith e Monks, o *bullying* é "uma subcategoria de comportamento agressivo (...) repetitivo, contra uma vítima específica e incapaz de defender-se adequadamente".[13] Entre os aspectos marcantes do fenômeno, citam-se a desigualdade de poder, a ausência de provocação por parte da vítima, a satisfação do agressor em impor sofrimento e a característica de repetição.[14] Ao longo dos trajetos de pesquisa, o conceito progressivamente ganhou abrangência e transpôs os muros da escola, passando a consignar uma variedade de comportamentos e recebendo subcategorias, como o *cyberbullying* – que ocorre em ambientes virtuais, principalmente nas redes sociais – e o *bias bullying* – de característica discriminatória, que tem como motivador um marcador de diferença social.[15]

---

12 CAVALEIRO. *Feminilidades Homossexuais no Ambiente Escolar*.
13 SMITH, Peter K.; MONKS, Claire. "Concepts of Bullying: Developmental and Cultural Aspects". *International Journal Adolescent Medicine and Health*, 20(2), abr.-jun. 2008. Disponível em: https://www.researchgate.net/publication/23181771_Concepts_of_bullying_Developmental_and_cultural_aspects. Acesso em: 05 ago. 2016.
14 SMITH; MONKS. "Concepts of Bullying"; ROLIM, Marcos. *Bullying: o Pesadelo da Escola. Um Estudo de Caso e Notas sobre o Que Fazer*. Porto Alegre: Instituto de Filosofia e Ciências Humanas, Universidade Federal do Rio Grande do Sul, 2008 (Dissertação de Mestrado).
15 SMITH; MONKS. "Concepts of Bullying".

Marcos Rolim destaca que a inexistência de delimitação precisa do termo, assim como de conceito análogo em língua portuguesa, dificulta o estudo sistemático da questão e a comparação de resultados.[16] Entretanto, a especificidade do conceito tem como consequência traduções que, via de regra, não conseguem apreender a totalidade do seu conteúdo, fazendo com que a adoção do termo original configure questão de rigor acadêmico. No Brasil, o conceito emergiu nos anos 1990 e tornou-se tema de pesquisa nos anos 2000,[17] com foco principal no contexto escolar e sem delimitação precisa do fenômeno; grande parte dos estudos utiliza *bullying* como sinônimo de violência escolar ou de violência entre crianças e adolescentes.

Em 2015, foi promulgada a Lei 13.185, que instituiu o Programa de Combate à Intimidação Sistemática (*Bullying*), que formaliza o conceito de *bullying* em sua acepção mais ampla:

> considera-se intimidação sistemática (*bullying*) todo ato de violência física ou psicológica, intencional e repetitivo que ocorre sem motivação evidente, praticado por indivíduo ou grupo, contra uma ou mais pessoas, com o objetivo de intimidá-la ou agredi-la, causando dor e angústia à vítima, em uma relação de desequilíbrio de poder entre as partes envolvidas.[18]

Em que pese a definição ampla inserida no texto da lei, apreende-se, em sua leitura, a preocupação acentuada com a violência nos contextos escolar e virtual, desconsiderando outros ambientes de violência como a família e o trabalho, abrangidos pelo conceito original em língua inglesa. É comum observar a emergência do conceito *bullying* ao lado da expressão assédio moral, principalmente

---

16 ROLIM. *Bullying*.
17 ROLIM. *Bullying*.
18 BRASIL. Lei n. 13.185, de 6 de novembro de 2015. Art. 1º § 1. Disponível em: http://www.planalto.gov.br/ccivil_03/_ato2015-2018/2015/lei/l13185.htm. Acesso em: 29 set. 2017.

em estudos sobre violências no ambiente de trabalho,[19] o que pode indicar resistência por parte dos pesquisadores nacionais em compreender o *bullying* como um fenômeno possível em ambientes não escolares. Exceção pode ser apontada na obra de Lélio B. Calhau,[20] em que se descrevem *cyberbullying* e *bullying* escolar, mas também as ocorrências de *bullying* profissional, homofóbico, militar e prisional, demonstrando as possíveis extensões do conceito.

"É só uma brincadeira"

Ao tratar sobre o tema das discriminações, principalmente ao se utilizar o termo *bullying*, é comum ouvir, em resposta, frases como "é só uma brincadeira" ou "na minha época todo mundo tinha apelido e ninguém se sentia ofendido", que demonstram um entendimento restrito do conceito de *bullying* e desconhecimento acerca das consequências reais da discriminação para populações marginalizadas.

Diferentemente de brincadeiras e insultos pontuais, a discriminação e o *bullying* se constroem em contextos socioculturais em que há desigualdade de poder entre vítima e agressores, seja por causas individuais ou por desigualdades estruturais construídas em processos históricos de demarcação da diferença, o que, conforme apontado no primeiro tópico deste capítulo, pode trazer impacto significativo para os envolvidos e para suas comunidades. A produção de uma sociedade livre de discriminações e desigualdades sociais tornou-se preocupação internacional após a Segunda Guerra Mundial, tendo como eixo central a proteção e a promoção dos direitos e liberdades individuais, assegurados pela Declaração Universal dos Direitos Humanos (1948). A partir

---

19 PALACIOS, Marisa; REGO, Sérgio. "Bullying: mais uma Epidemia Invisível?". *Revista Brasileira de Educação Médica*, 30(1): 3-5, 2006; CAHU, Graziela Pontes Ribeiro *et al.* "Produção Científica em Periódicos Online acerca da Prática do Assédio Moral: uma Revisão Integrativa". *Revista Gaúcha de Enfermagem* [online], 32(3): 611-619, 2011.
20 CALHAU, Lélio Braga. *Bullying: o que Você Precisa Saber. Identificação, Prevenção e Repressão*. 4. ed. Belo Horizonte: Rodapé, 2018.

deste momento, começa a se construir o conceito de dignidade da pessoa humana, em que o respeito à diversidade – de gênero, raças, credos – contrapõe-se ao cenário de arbitrariedades e violências do início do século XX. Neste sentido, cabe mencionar que o reconhecimento e a garantia de inclusão social de populações, até então marginalizadas, são deveres dos Estados, como construção dos alicerces para a paz mundial. No Brasil, a Constituição de 1988 – a chamada Constituição Cidadã[21] – caracteriza-se por ser democrática e liberal, garantindo os direitos de todos os cidadãos brasileiros, através de políticas sociais inclusivas.

Como intervir em situações de discriminação no contexto escolar?

Embora o cenário apresentado pelos diversos fatores de risco para baixa qualidade de vida – e, muitas vezes, reduzida expectativa – para a população LGBTQIA+ seja bastante angustiante, é preciso considerar e ampliar os fatores de proteção. As redes de apoio, por exemplo, são extremamente significativas, não apenas no que tange ao ambiente escolar ou ao mercado de trabalho, mas, principalmente, à vida cotidiana. Laços familiares e sociais constituem fatores protetores frente às discriminações e violências.

A educação tem papel importante na mudança de mentalidade. Sem dúvida, a educação começa em casa. Mas nem sempre o núcleo familiar tem condições de prover uma visão respeitosa em relação às diferenças, por exemplo. Portanto, uma perspectiva inclusiva de lidar com as diversidades, trabalhando a solidariedade, a aceitação e o respeito às pessoas e a todas as diferenças deve ser ensinada nas escolas, para aumentar a probabilidade de que as crianças, ainda pequenas cidadãs, cresçam com consciência, raciocínio crítico e empático, e lidem sadia e tranquilamente com as diferenças, quaisquer que elas sejam.

---

21 BRASIL. *Constituição da República Federativa do Brasil de 1988*. Disponível em: http://www.planalto.gov.br/ccivil_03/constituicao/constituicao.htm. Acesso em: 27 dez. 2016.

Portanto, a educação em sexualidade é imprescindível. O objetivo é auxiliar para que os indivíduos vivenciem a sexualidade de maneira mais plena, saudável, responsável, consciente e com mais autonomia, e ajudar a compreender que a sexualidade faz parte da vida e da identidade de cada um, que é dinâmica, complexa e vivenciada individualmente e nas relações, de forma diferente em cada fase da existência e do desenvolvimento.

A sexualidade é um aspecto tão relevante que a Organização Mundial da Saúde (OMS) entende a saúde sexual como um marcador de qualidade de vida, considerando saúde como bem-estar e não apenas ausência de doenças. Por isso, educação em sexualidade é muito mais do que falar de "sexo" e ensinar como o corpo funciona e como evitar gravidez indesejada e ISTs; é abordar questões sobre identidade, autoimagem, autoestima, intimidade, privacidade, ética, limites, abuso, consentimento, orientação sexual, diversidades, gênero, papéis sociais de gênero, relações, desejo, prazer, amor, respeito e muitos outros aspectos. A educação em sexualidade, promovida por educadores preparados, possibilita que o assunto seja abordado de forma natural, sem julgamento, facilitando o esclarecimento de dúvidas e dirimindo preconceitos.

Conscientização a respeito do preconceito e da discriminação

Não é possível naturalizar, tampouco ignorar, o sofrimento e as consequências negativas que a discriminação, o preconceito e a violência geram na vida das pessoas e da sociedade. Os direitos humanos de todas as pessoas devem ser reconhecidos em todas as esferas. A incansável luta da população LGBTQIA+ pela igualdade de direitos também tem contribuído para maior visibilidade das questões referentes a todas as pessoas representadas pela sigla.

Parece que os temas "gênero", "sexualidade", "diversidade" nunca estiveram tão em voga, tanto aqui quanto internacionalmente. Nas discussões de políticas; nos debates acadêmicos, incluindo a questão da despatologização das identidades trans; nas conquistas de direitos; na mídia, etc. A sociedade, de uma forma ou de outra, está cada vez mais sendo apresentada ao tema da diversidade sexual e de gênero e talvez esteja cada vez mais aberta e à vontade com essa realidade. A visibilidade é um começo para chamar a atenção sobre as questões relacionadas e ampliar o debate sobre o assunto, levando à conscientização social sobre as necessidades e os direitos dos indivíduos.

A conscientização e o aprendizado contra o preconceito talvez possam acontecer de várias formas, por meio da própria vivência, da escuta do testemunho de outras pessoas, da capacidade de se colocar no lugar do outro, da educação, do treinamento, das políticas de intervenção, até que o assunto seja considerado ordinário ou corriqueiro e entre no rol da naturalidade que não ameaça.

Referências

BRASIL. *Relatório de Violência Homofóbica no Brasil: Ano de 2013*. Brasília, 2016. Disponível em: http://www.direito.mppr.mp.br/arquivos/File/RelatorioViolenciaHomofobica-BR2013.pdf. Acesso em: 15 jan. 2018.

_____. Lei n. 13.185, de 6 de novembro de 2015. Art. 1º § 1. Disponível em: http://www.planalto.gov.br/ccivil_03/_ato2015-2018/2015/lei/l13185.htm. Acesso em: 29 set. 2017.

_____. *Constituição da República Federativa do Brasil de 1988*. Disponível em: http://www.planalto.gov.br/ccivil_03/constituicao/constituicao.htm. Acesso em: 27 dez. 2016.

CAHU, Graziela Pontes Ribeiro *et al*. "Produção Científica em Periódicos *Online* acerca da Prática do Assédio Moral: uma

Revisão Integrativa". *Revista Gaúcha de Enfermagem* [online], 32(3): 611-619, 2011.

CALHAU, Lélio Braga. *Bullying: o que Você Precisa Saber. Identificação, Prevenção e Repressão*. 4. ed. Belo Horizonte: Rodapé, 2018.

CAVALEIRO, Maria Cristina. *Feminilidades Homossexuais no Ambiente Escolar: Ocultamentos e Discriminações Vividas por Garotas*. São Paulo: Faculdade de Educação, Universidade de São Paulo, 2009 (Tese de Doutorado).

GRUPO GAY DA BAHIA. *Relatório 2016. Assassinatos de LGBT no Brasil*. Salvador, 2016. Disponível em: https://homofobiamata.files.wordpress.com/2017/01/relatc3b3rio-2016-ps.pdf. Acesso em: 23 set. 2017.

JUNQUEIRA, Rogério Diniz (org.). *Diversidade Sexual na Educação: Problematizações sobre a Homofobia nas Escolas*. Brasília: Edições MEC/UNESCO, 2009. Disponível em: http://unesdoc.unesco.org/images/0018/001871/187191por.pdf. Acesso em: 13 nov. 2016.

PALACIOS, Marisa; REGO, Sérgio. "Bullying: Mais uma Epidemia Invisível?". *Revista Brasileira de Educação Médica*, 30(1): 3-5, jan.-abr. 2006. Disponível em: http://www.scielo.br/scielo.php?script=sci_arttext&pid=S0100-55022006000100001. Acesso em: 15 jan. 2018.

PERES, Wiliam Siqueira. *Subjetividade das Travestis Brasileiras: da Vulnerabilidade da Estigmatização à Construção da Cidadania*. Rio de Janeiro: Instituto de Medicina Social, Universidade do Estado do Rio de Janeiro, 2005 (Tese de Doutorado).

POCAHY, Fernando. "Um Mundo de Injúrias e Outras Violações". *Rompendo o Silêncio: Homofobia e Heterossexismo na Sociedade Contemporânea*. Porto Alegre: Nuances, 2007, p. 9-26.

ROLIM, Marcos. *Bullying: o Pesadelo da Escola. Um Estudo de Caso e Notas sobre o Que Fazer*. Porto Alegre: Universidade Federal do Rio Grande do Sul, 2008 (Dissertação de Mestrado).

SMITH, Peter K.; MONKS, Claire. "Concepts of Bullying: Developmental and Cultural Aspects". *International Journal Adolescent Medicine and Health*, 20(2), abr.-jun. 2008. Disponível em: https://www.researchgate.net/publication/23181771_Concepts_of_bullying_Developmental_and_cultural_aspects. Acesso em: 05 ago. 2016.

STAROSTA, Sophia. "A Visibilidade Trans em 2016". *Blogueiras Feministas*, 2016. Disponível em: http://blogueirasfeministas.com/2016/01/a-visibilidade-trans-em-2016/. Acesso em: 17 nov. 2016.

VIANNA, Claudia; RAMIRES, Lula. "A Eloquência do Silêncio: Gênero e Diversidade Sexual nos Conceitos de Família Veiculados por Livros Didáticos". *Revista Psicologia Política*, 8(16), dez. 2008. Disponível em: http://pepsic.bvsalud.org/scielo.php?script=sci_arttext&pid=S1519-549X2008000200011. Acesso em: 28 nov. 2017.

WORLD HEALTH ORGANIZATION. *Defining Sexual Health*. Disponível em: http://www.who.int/reproductivehealth/topics/sexual_health/sh_definitions/en/. Acesso em: 10 maio 2017.

6
Sexualidade e diversidade: reflexões sobre a exclusão no campo educacional

Lívia Gonsalves Toledo[1]

Introdução

O processo educacional pode ser entendido como a aplicação de métodos próprios para assegurar a formação e o desenvolvimento físico, intelectual e moral de um ser humano. Diante de tal afirmativa, considera-se que educar não se trata, portanto, apenas de lecionar conteúdos acadêmicos, ou transmitir uma informação objetiva, mas contribuir para o desenvolvimento humano de modo integral.

A recente resolução nº 2 de 1º de julho de 2015 do Ministério de Educação, que define as Diretrizes Curriculares Nacionais para a formação de professores, indica que os educadores devem apresentar um compromisso com um

> projeto social, político e ético que contribua para a consolidação de uma nação soberana, democrática, justa, inclusiva e que

---

[1] Lívia Gonsalves Toledo, psicóloga, é doutora em Psicologia Social (Universidade Estadual Paulista – UNESP - *Campus* de Assis - SP), professora e coordenadora do curso de Psicologia da Universidade do Vale do Paraíba – UNIVAP. Foi conselheira do Conselho Regional de Psicologia de São Paulo na gestão de 2013-2016.

promova a emancipação dos indivíduos e grupos sociais, atenta ao reconhecimento e à valorização da diversidade e, portanto, contrária a toda forma de discriminação.[2]

A mesma resolução ainda defende que, na formação de professores, temas como diversidade étnico-racial, de gênero, sexual, religiosa, de faixa geracional e sociocultural devem ser reconhecidos e valorizados a partir dos princípios de equidade e visam a consolidação da educação inclusiva por meio do respeito às diferenças.

O presente texto busca realizar algumas reflexões sobre práticas cotidianas de exclusão e suas relações com a diversidade sexual e a diversidade de identidades de gênero, que transformam o ambiente escolar, idealizado para ser inclusivo e democrático, em um espaço de discriminação e violências diversas.

Homem e mulher como identidades

A escola é formada por pessoas e, na atualidade, não deve mais ser pauta de educadores se alunos "podem" ou não ser homossexuais ou transgêneros. Estamos partindo do princípio de que esse questionamento já deve ter sido superado ou então estaríamos tratando de um completo retrocesso. Desse modo, ainda que não partamos desse debate, é importante posicionar que o direito a ocupar um lugar na escola e o acesso à educação não podem ser questionados.

A discussão, portanto, girará em torno de como as práticas de exclusão operam no ambiente escolar, apesar da compreensão do direito universal à educação. Muitas leis já foram sancionadas no Brasil no que diz respeito à inclusão na educação e, quando funcionam, as políticas inclusivas se referem, de modo geral, à inclusão de pessoas com deficiências e necessidades educacionais

---

2   BRASIL. *Resolução CNE/CP n. 2*, que define as Diretrizes Curriculares Nacionais para a formação inicial em nível superior (cursos de licenciatura, cursos de formação pedagógica para graduados e cursos de segunda licenciatura) e para a formação continuada, de 1 de julho de 2015.

especiais, o que ainda é deficitário e constitui um desafio a ser suplantado. Dentro desse espectro de falhas, vemos raríssimas políticas de inclusão voltadas à diversidade sexual e à diversidade de identidades de gênero nos espaços educacionais no Brasil.

A sexualidade humana é formada por uma múltipla combinação de fatores biológicos, psicológicos e sociais e, em suma, é composta por quatro elementos: sexo, gênero, desejo sexual e comportamento sexual, que se destrincham em diversas outras categorias. A sexualidade humana é tão mais divisível e particularizada que fechá-la em categorias é ser reducionista em suas possibilidades; mas, por uma particularidade pedagógica explicativa, pode-se definir tais elementos como a seguir.

Embora a biologia divida a espécie humana entre machos e fêmeas – o que define a categoria *sexo* – os modos de ser mulher e de ser homem são expressos pela cultura. Nossa sociedade é atravessada por pressupostos de masculinidade e de feminilidade, entendendo-os como atributos de seres sexuados, denominados mulheres quando dotados da biologia das fêmeas e homens quando dotados da biologia dos machos. Assim, mulheres e homens são produtos da realidade social e não decorrência direta da anatomia de seus corpos. A anatomia dos corpos sustenta tais definições, porém não são determinantes delas.

A partir dessa compreensão, entende-se mulher e homem como identidades, e não como fatos naturais. O conceito de *gênero* foi, então, criado para distinguir a dimensão biológica da dimensão social e a *identidade de gênero* irá definir qual sujeito sente-se como pertencente e ator performático[3] de um território de gênero que

---

3   Judith Butler chama de performatividade de gênero a marca do sexo no corpo dada pela repetição exaustiva de discursos reguladores e referências de gênero preexistentes ao sujeito, que dizem à pessoa o que ela é ou deixa de ser. Para a autora, é a repetição que possibilita a eficácia dos atos performáticos e são esses que sustentam e reforçam as identidades hegemônicas. A pessoa é convocada a habitar a linguagem, a regular seu corpo e a sua expressão segundo uma ordem discursiva que lhe preconiza um *script*, e um "destino" erótico. BUTLER, Judith. "Corpos que Pesam: sobre os Limites Discursivos do 'Sexo'".

irá posicionar socialmente esse sujeito em uma categoria identitária criada pela sociedade em forma dual e hegemônica: mulher ou homem. Identidade de gênero passa a ser, assim, uma percepção íntima que uma pessoa tem de si e traduz o entendimento que a pessoa tem sobre ela mesma, como ela se descreve e deseja ser reconhecida: se do gênero masculino, feminino ou de alguma combinação dos dois, que independe de seu sexo biológico. Dentre as categorizações firmadas, definiu-se *cisgênero* a pessoa cuja identidade de gênero coincide com o estabelecido socialmente para seu sexo biológico: aquelas pessoas que são biologicamente fêmeas e possuem identidade de gênero feminina, ou biologicamente machos e possuem identidade de gênero masculina. A terminologia comumente utilizada para descrever pessoas que transitam entre gêneros fora do que socialmente se estabelece para cada sexo biológico passa a ser então *transgênero*, que engloba categorias identitárias como travestis, transexuais e outras.

Desejo e violência

O desejo sexual, tal qual o comportamento sexual, será categorizado em três possibilidades, nominadas a partir da atração afetiva e/ou sexual que uma pessoa manifesta em relação à outra (orientação sexual do desejo), e a práticas eróticas e/ou sexuais efetuada entre as pessoas. Sendo *heterossexual* a atração afetiva e/ou sexual por pessoas do sexo e/ou gênero oposto, e a prática erótica e/ou sexual entre pessoas de sexo e/ou gênero oposto; *homossexual*, a atração afetiva e/ou sexual por pessoas do mesmo sexo e/ou gênero e a prática erótica e/ou sexual entre pessoas de mesmo sexo e/ou gênero; e *bissexual*, a atração afetiva e/ou sexual por pessoas de ambos os sexos e/ou gêneros e a prática erótica e/ou sexual entre pessoas de ambos os sexos e/ou gêneros.

In: LOURO, Guacira Lopes (org.). *O Corpo Educado: Pedagogias da Sexualidade.* Trad. Tomaz Tadeu da Silva. Belo Horizonte: Autêntica, 2000, p. 151-172.

A articulação dessas categorias leva a restrições desmedidas das possibilidades existenciais humanas, assim como uma articulação conceitual impraticável, que leva a questões como: uma mulher transexual que sente atração por uma mulher cisgênero é homossexual ou heterossexual? Este é o resultado da tentativa de redução da multiplicidade humana a categorias estanques.

A própria tentativa de categorização já se apresenta como uma violência das condições do desejo humano. Esse é um cuidado a se tomar no que se refere à violência, pois esta é, muitas vezes, naturalizada, ou seja, práticas que resultam em opressão, constrangimento, dor e sofrimento humano são tidas como naturais, isto é, inevitáveis e necessárias para uma certa ordenação da sociedade.

Podemos caracterizar que existem violências visíveis e mais observáveis no cotidiano escolar, como as práticas de brutalidade física; as violências invisíveis ou menos percebidas, como a violência conceitual e restritora da linguagem. Diante desse cenário, os educadores demonstram muita dificuldade no trato da sexualidade não hegemônica no ambiente escolar, acabando por reificar os modelos sociais de exclusão por meio de atos efetuados ou em conivência, que não são vistos por eles como violência, mas como "práticas educativas", "corretivas" ou mesmo "curativas".

Junqueira menciona pesquisas feitas em diversas capitais brasileiras que mostraram que alunas e alunos homossexuais e transgêneros veem a escola como um dos piores espaços institucionais de mais marcada manifestação homofóbica.[4] Uma das violências homofóbicas que ocorrem no ambiente escolar, segundo o autor, é a negação da existência da diversidade. Os educadores acabam por negar a existência de homossexuais e transgêneros na escola, sem considerar que muitos alunos que não se sentem cisgêneros

---

4   JUNQUEIRA, Rogério Diniz. "'Aqui não Temos Gays nem Lésbicas': Estratégias Discursivas de Agentes Públicos ante Medidas de Promoção do Reconhecimento da Diversidade Sexual nas Escolas". *Bagoas - Estudos Gays: Gêneros e Sexualidade*, 3(4): 172-190, jan.-jun. 2009.

ou heterossexuais podem simplesmente não se sentir seguros de assumir e expressar sua diferença. Ainda, também não levam em consideração que alunas e alunos homossexuais e, principalmente, transgêneros, abandonam a escola devido à exclusão já sofrida ou para evitá-la. É importante lembrar que as práticas de invisibilização não são apenas advindas de uma alienação heteronormativa, mas aciona-se a invisibilização proposital de homossexuais e transgêneros no contexto escolar de modo a preservar os quadros de heteronormatividade.

Segundo Miskolci, a heteronormatividade "expressa as expectativas, as demandas e as obrigações sociais que derivam do pressuposto da heterossexualidade como natural e, portanto, fundamento da sociedade" e é entendida como "um conjunto de prescrições que fundamenta processos sociais de regulação e controle, até mesmo [para] aqueles que não se relacionam com pessoas do sexo oposto".[5] Assim, a heteronormatividade determina um padrão de normalidade, saúde, verdade, natureza e beleza para o relacionamento entre uma pessoa do sexo macho, que se expressa e atua no território da masculinidade, que se identifica intimamente, se reconhece e deseja ser reconhecida como homem, portanto, cisgênero, e que sinta atração erótica e sexual e tenha práticas sexuais com uma pessoa do sexo fêmea, que se expressa e atua no território da feminilidade, que se identifica intimamente, se reconhece e deseja ser reconhecida como mulher, portanto, cisgênero, e que sinta atração erótica e sexual e tenha práticas sexuais com uma pessoa do sexo macho.

A heteronormatividade, quando não proporciona de modo enfático, induz a atos de violência. Piadas, risos, dedos apontados, xingamentos, desdém, indiferença, exclusão de grupos, isolamento, *são atos de violência. O tratamento diferenciado entre casais heterossexuais e*

---

5   MISKOLCI, Richard. "A Teoria Queer e a Sociologia: o Desafio de uma Analítica da Normalização". *Sociologias*, 11(21): 156, jan.-jun. 2009 (Porto Alegre).

homossexuais na escola, segundo o qual heterossexuais podem se abraçar, sentar juntos, andar de mãos dadas e homossexuais não, ou a proibição de uso de indumentárias e roupas femininas por mulheres transgêneros ou roupas masculinas por homens transgêneros, ou mesmo a simples repreensão do uso de indumentárias e roupas consideradas inadequadas para determinado gênero são atos de violência, pois são atos de constrangimento, mesmo feitos em tom de brincadeira.

Jovens homossexuais e transgêneros estão constantemente tendo a sua privacidade invadida, como se o fato de não pertencerem à ordenação normativa da sexualidade ou da identidade autorizasse aqueles que pertencem (ou supostamente pertencem) a interpelar esses jovens e terem sua diferença revelada ou anunciada publicamente. Revela-se e anuncia-se sua identidade muitas vezes ainda secreta, suas preferências sexuais, com quem se relaciona afetivo-eroticamente como se a escolha (legítima) da expressão[6] pública da vida íntima não fosse de posse apenas daquela pessoa que a detém. Tal invasão de privacidade também se trata de um ato de violência.

Por fim, mais um ato de violência não reconhecido enquanto tal é a compulsoriedade da heteronormatividade, que se desponta em constantes cobranças ao jovem de se manter na "norma", seja no ato de se vestir, agir e se expressar conforme as normas de gênero estabelecidas para seu sexo biológico, seja no modo de se relacionar (paquerar/ser paquerado, ficar, namorar, ter relações sexuais) com pessoas do sexo oposto, em uma imposição da heteronormatividade. Neste espaço escolar, educadores também negam que exista uma violência, por um lado, por não considerarem as situações acima como violência e, por outro, porque muito da violência verbal e física (aquela mais facilmente detectada como violência) nas escolas ocorre nos bastidores dos banheiros, corredores, trocas de professores e do portão para fora.

---

6   Importante ressaltar aqui que a escolha possível refere-se à expressão e ao comportamento, e não ao desejo.

E, com medo de serem novamente discriminadas, as vítimas de violência homofóbica e transfóbica nas escolas dificilmente relatam para professores ou mesmo aos familiares as violências sobre elas perpetradas. Diferentemente de outras formas de discriminação (como, por exemplo, por deficiência física ou mental, obesidade ou raça), em que, em geral, há acolhimento de redes de apoio como a família, os amigos, a comunidade ou mesmo os profissionais de saúde e de segurança pública, no caso da violência homofóbica, as vítimas temem contar que foram agredidas e, por isso, sofrem em silêncio, pois, muitas vezes, não sentem segurança naquelas pessoas com as quais se relacionam ou com quem poderiam buscar ajuda. Adolescentes homossexuais e transgêneros, de modo geral, temem a reação dos pais, ou são discriminados mais uma vez quando a família é notificada pela escola que seus filhos/filhas foram vítimas de agressão homofóbica e transfóbica, culpabilizando-os pela agressão sofrida ou até agredindo-os por agirem de modo diferente do estabelecido pela ordenação heteronormativa. Poucos são os casos em que a vítima é acolhida pelos familiares em um quadro de aceitação.[7]

É importante ressaltar, sobre esse ponto, a questão do *agir* e do *comportar-se* no debate sobre a exclusão de pessoas homossexuais ou transgêneros nos espaços educacionais ou em quaisquer outros. Quando educadores dizem sobre a diversidade sexual afirmações como *"Gays e lésbicas não precisam se expor!"* ou *"Isso faz parte da vida privada de cada um; o que cada um faz entre quatro paredes não é da conta de ninguém"* ou *"Tudo bem ser transexual, mas, precisa desmunhecar?"*, situam a sexualidade e a identidade não heteronormativa em espaços de exclusão.

Um desses espaços é a compreensão da orientação sexual homossexual ou bissexual e da identidade de gênero trans como uma

---

7   SCHULMAN, Sarah. "Homofobia Familiar: uma Experiência em Busca de Reconhecimento". Trad. Felipe Bruno Martins Fernandes. *Bagoas - Estudos Gays: Gêneros e Sexualidade*, 5: 67-78, 2010.

escolha consciente, que poderia, por força da vontade, ser interrompida, enquanto a orientação sexual heterossexual e a identidade cisgênero são vistas como ocorrências naturais e biológicas da experiência humana. A própria conceitualização de gênero acima descrita refuta tais entendimentos. A naturalização da heterossexualidade é uma construção sócio-histórica que visa justamente a exclusão do que dela difere em momentos históricos diversos com propósitos diversos, dentre eles o período moderno que situa tais condições como patologias ou desvios.

Contudo, assim como nenhuma pessoa nasce homossexual, nenhuma pessoa nasce heterossexual. A própria criação desses conceitos categorizantes pela medicina e as formas diversas como o ser humano veio vivenciando a sexualidade e as identidades no decorrer da história demonstram que a heterossexualidade, assim como a homossexualidade, é uma criação.[8] Assim, na experiência individual de cada pessoa, ninguém se torna naturalmente heterossexual ou cisgênero por força do destino da anatomia dos corpos, como não se escolhe ser homossexual ou transgênero, nem mesmo se incita alguém a sê-lo. Quaisquer orientações sexuais do desejo, assim como o modo de identificar-se como mulher, homem ou outra coisa, é um acontecimento singular atravessado pelo desejo e pelo poder, na constituição da complexa subjetividade humana.[9]

As práticas erótico-sexuais que a pessoa vivencia, geralmente, são concomitantes à orientação sexual, assim como as expressões de gênero à identidade de gênero. Entretanto, orientação sexual e identidade de gênero não são sinônimos de comportamento. Homossexual não se resume a transar com pessoas do mesmo sexo. Transgênero não se resume a vestir roupas do sexo

---

8 KATZ, Jonathan Ned. *A Invenção da Heterossexualidade*. Trad. Clara Fernandes. Rio de Janeiro: Ediouro, 1996.
9 DELEUZE, Gilles. "Deseo y Placer". Trad. Javier Sáez Archipiélago. *Cuadernos de Crítica de la Cultura*, 23, 1995 (Barcelona).

oposto. A sexualidade e a construção da identidade vão muito além do comportamento e da expressão erótico-sexual, pois estão vinculadas aos afetos, aos desejos, aos relacionamentos amorosos, à constituição conjugal, à formação familiar, ao posicionamento no mundo, a direitos civis, ao reconhecimento de cidadania, aos direitos humanos. Nada disso pode ser ignorado quando se fala de sexualidade. Reduzir a sexualidade e a identidade de gênero a meros comportamentos é uma justificativa mesquinha de exclusão.

Identidades de gênero e espaço educativo

Retoma-se, assim, o poder do discurso.[10] Ainda que homossexuais e transgêneros não desejem revelar publicamente suas orientações sexuais e identidades de gênero para preservar sua segurança e bem-estar social – o que é legítimo e um direito apenas da pessoa homossexual e transgênero –, a sexualidade não é privada. Somos todos produzidos e demandados diária e publicamente para sermos heterossexuais e corresponder às demandas de sexo/gênero heteronormativo no cotidiano, na mídia, em filmes, desenhos infantis, novelas, propagandas, roupas, brinquedos, instituições religiosas, formalidades legais, ritos sociais, etc. Tais discursos fazem a distinção de gênero e modelam as subjetividades e as habilidades de meninos e meninas conforme um padrão para um sexo biológico, assim como para que se direcionem para um único tipo de relacionamento afetivo-sexual. Ou seja, os discursos e as imagens discursivas que nos rodeiam representam apenas a heteronormatividade.

As expressões não heteronormativas são censuradas. Não se fala sobre esse assunto na escola ou perto de crianças, não se evidencia

---

10   FOUCAULT, Michel. *A Ordem do Discurso: Aula Inaugural no Collège de France, Pronunciada em 2 de Dezembro de 1970*. Trad. Laura Fraga de Almeida Sampaio. 9. ed. São Paulo: Loyola, 2003.

na mídia ou nos espaços públicos, não se afirmam tais desejos e identidades como pertencentes à condição humana. O discurso sobre a homossexualidade ou as identidades transgêneros ocorrem sempre segundo a lógica da piada, da ridicularização, da difamação, da impureza, da negatividade, da sordidez e da repugnância. Educadores estão despreparados para lidar com tal temática, pois reproduzem essa lógica. Há excessiva permissividade e conivência de professores com atos diversos de violência. Não é feita na escola a formação cidadã de problematizar a construção das desigualdades e propor reflexões que transformem as hierarquias sociais, de gênero e de sexualidades. A educação sexual nas escolas resume-se a temáticas de IST-AIDS[11] e a modos de combater a gravidez precoce e indesejada na adolescência. Não se permite no ambiente escolar espaço, voz, letra, expressão e materialidade das experiências não heteronormativas.

De modo geral, professores não receberam formação para desenvolver ações educativas relacionadas à sexualidade diferente da heterossexual e reprodutiva. Mesmo para os professores que receberam algum tipo de formação, como aqueles capacitados no tema da diversidade de gênero e sexual por meio de programas de combate à homofobia, o que é raro, as práticas sociais de exclusão da homofobia ainda não lhes permitem desenvolver um trabalho educativo de verdadeira inclusão da diversidade nas escolas. Segundo Nardi,[12] professores que tiveram esse tipo de formação afirmam ter tido um ganho pessoal para o enfrentamento do preconceito, mas ainda se sentiam com falta de informação diante da produção massiva focada na heterossexualidade reprodutiva. Além disso, tinham temor da suspeita de colegas de serem identificados como homossexuais e medo de enfrentar os pais dos alunos.

---

11   Infecções Sexualmente Transmissíveis – Síndrome da imunodeficiência adquirida.
12   NARDI, Henrique Caetano. "Educação, Heterossexismo e Homofobia". *In*: POCHAY, Fernando. *Políticas de Enfrentamento ao Heterossexismo: Corpo e Poder*. Porto Alegre: NUANCES, 2010, p. 151-167.

Diante desse cenário, urge a importância de políticas inclusivas que tratem diretamente da questão da diversidade sexual e das identidades de gênero nos espaços educacionais. Estamos falando de direitos. Não falar sobre gênero e sexualidade na escola é limitar a consciência, as discussões plurais, as formas de agir e de existência, é restringir direitos. Garantir esse debate pode evitar que pessoas que não se enquadram nos padrões heteronormativos sofram preconceito e violência, além de garantir outros direitos, como o direito de alunos heterossexuais e cisgêneros de conviver com a diversidade e a diferença, tendo uma visão mais realista da humanidade e a oportunidade de se desenvolverem como pessoas respeitosas da diferença.

Enquanto educadores (professores, pais, dirigentes religiosos, etc.) continuarem a reproduzir restritivos modelos de sexo, gênero e sexualidade serão agentes de violência no universo escolar, tornando-se coniventes com a violência ou instaurando-a no processo educativo.

Considerações finais

Retomo, novamente, para concluir, o poder do discurso. Trata-se do modo como se categoriza, o que se fala a respeito da diversidade; o que se questiona (por que a pessoa é homossexual?) e o que não se questiona (por que a pessoa é heterossexual?); as piadas e os risos que são permitidos; quais discursos têm a conivência dos educadores, não apenas os que os alunos falam e xingam e gritam no pátio e nos corredores, mas o que os educadores falam (e riem) entre si na sala dos professores; os olhares julgadores e os dedos apontados; os silêncios que são impostos; os toques de mão e beijos que são impedidos; a roupa e o gesto que são proibidos. Tudo são discursos que posicionam a diversidade em um local que acaba sendo representativo de negatividade, anormalidade, rebeldia, modismo, doença, imoralidade, perversão, enfim, de espaços de exclusão.

Sendo a escola um lugar de pessoas, também outros atores, para além dos alunos, passam a refletir a diversidade humana, tais como os docentes, coordenadores, educadores em geral, gestores escolares e pessoal técnico-administrativo. A visibilidade da homossexualidade e das identidades trans vai se tornando a questão, ou seja, a presença dessas diferenças.

A naturalização da violência efetuada sobre grupos minoritários leva à banalidade da miséria humana. O desafio ao ser humano é a ampliação de sua própria categorização. É reconhecer a humanidade como diversa, de modo que a categoria humana seja ampliada para aqueles que não conformam sua lógica de desejo sexual e de identidade de gênero a um padrão heteronormativo. O próprio caminho da educação está em garantir que as expressões de sexualidade e de identidade de gênero possam ter sua possibilidade de existência em toda a sua diversidade. Uma educação comprometida com a promoção do humano e a defesa dos seus direitos fundamentais é aquela que debate sobre as desigualdades, que reconhece as diferenças e as violências concretas e invisibilizadas, e que busca soluções para a superação dessa exclusão, de modo a formar cidadãos e seres humanos que se reconheçam como uma categoria maior.

Referências

BRASIL. *Resolução CNE/CP n. 2*, que define as Diretrizes Curriculares Nacionais para a formação inicial em nível superior (cursos de licenciatura, cursos de formação pedagógica para graduados e cursos de segunda licenciatura) e para a formação continuada, de 1 de julho de 2015.

BUTLER, Judith. "Corpos que Pesam: sobre os Limites Discursivos do 'Sexo'". *In:* LOURO, Guacira Lopes (org.). *O Corpo Educado: Pedagogias da Sexualidade*. Trad. Tomaz Tadeu da Silva. Belo Horizonte: Autêntica, 2000, p. 151-172.

DELEUZE, Gilles. "Deseo y Placer". Trad. Javier Sáez Archipiélago. *Cuadernos de Crítica de la Cultura*, 23, 1995 (Barcelona).

FOUCAULT, Michel. *A Ordem do Discurso: Aula Inaugural no Collège de France, Pronunciada em 2 de Dezembro de 1970*. Trad. Laura Fraga de Almeida Sampaio. 9. ed. São Paulo: Loyola, 2003.

JUNQUEIRA, Rogério Diniz. "'Aqui não Temos Gays nem Lésbicas': Estratégias Discursivas de Agentes Públicos ante Medidas de Promoção do Reconhecimento da Diversidade Sexual nas Escolas". *Bagoas – Estudos Gays: Gêneros e Sexualidade*, 3(4): 172-190, jan.-jun. 2009.

KATZ, Jonathan Ned. *A Invenção da Heterossexualidade*. Trad. Clara Fernandes. Rio de Janeiro: Ediouro, 1996.

MISKOLCI, Richard. "A Teoria Queer e a Sociologia: o Desafio de uma Analítica da Normalização". *Sociologias*, 11(21): 150-182, jan.-jun. 2009 (Porto Alegre).

NARDI, Henrique Caetano. "Educação, Heterossexismo e Homofobia". *In*: POCHAY, Fernando. *Políticas de Enfrentamento ao Heterossexismo: Corpo e Poder*. Porto Alegre: NUANCES, 2010, p. 151-167.

SCHULMAN, Sarah. "Homofobia Familiar: uma Experiência em Busca de Reconhecimento". Trad. Felipe Bruno Martins Fernandes. *Bagoas – Estudos Gays: Gêneros e Sexualidade*, 5: 67-78, 2010.

7
Formação de professores(as): o gênero está na escola

Paulo Rogério da Conceição Neves[1]

Somos lo que hacemos,
y sobre todo lo que hacemos para cambiar lo que somos.
(Eduardo H. Galeano – Voces de Nuestro Tiempo)

Introdução

É seguro afirmar que a Constituição Federal de 1988 iniciou um novo marco na questão dos direitos sociais, econômicos e políticos do país. Embora seja possível reconhecer avanços em questões relativas às mulheres, como o combate à violência por meio da Lei Maria da Penha, há ainda algumas lacunas abertas. É o que ocorre com a temática das relações de gênero. Ultimamente, a temática ganhou maior destaque nos meios jornalísticos e redes sociais por conta da reação de setores conservadores da sociedade contra o debate sobre relações de gênero na escola. Assim, o objetivo desta reflexão é duplo: apresentar como o conceito de gênero foi se constituindo, procurando contribuir –

---

[1] Paulo Rogério da Conceição Neves é doutor e mestre em Educação (Faculdade de Educação - Universidade de São Paulo).

ainda que modestamente – para a diferenciação entre gênero e mulheres, entre gênero e sexo biológico; e apresentar a urgência pedagógica de a escola, envolvida e baseada em relações de gênero, debater sobre o assunto, tanto com os alunos quanto com os docentes.

A partir do desenvolvimento das ciências biológicas, em especial a medicina e a biologia – que desde as descobertas de Darwin se afirmam como "ciências da verdade" em contraposição ao obscurantismo das religiões –, não foram economizados esforços para estudar, classificar, padronizar e instituir o "normal" e o "anormal". Em consequência, o discurso médico e biológico é utilizado para explicar diferenças cognitivas, físicas e comportamentais entre mulheres e homens, criando uma série de "verdades" que precisam e/ou podem ser debatidas. Assim, refletir sobre os fundamentos destas afirmações no âmbito da educação exige o questionamento de suas origens e do peso do caráter biológico na construção das diferenças. Isso supõe, por exemplo, investigar sobre a interferência e o papel da cultura no processo de socialização e de educação de meninas e meninos desde suas primeiras experiências de vida na família e na escola.

Relações sociais de gênero

Com o avanço das tecnologias de imagem, já é possível saber o sexo biológico do feto. Porém, mesmo antes do ultrassom, algumas crendices e superstições (posição e formato da barriga, enjoos, comportamento do feto, etc.) também cumpriam o mesmo papel: criar planos e expectativas para cada sexo. Ou seja, desde a vida uterina as relações sociais de gênero já vão se estabelecendo. Após o nascimento e a confirmação do sexo biológico, inicia-se o processo de sociabilização no ambiente familiar que, gradualmente, vai se ampliando para a família extensa, amigos da família, filiação religiosa, creche, etc. Estes espaços sociais constituirão o adulto por meio de permissões e interdições que visam o comportamento socialmente esperado a seu sexo. Alguns afirmam e continuarão afirmando que esse comportamento está intimamente relacionado com a carga genética do bebê/criança/adolescente/adulto, determinando certos comportamentos para os XY e para as XX. Não se trata de menosprezar ou mesmo negar a influência dos hormônios e cromossomos na constituição dos seres humanos, mas questionar se são somente esses os condicionantes. Assim, não se trata de afirmar a primazia do social/cultural sobre o biológico, nem vice-versa, mas não é possível isolar as pedagogias culturais no momento dos estudos e pesquisas de cunho biológico, como se brinquedos, brincadeiras, roupas não contivessem informações específicas para cada sexo. Em verdade, as definições essencialistas entre homens e mulheres estabelecem estereótipos que retroalimentam um conjunto de discriminações e exclusões entre os sexos. Feminino e masculino são apresentados como categorias dicotômicas e antagônicas que ocupam espaços social e politicamente diferentes, sendo valorados, positiva ou negativamente, conforme sua adequação.

A antropóloga americana Margareth Mead, em seus estudos realizados entre 1931 e 1933 em três sociedades da Nova Guiné, concluiu que estas apresentavam diferentes padrões de comportamento ligados ao sexo e que se refletiam nos padrões de casamento.[2] Segundo a pesquisadora:

> Se aquelas atitudes temperamentais que tradicionalmente reputamos femininas – tais como passividade, suscetibilidade e disposição de acalentar crianças – podem tão facilmente

---

2   Entre os Arapesh, os homens e as mulheres eram cooperativos e não agressivos. Como contraponto, entre os Mundugumor, tanto homens como mulheres eram violentos e o modelo de casamento ideal seria entre um homem violento e agressivo com uma mulher violenta e agressiva. No entanto, entre os Tchambuli, a autora encontrou uma verdadeira inversão dos padrões de comportamento, se comparados à nossa cultura, na qual a mulher era a parceira dirigente, dominadora e impessoal e, o homem, a pessoa menos responsável e emocionalmente dependente. MEAD, Margareth. *Sexo e Temperamento*. São Paulo: Perspectiva, 2003.

> ser erigidas como padrão masculino numa tribo, e na outra ser prescritas para a maioria das mulheres, assim como para a maioria dos homens, *não nos resta mais a menor base para considerar tais aspectos de comportamento como ligados ao sexo. As padronizadas diferenças de personalidade entre os sexos são, desta ordem, criações culturais às quais cada geração, masculina e feminina, é treinada a conformar-se.*[3]

A contribuição de Mead é importante para destacar que as relações sociais e das pessoas com as instituições são importantes processos de educação, nos quais se aprende o modo mais socialmente aceito de ser homem ou mulher, constituindo as identidades individuais e coletivas de uma população, comunidade, país em determinado momento histórico.[4] Porém, essa aprendizagem não é realizada de um momento ao outro; ela é constante, diária, imperceptível. Como afirma Guacira Lopes Louro:

> Homens e mulheres adultos contam como determinados comportamentos ou modos de ser parecem ter sido "gravados" em suas histórias pessoais. Para que se efetivem essas marcas, um investimento significativo é posto em ação: família, escola, mídia, igreja, lei, participam dessa produção.[5]

A dicotomia entre o masculino e o feminino, tomadas como naturais, cristaliza concepções do que devem ser as atribuições femininas e masculinas e dificulta a percepção de outras maneiras de estabelecer as relações sociais:

> A diferença biológica entre os sexos, isto é, entre o corpo masculino e o corpo feminino e, especificamente, a diferença anatômica

---

3   MEAD. *Sexo e Temperamento*, p. 268-269, grifos meus.
4   Se hoje as mulheres utilizam calças compridas ou mesmo *jeans*, isso era impensável há certo tempo. Ou, no caso dos homens, o uso de brinco e cabelo comprido, embora seja mais aceito que no passado, em certas regiões ou países pode ser considerado ofensivo. No entanto, é necessário frisar que para algumas religiões – outra instituição de socialização – tais trajes e enfeites não são permitidos.
5   LOURO, Guacira Lopes. "Pedagogias da Sexualidade". *In*: LOURO, Guacira Lopes (org.). *O Corpo Educado: Pedagogias da Sexualidade*. Belo Horizonte: Autêntica, 2001, p. 25.

entre os órgãos sexuais, pode assim ser vista como justificativa natural da diferença socialmente construída entre os gêneros e, principalmente, da divisão social do trabalho.[6]

A partir desse preâmbulo, podemos agora tratar das relações sociais de gênero em estrito termo. Tal conceito foi construído a partir dos estudos teóricos feministas e dos estudos sobre as mulheres pelas ciências sociais com o objetivo de se opor às explicações que relacionavam as diferenças físicas e biológicas ligadas ao sexo que serviam – e ainda são utilizadas, vale lembrar – para justificar as diferentes hierarquizações de poder e direitos entre os sexos – classificando as pessoas a partir de sua apresentação corporal. Raewyn Connell[7] resume:

> O gênero é uma prática social que constantemente se refere aos corpos e ao que os corpos fazem, mas não é uma prática social reduzida ao corpo. (...) O gênero existe precisamente na medida em que a biologia *não* determina o social.[8]

Gênero, então, pode ser compreendido como elemento característico das relações sociais baseadas nas diferenças entre os sexos, sendo uma forma basilar de dar significado às relações de poder.[9] Dessa forma, o conceito remete a normas que regulam nossa sociedade; a organização social, a distribuição do poder e a constituição de nossas identidades individuais e coletivas, portanto, a dinâmica da construção e da transformação social, na qual os significados e símbolos de gênero vão para além dos corpos e dos sexos. Assim, gênero é utilizado como referência às construções sociais que

---

6   BOURDIEU, Pierre. *A Dominação Masculina*. Rio de Janeiro: Bertrand Brasil, 2002.
7   Cientista social australiana, transexual, trocou seu nome de batismo, Robert W. Connell, para Raewyn W. Connell. Será, portanto, citada como R. Connell ou simplesmente pelo sobrenome.
8   CONNELL, Raewyn W. "La Organización de la Masculinidad". *In*: VALDÉS, Teresa; OLAVARRÍA, José. (orgs.). *Masculinidad/es: Poder y Crisis*. Santiago de Chile: Ediciones de las Mujeres, 1997, p. 35 [grifos da autora, tradução minha].
9   SCOTT, Joan W. "Gênero: uma Categoria Útil de Análise Histórica". *Educação & Realidade*, 20(2): 71–99, 1995 (Porto Alegre).

distingam masculino de feminino, inclusive aquelas que separam os corpos femininos e masculinos.[10] Baseado na diferenciação e hierarquização dos sexos, Pierre Bourdieu[11] contribui para a discussão acerca da dominação masculina. Ao articular sua análise de gênero ao seu conceito de *habitus*, aponta:

> A divisão entre os sexos parece estar "na ordem das coisas", como se diz por vezes falar do que é normal, natural, a ponto de ser inevitável: ela está presente, ao mesmo tempo, em estado objetivado nas coisas (na casa, por exemplo, cujas partes são todas "sexuadas"), em todo o mundo social e, em estado incorporado, nos corpos e nos *habitus* dos agentes, funcionando como sistemas de esquemas de percepção, de pensamento e de ação.[12]

Articular estado objetivado e incorporado significa que a divisão entre as pessoas – produto das relações sociais – é concretizada como ordem natural, uma ordem social vista como reflexo da natureza e não como uma construção histórica e social, portanto, removendo a possibilidade de crítica e até mesmo de transformação:

> A força particular da sociodiceia masculina lhe vem do fato de ela acumular e condensar duas operações: *ela legitima uma relação de dominação inscrevendo-a em uma natureza biológica que é, por sua vez, ela própria uma construção social naturalizada*.[13]

Há um longo processo pedagógico e também político que ensina as meninas e os meninos a serem socialmente reconhecidos como tais e, embora não se inicie na escola, nela podem encontrar guarida ou não, dependendo da perspectiva pedagógica implementada. A escola e a educação têm como finalidade intermediar a transição da vida no seio familiar para a vida

---

10 NICHOLSON, Linda. "Interpretando o Gênero". *Estudos Feministas*, 8(2): 9-41, 2000 (Florianópolis).
11 BOURDIEU. *A Dominação Masculina*.
12 BOURDIEU. *A Dominação Masculina*, p. 17.
13 BOURDIEU. *A Dominação Masculina*, p. 33 [grifos do autor].

política, isto é, da vida doméstica para a vida pública,[14] e é justamente por isso que a escola não é isenta de proposições e escolhas políticas expressas em seus currículos explícito e oculto, isto é, uma escola que aceite a hierarquização das diferenças entre os sexos não ajudará meninas e meninos a superarem o machismo, o sexismo, a misoginia, a homofobia.

Relações de gênero na escola: corpo discente[15]

É importante ilustrar como as relações sociais de gênero podem se expressar na escola. A pesquisa *Revelando Tramas*[16] aponta alguns dados reveladores de como as relações sociais de gênero

---

14 ARENDT, Hannah. *Entre o Passado e o Futuro*. São Paulo: Perspectiva, 2005.
15 Há uma grande variedade de trabalhos que investigam as relações escolares por meio das relações sociais de gênero; no entanto, por conta da restrição de espaço e, também, por se afastar demais do tema deste capítulo, deixo algumas referências para aquelas(es) que queiram aprofundar o tema: FINCO, Daniela. *Educação Infantil, Espaços de Confronto e Convívio com as Diferenças: Análise das Interações entre Professoras e Meninas e Meninos que Transgridem as Fronteiras de Gênero*. São Paulo: Faculdade de Educação, Universidade de São Paulo, 2010 (Tese de Doutorado); RAMIRES NETO, Luiz. *Habitus de Gênero e Experiência Escolar: Jovens Gays no Ensino Médio em São Paulo*. São Paulo: Faculdade de Educação, Universidade de São Paulo, 2006 (Dissertação de Mestrado); SAYÃO, Deborah T. "Pequenos Homens, Pequenas Mulheres? Meninos, Meninas? Algumas Questões para Pensar as Relações entre Gênero e Infância". *Pro-Posições*, 14(3): 67-87, set.-dez. 2003 (Campinas); CAVALEIRO, Maria Cristina. *Feminilidades Homossexuais no Ambiente Escolar: Ocultamentos e Discriminações Vividas por Garotas*. São Paulo: Faculdade de Educação, Universidade de São Paulo, 2009 (Tese de Doutorado); SILVA, Claudio Roberto da. *A Igualdade ainda Vai Chegar: Desafios para a Construção da "Cultura do Respeito" aos Direitos de Cidadania do Segmento LGBTT em uma Escola Pública do Município de São Paulo*. São Paulo: Faculdade de Educação, Universidade de São Paulo, 2010 (Tese de Doutorado); TELLES, Edna de Oliveira. *O Verso e o Reverso das Relações Escolares: um Olhar de Gênero sobre o Uso dos Tempos em uma Escola Municipal da Cidade de São Paulo*. São Paulo: Faculdade de Educação, Universidade de São Paulo, 2005 (Dissertação de Mestrado); ALVARENGA, Carolina Faria. *Relações de Gênero e Trabalho Docente: Jornadas e Ritmos no Cotidiano de Professoras e Professores*. São Paulo: Faculdade de Educação, Universidade de São Paulo, 2008 (Dissertação de Mestrado); AUAD, Daniela. *Educar Meninas e Meninos: Relações de Gênero na Escola*. São Paulo: Contexto, 2006; BRITO, Rosemeire dos Santos. *Masculinidades, Raça e Fracasso Escolar: Narrativas de Jovens Estudantes na Educação de Jovens e Adultos em uma Escola Pública Municipal de São Paulo*. São Paulo: Faculdade de Educação, Universidade de São Paulo, 2009 (Tese de Doutorado).
16 ABRAMOVAY, Miriam (coord.). *Revelando Tramas, Descobrindo Segredos: Violência e Convivência nas Escolas*. Brasília: Rede de Informação Tecnológica Latino-americana – RITLA/Secretaria de Estado de Educação do Distrito Federal – SEEDF, 2009.

estão presentes na escola e como também podem se concatenar com as violências nas escolas. Por exemplo, 44,4% dos meninos e 14,9% das meninas não gostariam de ter homossexuais como colegas de classe. Tal dado é relevante quando se leva em conta que as discriminações mais relatadas por alunos (63,1%) e professores (56,5%) são pela pessoa ser ou parecer ser homossexual.

O resultado é ainda mais significativo quando pesquisas recentes[17] relatam desrespeito, sofrimento e perseguição a pessoas trans (transexuais ou travestis) na escola. Desde apelidos pejorativos, provocações, xingamentos, exclusões por parte de colegas de escola, até a recusa de professores em utilizar o nome social[18] do aluno ou mesmo se referirem a eles/elas de forma pejorativa, pois:

> A produção de seres abjetos e poluentes (*gays*, lésbicas, travestis, transexuais e todos os seres que fogem à norma de gênero) e a desumanização do humano são fundamentais para garantir a reprodução da heteronormatividade. A escola é uma das instituições centrais nesse projeto.[19]

Muitas vezes esses comportamentos em relação às pessoas trans levam à evasão escolar dessa população em todos os níveis de ensino, ocasionando o desempenho de trabalhos informais, menos qualificados. No entanto, como salienta Berenice Bento:

---

17   São alguns exemplos as produções: RODRIGUES, Patrícia Gabrielle Oliveira. *Corpos em Movimento, Educação em Questão: a Trajetória Escolar das Travestis Negras*. Rio de Janeiro: Centro Federal de Educação Tecnológica Celso Suckow da Fonseca, 2014 (Dissertação de Mestrado); ACOSTA, Tássio. *Morrer para Nascer Travesti: Performatividades, Escolaridades e a Pedagogia da Intolerância*. Sorocaba: Centro de Educação e Ciências Humanas, Universidade Federal de São Carlos, 2016 (Dissertação de Mestrado); SOUZA, Heloisa Aparecida de; BERNARDO, Marcia Hespanhol. "Transexualidade: as Consequências do Preconceito Escolar para a Vida Profissional". *Bagoas – Estudos Gays: Gênero e Sexualidade*, 8(11): 157-175, 2014; BENTO, Berenice. *A (Re)invenção do Corpo: Sexualidade e Gênero na Experiência Transexual*. Rio de Janeiro: Garamond/Clam, 2006; BENTO, Berenice. "Na Escola se Aprende que a Diferença faz uma Diferença". *Revista Estudos Feministas*, 19(2): 549-559, ago. 2011 (Florianópolis).
18   No Município e Estado de São Paulo, bem como em autarquias e institutos de educação federais, está regulamentado o uso e tratamento por meio do nome social pelos decretos 51.180/2010, 55.588/2010 e 8.727/2016, respectivamente.
19   BENTO. "Na Escola se Aprende que a Diferença Faz uma Diferença", p. 554.

Na verdade, há um desejo de eliminar e excluir aqueles que "contaminam" o espaço escolar. Há um processo de expulsão, e não de evasão. É importante diferenciar "evasão" de "expulsão", pois, ao apontar com maior precisão as causas que levam crianças a não frequentarem o espaço escolar, se terá como enfrentar com eficácia os dilemas que constituem o cotidiano escolar, entre eles, a intolerância alimentada pela homofobia.[20]

A pesquisa *Revelando Tramas* ainda revela violências que estão relacionadas às relações sociais de gênero, mas não são restritas à discriminação por orientação sexual – mesmo que suposta. Elas também se expressam na forma de violência sexual, por exemplo, na tentativa de tentar beijar ou beijar alguém à força – identificada por 39,1% dos alunos e por 26,3% dos professores –, ou na tentativa de tocar ou tocar alguém de modo sexual à força, identificada por 21,5% dos alunos e 22,9% dos professores.[21]

Nesse sentido, os padrões de comportamento socialmente estimulados colocam as jovens em situação vulnerável frente aos rapazes, pois, para não serem vítimas de discriminação ou da suspeição sobre sua sexualidade, alguns jovens podem recorrer ao assédio ou à violência sexual para afirmarem sua masculinidade perante o grupo. Está, portanto, reproduzindo um expediente socialmente esperado e construído pela masculinidade hegemônica, isto é, a afirmação de masculinidade mesmo que por meio da agressão às meninas/mulheres: "um aluno afirmou, por exemplo, passar a mão em colegas por uma questão de afirmar sua masculinidade, uma vez que aqueles que não tomam esse tipo de atitude podem ser taxados como homossexuais".[22]

A violência e a indisciplina são temáticas muito caras para a escola e em meus estudos analisei episódios de agressões físicas

---

20 BENTO. "Na Escola se Aprende que a Diferença faz uma Diferença", p. 555.
21 ABRAMOVAY. *Revelando Tramas, Descobrindo Segredos*, p. 380.
22 ABRAMOVAY. *Revelando Tramas, Descobrindo Segredos*, p. 382.

praticadas entre meninas estudantes de escola pública ou de escola particular. Em ambas as instituições tais episódios estavam vinculados às relações sociais de gênero, seja porque durante sua socialização aprenderam que, para serem respeitadas era legítimo recorrerem à força, afinal, seus familiares, professores e amigos recorriam a este expediente,[23] seja porque a incorporação dos estereótipos de gênero – disposições de gênero – criavam tensões, expectativas e julgamentos sobre as ações das jovens de classe média que resultaram em agressão física.[24]

É possível recorrer às relações sociais de gênero para analisar o desempenho escolar, como foi feito por Marília Pinto de Carvalho.[25] Tais pesquisas apontam que as justificativas para as diferenças de desempenho escolar entre as meninas e os meninos do Ensino Fundamental estão relacionadas às representações e às expectativas dos comportamentos: as meninas são apontadas como mais responsáveis, dedicadas, comunicativas, estudiosas, interessadas, sensíveis e atentas. Enquanto aos meninos são atribuídos comportamentos como: malandros, não têm hábitos de estudo, não ficam em casa para estudar, saem para jogar bola, faltam às aulas, são dispersivos, têm interesses fora da escola, são agitados, não prestam atenção e, ainda, são mais inteligentes. Reforçam a ideia de que as meninas possuem uma "facilidade" de adaptação ao contexto escolar, pois suas características, mais passivas e calmas, são compatíveis com as normas escolares. Dessa maneira, as

---

23   NEVES, Paulo Rogério da Conceição. *As Meninas de Agora Estão Piores do que os Meninos: Gênero, Conflito e Violência na Escola*. São Paulo: Faculdade de Educação, Universidade de São Paulo, 2008 (Dissertação de Mestrado).
24   NEVES, Paulo Rogério da Conceição. *Disposições de Gênero e Violências Escolares: entre Traições e outras Estratégias Socializadoras Utilizadas por Jovens Alunas de uma Instituição Privada do Município de São Paulo*. São Paulo: Faculdade de Educação, Universidade de São Paulo, 2014 (Tese de Doutorado).
25   CARVALHO, Marília Pinto de. "Mau Aluno, Boa Aluna? Como as Professoras Avaliam Meninos e Meninas". *Estudos Feministas*, 9: 554-574, jan. 2001(Santa Catarina); "Sucesso e Fracasso Escolar: uma Questão de Gênero". *Educação e Pesquisa*, 29: 185-193, 2003 (São Paulo); "Quem são os Meninos que Fracassam na Escola?". *Cadernos de Pesquisa*, 34: 11-40, jan.-abr. 2004 (São Paulo).

meninas teriam um comportamento propenso à cultura escolar que favorece seu melhor desempenho.

> Os meninos são mais indisciplinados, mais desorganizados e as meninas têm todo um comportamento que facilita o ser "aluno", o que os franceses definem como "ofício de aluno". As meninas já viriam da própria organização familiar mais preparadas para exercer esse ofício, porque seriam mais passivas, obedientes, calmas, silenciosas, ordeiras, caprichosas, minuciosas.[26]

Outros estudos apontam a organização familiar e a socialização primária feminina como responsáveis por certo tipo de conduta das meninas.[27] Certas características seriam valorizadas pela escola como a passividade, obediência, calma, silêncio, ordem, capricho e minúcia. Porém, os efeitos de uma história de insucesso escolar são ainda mais perversos para as repetentes.[28] O mau rendimento escolar reforça o estereótipo de que não existe um espaço para as mulheres no saber. Nesse sentido, a reprovação dos meninos pode ser entendida como coisa de moleque, coisa da idade, rebeldia, ao passo que do lado das meninas tal resultado pode expressar "burrice", "incompetência", "não dá pra coisa", "resta-lhe apenas o lar".

As pesquisas de Marília Carvalho também revelam que o melhor rendimento das meninas é resultado de a escola ser o local no qual elas viveriam espaços de liberdade, sem ter as responsabilidades que a elas são atribuídas no ambiente familiar – cuidar dos irmãos, cozinhar, limpar a casa –, enquanto que os meninos já a experimentavam, contrariando, assim, o senso comum que atribui à natureza introspectiva e disciplinada os bons resultados das meninas. Ao mesmo tempo, estas pesquisas revelam que as professoras "branqueavam" os "bons" alunos e

---

26 CARVALHO. "Sucesso e Fracasso Escolar: uma Questão de Gênero", p. 88.
27 SILVA, Carmen et al. "Meninas Bem-Comportadas, Boas Alunas, Meninos Inteligentes, Indisciplinados". *Cadernos de Pesquisa,* 107: 207-225, jul. 1999 (São Paulo).
28 ABRAMOWICZ, Anete. *A Menina Repetente.* Campinas: Papirus, 1995.

"enegreciam" os "maus alunos", também impactando os rendimentos escolares dos meninos.[29]

Relações de gênero na escola: corpo docente

As relações de gênero na escola não ocorrem somente entre os estudantes, elas também estão presentes no corpo docente. Joaquim Ramos[30] investigou o ingresso e a permanência de professores homens em instituições públicas de educação infantil do município de Belo Horizonte, e uma das principais constatações da dissertação é que, para além do período probatório exigido legalmente, os professores relataram que também tiveram um "período comprobatório" no qual seus pares e os responsáveis das crianças também "avaliaram" as competências e as habilidades deles com a educação e o cuidado das crianças pequenas matriculadas em tais instituições.

A constituição da identidade docente exige a problematização das marcas históricas e culturais, desconstruindo a lógica da associação entre as características "ditas femininas" e habilidades naturais para o cuidado e a educação das crianças, pois a suposta aptidão feminina para lidar com as crianças pequenas trouxe reflexos na vida escolar e na constituição da identidade profissional docente, como a presença majoritária de mulheres, principalmente, na educação básica.

As concepções essencialistas atribuíam (e ainda atribuem) e reforçavam (e ainda reforçam), por um lado, o estereótipo de mulheres como "naturalmente" mais aptas ao cuidado e, por outro, vinculavam a masculinidade à violência, reforçavam o temor acerca do abuso sexual, favoreciam o acesso das docentes

---

29 Vale a pena se debruçar sobre os dados da pesquisa *Retratos das Desigualdades de Gênero e Raça* (IPEA, 2011) para ver algumas consequências no decorrer da vida escolar dos alunos, como o aumento da distorção idade-série conforme se avançam os anos escolares e o nível de ensino, principalmente entre crianças e jovens negros.
30 RAMOS, Joaquim. *Um Estudo sobre os Professores Homens da Educação Infantil e as Relações de Gênero na Rede Municipal de Belo Horizonte*. Belo Horizonte: Faculdade de Educação, Pontifícia Universidade Católica de Minas Gerais, 2011 (Dissertação de Mestrado).

predominantemente nos níveis iniciais.[31] O processo de urbanização e industrialização foi importante para a entrada mais efetiva das mulheres no magistério; logo elas se tornam maioria entre docentes, já no início do século XX.[32] Os dados da Sinopse Estatística da Educação Básica dos anos 2013, 2014 e 2015[33] também ajudam a refletir se o "determinismo biológico" ou a essencialização de uma natureza ainda não está fazendo eco nas escolhas profissionais e nas oportunidades para as mulheres, pois aqueles dados indicam, nas modalidades Educação Básica, Creche, Pré-Escola, Anos Iniciais e Educação Especial (classes exclusivas), que a presença feminina é superior a 80%. É possível reparar que, com o decorrer dos anos, a presença masculina aumentou, no entanto, de modo extremamente tímido – na maioria das vezes em casas decimais da porcentagem. Até 2013, os homens eram minoria em todas as modalidades, exceto na Educação Profissional, porém já em 2014 as mulheres passaram a ser maioria em todas as modalidades.

Outros dados, como os Microdados da Prova Brasil 2011,[34] revelam que o cargo de direção é ocupado predominantemente por mulheres (81% ou 44629 mulheres),[35] no entanto, são minoria nas três primeiras faixas de tempo[36] de exercício da função, isto é, 58,7% dos homens assumem a direção de escola com menos de um

---

31 MONTEIRO, Mariana Kubilius; ALTMANN, Helena. "Trajetórias na Docência: Professores Homens na Educação Infantil". In: *XXVI Reunião Nacional da ANPEd*. Goiânia, 2013. Disponível em: http://36reuniao.anped.org.br/pdfs_trabalhos_aprovados/gt23_trabalhos_pdfs/gt23_2689_texto.pdf. Acesso em: 20 jun. 2017.
32 VIANNA, Cláudia Pereira. "O Sexo e o Gênero da Docência". *Cadernos Pagu*, 17-18: 81-103, 2002 (Campinas). Disponível em: http://www.scielo.br/scielo.php?script=sci_arttext&pid=S0104-83332002000100003&lng=en&nrm=iso. Acesso em: 20 jun. 2017.
33 Ver: http://portal.inep.gov.br/sinopses-estatisticas-da-educacao-basica.
34 Ver: http://portal.inep.gov.br/microdados.
35 Os homens são, consequentemente, 19% (ou 10353 homens).
36 Para as questões relativas a tempo, como "Há quantos anos você trabalha em educação?" ou "Há quantos anos você exerce funções de direção?", existem oito faixas de divisão temporal: há menos de um ano; de 1 a 2 anos; de 2 a 5 anos; de 5 a 7 anos; de 7 a 10 anos; de 10 a 15 anos; de 15 a 20 anos e há mais de 20 anos.

1 a até 5 anos. A faixa de tempo profissional "de 2 a 5 anos" apresenta os maiores índices de resposta para ambos os sexos (31,9% para homens e 29,4% para mulheres) e, como se pode ver, os homens também são maioria. Porém, nas cinco faixas de tempo profissional seguintes,[37] as mulheres são maioria, mas com pequena diferença porcentual entre os sexos. O que os dados nos permitem concluir é que os homens assumem mais cedo as funções de direção que as mulheres, e as razões para isso podem ser diversas e necessitam maior investigação.[38]

Assim, o percurso de professoras é marcado também pelas relações sociais de gênero expressas na atribuição de comportamentos sociais a partir de elementos ligados, principalmente, a especificidades reprodutivas, isto é, a partir da constatação biológica que somente as pessoas nascidas como mulher[39] podem gestar e, a partir dessa conclusão, da construção social de que a maternidade dota as mulheres de "amor incomensurável", portanto, sendo as mais indicadas para trabalhar com crianças pequenas e educar as mais velhas.

Mas quem forma os formadores?

Nas seções anteriores, se apresentou como aqui são compreendidas as relações sociais de gênero e alguns exemplos de como estas relações reverberam na escola, tanto entre estudantes como

---

37   De 5 a 7 anos, de 7 a 10 anos, de 10 a 15 anos, de 15 a 20 anos e, a última faixa, há mais de 20 anos.
38   Até a Lei de Diretrizes e Bases da Educação Nacional de 1996, para exercer a função de professora na educação infantil e nas séries iniciais não era exigida a graduação em Pedagogia, bastando o curso de Magistério. Porém, para assumir a função de diretor(a) exige-se formação superior em Pedagogia. Assim, parcela considerável de professoras não podia assumir a função de direção. Tal situação foi alterada a partir da promulgação da LDB, que estabeleceu a exigência de diploma de curso superior para todos os níveis.
39   Aqui se faz necessário marcar o determinismo biológico, pois há homens transexuais que ainda não fizeram a cirurgia de redesignação sexual e, portanto, ainda são capazes de realizar uma gestação. Ver: http://www.metropoles.com/mundo/homem-que-era-mulher-vai-dar-a-luz-a-filho-de-mulher-que-era-homem.

entre docentes, e que, portanto, por mais que setores conservadores insistam que "gênero" não pode ser abordado na escola, ele está presente cotidianamente porque faz parte das nossas próprias relações sociais. A pergunta que resta é: mas como reverter esses processos que acometem a escola de forma a garantir que crianças e jovens possam ter tanto um ambiente de acolhida e respeito às diferenças, como sejam formados para o respeito aos direitos humanos e ao próximo? A resposta seria que professores estejam formados para enfrentar esse desafio. No entanto, impõe-se uma nova pergunta: como são formados os professores? Infelizmente, a resposta não é muito alentadora.

Em pesquisa sobre a formação de professores para a temática de gênero e sexualidade, embora se concentrasse somente nas universidades públicas, Sandra Unbehaum[40] identificou que, dentre 989 instituições, em 2008, 41 universidades que ofereciam 68 cursos de pedagogia contemplavam a temática da sexualidade – envolvendo também gênero – em alguma disciplina. No entanto, salienta que a maioria das disciplinas era oferecida na modalidade "optativa", sendo essa opção uma forma de contornar os empecilhos e dificuldades de criação de disciplinas obrigatórias nos cursos de formação inicial. Isso significa que há baixa oferta de formação inicial para a temática de gênero e sexualidade.

Uma das alternativas construídas foi a criação de cursos de formação continuada, como o curso Gênero e Diversidade na Escola.[41] Num primeiro momento, para além das universidades,

---

40 UNBEHAUM, Sandra G. *As Questões de Gênero na Formação Inicial de Docentes: Tensões no Campo da Educação*. São Paulo: Departamento de Educação, Pontifícia Universidade Católica de São Paulo, 2014 (Tese de Doutorado).
41 Programa Gênero e Diversidade na Escola, conhecido como GDE, é uma proposta iniciada como projeto piloto em 2005 pela Secretaria de Políticas para as Mulheres (SPM/PR) e desenvolvido pelo Centro Latino-Americano em Sexualidade e Direitos Humanos (CLAM/IMS/UERJ), em parceria com o Ministério da Educação e a Secretaria de Políticas da Promoção da Igualdade Racial (SEPPIR) e o British Council. O GDE é um curso semipresencial instituído em política pública de formação continuada; atingiu até 2010 mais de 200 municípios do país. Em 2009, foi criada a Rede de Educação para a

Organizações da Sociedade Civil (antes chamadas de Organizações Não Governamentais) podiam propor sua execução, mas, a partir de 2009, o curso sofreu alterações na sua estrutura e conteúdo, quando a política pública passou a contar com a Universidade Aberta do Brasil (UAB) e com sua articulação com diversas universidades brasileiras.[42] Embora tenha sido uma importante política para a formação continuada, envolvendo uma série de profissionais e instituições, não foi possível reverter majoritariamente o quadro anterior. Ademais, é pertinente interrogar se os profissionais que cursaram o GDE realmente levaram estes debates para dentro das unidades escolares.[43]

Assim, para que esse debate seja realizado na escola, é fundamental a formação dos professores, principalmente nos cursos de graduação e nas licenciaturas, isto porque a modalidade continuada – normalmente em cursos *lato sensu* – é dependente do interesse e disponibilidade de tempo e, em muitos casos, de recursos financeiros do profissional, além de sua oferta. Além disso, após o *impeachment* da presidenta Dilma Rousseff, além da pressão das bancadas conservadoras, os recursos para os projetos como o GDE e qualquer outra política similar não estão mais disponíveis, reforçando, portanto, a necessidade de a temática ser incorporada à grade curricular da formação inicial. A formação específica nessa

---

Diversidade (Rede), um grupo permanente formado por instituições públicas de ensino superior dedicado à formação continuada de profissionais da educação na modalidade semipresencial. Ver: CARRARA, Sérgio *et al.* (orgs.). *Gênero e Diversidade na Escola: Trajetórias e Repercussões de uma Política Inovadora*. Rio de Janeiro: CEPESC, 2011.

42 RIZZATO, Liane Kelen. *Percepções de Professores/as sobre Gênero, Sexualidade e Homofobia: Pensando a Formação Continuada a partir de Relatos da Prática Docente*. São Paulo: Faculdade de Educação, Universidade de São Paulo, 2013 (Dissertação de Mestrado).

43 Uma iniciativa que merece ser louvada é a do Centro Universitário Salesiano de São Paulo: além de oferecer um curso de pós-graduação *lato sensu* em Educação em Sexualidade, também introduziu a disciplina Educação em Sexualidade em todas as licenciaturas e nos cursos de Psicologia nas suas diversas unidades (Americana, Campinas, Lorena, Piracicaba e São Paulo), visando atender a uma das preocupações da UNESCO em formar profissionais que atuarão nas escolas, de forma a enfrentar aquelas mazelas expostas anteriormente neste texto.

temática é necessária porque, por um lado, a sexualidade é trabalhada na escola como conteúdo da disciplina de biologia, sendo abordada somente pelo viés reprodutivo, portanto, não abordando outras formas de sua prática, reduzindo-a somente ao comportamento heteronormativo. Por outro lado, abordá-la dentro do enorme guarda-chuva dos direitos humanos[44] também é arriscado porque o respeito aos direitos e às pessoas pode ser abordado por meio de outros expedientes que não necessariamente abordem o tema das discriminações por orientação sexual, por exemplo.

Considerações finais

Procurou-se nesse capítulo contribuir para o debate atual sobre a pertinência e a presença da temática de gênero na escola. Como apontado, tal temática está presente cotidianamente na escola, porque se refere às nossas relações sociais, como somos criados, educados e como educamos. Portanto, ao se debater na escola como socialmente são construídas as feminilidades e masculinidades, o que se procura é refletir sobre a nossa própria sociedade e sua organização. Será que ao não debater tais assuntos somos capazes de garantir uma sociedade na qual os direitos sejam assegurados para todas e todos? Será que estamos formando pessoas para respeitarem homens e mulheres, independentemente de suas orientações sexuais e identidades de gênero, ou para manterem a discriminação e opressão? Não se trata, portanto, de ensinar a ser homossexual ou a pôr em risco a existência da família,[45] mas

---

[44] Sem dúvida, o respeito às orientações sexuais e identidades de gênero é parte integrante dos direitos humanos. No entanto, por possuir diversas formas de abordagem, é possível que os profissionais optem por abordar a discriminação ou o desrespeito por meio do nazismo, deixando de lado a temática das relações sociais de gênero.

[45] Assim como a educação escolar das meninas, o uso da calça comprida, a possibilidade de votar, a participação no mercado formal de trabalho, o divórcio, etc., cada qual em seu tempo, também foram consideradas práticas perigosas por colocarem em risco a existência da família enquanto instituição social. O que se pode perceber é que ela continua existindo, com algumas transformações durante os anos.

refletir se as desigualdades entre direitos sociais e civis de homens e mulheres podem ser atribuídas somente a partir de diferenças biológicas, e quais características biológicas poderiam ser elencadas para justificá-las.

Em suma, as relações sociais de gênero estão presentes de diversas maneiras e modos no ambiente escolar, desde as relações interpessoais até as relações profissionais. Refletir sobre a realidade escolar levando em consideração as relações de gênero pode trazer contribuições importantes para o processo educativo. Mas não só a ele, pois refletir sobre a sociedade é também papel importante da escola na transição da criança/adolescente/jovem do espaço privado para o espaço público, para a construção de uma sociedade que valorize e reconheça a diversidade da pessoa humana e, principalmente, para uma relação republicana e democrática – portanto, sem violência – entre as pessoas.

Referências

ABRAMOVAY, Miriam (coord). *Revelando Tramas, Descobrindo Segredos: Violência e Convivência nas Escolas*. Brasília: Rede de Informação Tecnológica Latino-americana – RITLA/Secretaria de Estado de Educação do Distrito Federal – SEEDF, 2009.

ABRAMOWICZ, Anete. *A Menina Repetente*. Campinas: Papirus, 1995.

ACOSTA, Tássio. *Morrer para Nascer Travesti: Performatividades, Escolaridades e a Pedagogia da Intolerância*. Sorocaba: Centro de Educação e Ciências Humanas, Universidade Federal de São Carlos, 2016 (Dissertação de Mestrado).

ALVARENGA, Carolina Faria. *Relações de Gênero e Trabalho Docente: Jornadas e Ritmos no Cotidiano de Professoras e Professores*. São Paulo: Faculdade de Educação, Universidade de São Paulo, 2008 (Dissertação de Mestrado).

ARENDT, Hannah. *Entre o Passado e o Futuro*. São Paulo: Perspectiva, 2005.

AUAD, Daniela. *Educar Meninas e Meninos: Relações de Gênero na Escola*. São Paulo: Contexto, 2006.

BENTO, Berenice. "Na Escola se Aprende que a Diferença faz uma Diferença". *Revista Estudos Feministas*, 19(2): 549-559, ago. 2011 (Florianópolis).

_____. *A (Re)invenção do Corpo: Sexualidade e Gênero na Experiência Transexual*. Rio de Janeiro: Garamond/Clam, 2006.

BOURDIEU, Pierre. *A Dominação Masculina*. Rio de Janeiro: Bertrand Brasil, 2002.

BRITO, Rosemeire dos Santos. *Masculinidades, Raça e Fracasso Escolar: Narrativas de Jovens Estudantes na Educação de Jovens e Adultos em uma Escola Pública Municipal de São Paulo*. São Paulo: Faculdade de Educação, Universidade de São Paulo, 2009 (Tese de Doutorado).

CARRARA, Sérgio *et al.* (orgs.). *Gênero e Diversidade na Escola: Trajetórias e Repercussões uma Política Inovadora*. Rio de Janeiro: CEPESC, 2011.

CARVALHO, Marília Pinto de. "Quem são os Meninos que Fracassam na Escola?". *Cadernos de Pesquisa*, 34: 11-40, jan.--abr. 2004 (São Paulo).

_____. "Sucesso e Fracasso Escolar: uma Questão de Gênero". *Educação e Pesquisa*, 29: 185-193, 2003 (São Paulo).

_____. "Mau Aluno, Boa Aluna? Como as Professoras Avaliam Meninos e Meninas". *Estudos Feministas*, 9: 554-574, jan. 2001(Santa Catarina).

CAVALEIRO, Maria Cristina. *Feminilidades Homossexuais no Ambiente Escolar: Ocultamentos e Discriminações Vividas por*

Garotas. São Paulo: Faculdade de Educação, Universidade de São Paulo, 2009 (Tese de Doutorado).

CONNELL, Raewyn W. "La Organización de la Masculinidad". In: VALDÉS, Teresa; OLAVARRÍA, José (orgs.). *Masculinidad/es: Poder y Crisis*. Santiago de Chile: Ediciones de las Mujeres, 1997, p. 31-48.

FINCO, Daniela. *Educação Infantil, Espaços de Confronto e Convívio com as Diferenças: Análise das Interações entre Professoras e Meninas e Meninos que Transgridem as Fronteiras de Gênero.* São Paulo: Faculdade de Educação, Universidade de São Paulo, 2010 (Tese de Doutorado).

IPEA (Instituto de Pesquisa Econômica Aplicada). *Retrato das Desigualdades de Gênero e Raça*. 4. ed. Brasília: Ipea, 2011.

LOURO, Guacira Lopes. "Pedagogias da Sexualidade". In: LOURO, Guacira Lopes (org.). *O Corpo Educado: Pedagogias da Sexualidade*. Belo Horizonte: Autêntica, 2001, p. 7-34.

MONTEIRO, Mariana Kubilius; ALTMANN, Helena. "Trajetórias na Docência: Professores Homens na Educação Infantil". In: *XXVI Reunião Nacional da ANPEd*. Goiânia, 2013. Disponível em: http://36reuniao.anped.org.br/pdfs_trabalhos_aprovados/gt23_trabalhos_pdfs/gt23_2689_texto.pdf. Acesso em: 20 jun. 2017.

NEVES, Paulo Rogério da Conceição. *Disposições de Gênero e Violências Escolares: entre Traições e outras Estratégias Socializadoras Utilizadas por Jovens Alunas de uma Instituição Privada do Município de São Paulo*. São Paulo: Faculdade de Educação, Universidade de São Paulo, 2014 (Tese de Doutorado).

_____. *As Meninas de Agora Estão Piores do que os Meninos: Gênero, Conflito e Violência na Escola*. São Paulo: Faculdade de Educação,

Universidade de São Paulo, 2008 (Dissertação de Mestrado).

NICHOLSON, Linda. "Interpretando o Gênero". *Estudos Feministas*, 8(2): 9-41, 2000 (Florianópolis).

RAMIRES NETO, Luiz. *Habitus de Gênero e Experiência Escolar: Jovens Gays no Ensino Médio em São Paulo.* São Paulo: Faculdade de Educação, Universidade de São Paulo, 2006 (Dissertação de Mestrado).

RAMOS, Joaquim. *Um Estudo sobre os Professores Homens da Educação Infantil e as Relações de Gênero na Rede Municipal de Belo Horizonte.* Belo Horizonte: Faculdade de Educação, Pontifícia Universidade Católica de Minas Gerais, 2011 (Dissertação de Mestrado).

RIZZATO, Liane Kelen. *Percepções de Professores/as sobre Gênero, Sexualidade e Homofobia: Pensando a Formação Continuada a partir de Relatos da Prática Docente.* São Paulo: Faculdade de Educação, Universidadede São Paulo, 2013 (Dissertação de Mestrado).

RODRIGUES, Patrícia Gabrielle Oliveira. *Corpos em Movimento, Educação em Questão: a Trajetória Escolar das Travestis Negras.* Rio de Janeiro: Programa de Pós Graduação em Relações Étnico Raciais, Centro Federal de Educação Tecnológica Celso Suckow da Fonseca, 2014 (Dissertação de Mestrado).

SAYÃO, Deborah T. "Pequenos Homens, Pequenas Mulheres? Meninos, Meninas? Algumas Questões para Pensar as Relações entre Gênero e Infância". *Pro-Posições*, 14(3): 67-87, set.-dez. 2003 (Campinas).

SCOTT, Joan W. "Gênero: uma Categoria Útil de Análise Histórica". *Educação & Realidade*, 20(2): 71–99, 1995 (Porto Alegre).

SILVA, Claudio Roberto da. *A Igualdade ainda Vai Chegar: Desafios para a Construção da "Cultura do Respeito" aos Direitos de Cidadania do Segmento LGBTT em uma Escola Pública do Município de São Paulo.* São Paulo: Faculdade de Educação, Universidade de São Paulo, 2010 (Tese de Doutorado).

SILVA, Carmen *et al.* "Meninas Bem-Comportadas, Boas Alunas, Meninos Inteligentes, Indisciplinados". *Cadernos de Pesquisa,* 107: 207-225, jul. 1999 (São Paulo).

SOUZA, Heloisa Aparecida de; BERNARDO, Marcia Hespanhol. "Transexualidade: as Consequências do Preconceito Escolar para a Vida Profissional". *Bagoas – Estudos Gays: Gênero e Sexualidade,* 8(11): 157-175, 2014.

TELLES, Edna de Oliveira. *O Verso e o Reverso das Relações Escolares: um Olhar de Gênero sobre o Uso dos Tempos em uma Escola Municipal da Cidade de São Paulo.* São Paulo: Faculdade de Educação, Universidade de São Paulo, 2005 (Dissertação de Mestrado).

UNBEHAUM, Sandra G. *As Questões de Gênero na Formação Inicial de Docentes: Tensões no Campo da Educação.* São Paulo: Departamento de Educação, Pontifícia Universidade Católica de São Paulo, 2014 (Tese de Doutorado).

VIANNA, Cláudia Pereira. "O Sexo e o Gênero da Docência". *Cadernos Pagu,* 17-18: 81-103, 2002 (Campinas). Disponível em: http://www.scielo.br/scielo.php?script=sci_arttext&pid=S0104-83332002000100003&lng=en&nrm=iso. Acesso em: 20 jun. 2017.

8
Educação escolar inclusiva para autistas ou inclusão perversa? Sexualidade e Transtorno do Espectro do Autismo

Alessandra Diehl, Daniel Cruz Cordeiro,
Fernanda Meneghini Pierin Berardineli, Gidiane Pereira Narciso[1]

Introdução

Um número significativo de crianças, adolescentes e adultos jovens têm problemas diagnosticados de saúde mental, deficiência

---

1   Alessandra Elena Diehl Branco dos Reis é doutora em Psiquiatria e Psicologia Médica e mestra em Saúde Coletiva (Universidade Federal de São Paulo - UNIFESP), especialista em Dependência Química (UNIFESP), Sexualidade Humana (Universidade de São Paulo) e Educação Sexual (Centro Universitário Salesiano de São Paulo – UNISAL), membro dos Grupos de Pesquisa "Sexualidade Humana" (CNPq) do UNISAL e da UNIFESP.
Daniel Cruz Cordeiro é mestre em Métodos de Pesquisa em Psiquiatria (Institute of Psychiatry - Universidade de Londres), especialista em Dependência Química (UNIFESP), Educação Sexual (UNISAL) e Terapia Sexual (UNISAL) e membro do Grupo de Pesquisa "Sexualidade Humana" (CNPq) do UNISAL.
Fernanda Meneghini Pierin Berardineli é mestra em Distúrbios do Desenvolvimento (Universidade Presbiteriana Mackenzie – São Paulo), especialista em Neuropsicologia (Faculdade de Medicina da Universidade de São Paulo), Educação Especial e Inclusiva (Centro Universitário Campo Limpo Paulista).
Gidiane Pereira Narciso é especialista em Análise do Comportamento Aplicada ao Autismo (Universidade Federal de São Carlos).

intelectual e outros transtornos do neurodesenvolvimento, como o autismo,[2] mas apenas uma pequena proporção deles recebe a contento educação e outros serviços sociais e de saúde dos quais necessitam. A criança com alguma "deficiência" tem o direito, protegido por lei, à educação especial e aos serviços complemetares relacionados às suas necessidades, quando precisar deles, para poder beneficiar-se da educação.[3]

O estigma, tanto dos pais dessas crianças e adolescentes quanto dos próprios portadores de tais transtornos, dos educadores[4] e da sociedade em geral, tem sido apontado como uma das grandes barreiras para que esse acesso seja de fato garantido.[5] O estigma pode ter efeitos muito prejudiciais sobre a autoestima dos indivíduos, com aumento de estresse social, sensação de exclusão e rejeição,[6] bem como sobre os direitos e a socialização das pessoas com deficiência e transtornos mentais.[7]

Taxas mais altas de inclusão em ambientes escolares e comunitários têm criado mais oportunidades de exposição e integração entre aqueles com algum transtorno mental, intelectual ou do desenvolvimento e a população sem esses diagnósticos.[8]

---

2   KEITH, Jessica M.; BENNETTO, Loisa; ROGGE, Ronald D. "The Relationship Between Contact and Attitudes: Reducing Prejudice toward Individuals with Intellectual and Developmental Disabilities". *Research in Developmental Disabilities*, 47: 14-26, 2015.
3   DALTON, Margaret A. "Education Rights and the Special Needs Child". *Child and Adolescent Psychiatric Clinics of North America*, 11(4): 859-868, out. 2002.
4   LANFRANCHI, Andrea. "Referring Children Who Have Difficulties at School to Schools for Children with Special Needs: School Psychologists are Less Discriminating than Teaching Staff". *Praxis der Kinderpsychologie und Kinderpsychiatrie*, 65(2): 113-126, 2016.
5   DEMPSTER, Robert; DAVIS, Deborah Winders; FAYE-JONES, Veronnie; KEATING, Adam; WILDMAN, Beth. "The Role of Stigma in Parental Help-Seeking for Perceived Child Behavior Problems in Urban, Low-Income African American Parents". *Journal of Clinical Psychology in Medical Settings*, 22(4): 265-278, 2015.
6   COOKE, Cheryl L.; BOWIE, Boonie H., CARRÈRE, Sybil. "Perceived Discrimination and Children's Mental Health Symptoms". *ANS Advances in Nursing Science*, 37(4): 299-314, out./dez. 2014.
7   WERNER, Shirli. "Public Stigma and the Perception of Rights: Differences Between Intellectual and Physical Disabilities". *Research in Developmental Disabilities*, 38: 262-271, 2015.
8   ZULUAGA-LOTERO, Ana María; ARIAS-GALLO, Lina María; MONTOYA-GÓMEZ, Marcela. "Proyecto Mosqueteros, una Propuesta de Intervención en el Aula

Entende-se por inclusão escolar a política gradual de acolher todos os indivíduos, sem exceção, no sistema de ensino escolar, independentemente de raça, origem, classe social, orientação sexual, condições físicas e psicológicas. A terminologia vem sendo associada mais frequentemente à inclusão educacional de pessoas com deficiência física e mental.[9]

Algumas pesquisas têm demonstrado que o aumento do contato pode levar a atitudes mais positivas em relação às pessoas com alguma deficiência, além de aumentar as oportunidades de interação adequada e conduta pró-social entre os pares, favorecendo um ambiente de aprendizagem seguro em sala de aula e a inclusão escolar de crianças e jovens com alguma incapacidade.[10]

No entanto, muita controvérsia e ceticismo ainda pairam sobre a questão da educação escolar inclusiva, principalmente para aquelas crianças que necessitam de atenção mais especializada como é o caso de alguns dos indivíduos que estão dentro do Transtorno do Espectro do Autismo (TEA), principalmente os autistas não verbais, os quais têm a sociabilidade mais comprometida. Questiona-se, por exemplo, se o "ambiente comum" garante de fato a atenção que crianças e adolescentes autistas necessitam. O TEA é um transtorno do desenvolvimento neurológico diagnosticado em parte por profundas dificuldades nos comportamentos sociais e comunicativos. Apesar de as capacidades intelectuais serem, muitas vezes, normais, os portadores de TEA enfrentam muitas dificuldades em interpretar certas

---

para Favorecer los Procesos de Inclusión Escolar". *Pensamiento Psicológico*, 14(1): 77-88, 2016.
9   TOGASHI, Cláudia Miharu; WALTER, Cátia Crivelenti de Figueiredo. "As Contribuições do Uso da Comunicação Alternativa no Processo de Inclusão Escolar de um Aluno com Transtorno do Espectro do Autismo". *Revista Brasileira de Educação Especial*, 22(3): 351-366, 2016; SANTOS, Geandra Cláudia Silva; MARTINEZ, Albertina Mitjáns. " A Subjetividade Social da Escola e os Desafios da Inclusão de Alunos com Desenvolvimento Atípico". *Revista Brasileira de Educação Especial*, 22(2): 253-268, 2016.
10   ZULUAGA-LOTERO; ARIAS-GALLO; MONTOYA-GÓMEZ. "Proyecto Mosqueteros".

convenções sociais e demonstram comprometimentos diferentes aos estímulos sociais. Eles são menos responsivos, por exemplo, às recompensas sociais e investem menos energia na gratificação destas relações, além de terem padrões restritos e repetitivos de comportamento, interesses e atividades.[11]

No Brasil, embora o acesso e a permanência na escola de todo aluno sejam assegurados por dispositivos jurídicos, observam-se atrasos e alguns desafios para alcançar uma inclusão escolar satisfatória e adequada. Isto porque, muitas vezes, a inserção de crianças e adolescentes com necessidades educacionais especiais ocorre sem que a escola desenvolva condições físicas e de apoio favoráveis para recebê-las, ou sem que ela busque potencializar as habilidades dessas crianças.[12]

Este capítulo tem por objetivo discutir os prós e os contras da política de inclusão escolar de indivíduos com TEA, a fim de refletir quais paradigmas de violência e comportamemtos sexuais podem estar inseridos neste contexto.

Cenário brasileiro de inclusão educacional

O termo "deficiência" não se limita apenas à deficiência física, mas inclui a deficiência mental, englobando retardo mental, distúrbio emocional grave, autismo, lesão cerebral traumática, dificuldades específicas de aprendizagem e outras deficiências de saúde.[13]

---

11   BIRMINGHAM, Elina; STANLEY, Damian; NAIR, Remya, ADOLPHS, Ralph. "Implicit Social Biases in People with Autism". *Psychological Science*, 26(11): 1693–1705, 2015.
12   BRAZ-AQUINO, Fabíola de Sousa; FERREIRA, Ingrid Rayssa Lucena; CAVALCANTE, Lorena de Almeida. "Concepções e Práticas de Psicólogos Escolares e Docentes acerca da Inclusão Escolar". *Psicologia: Ciência e Profissão*, 36(2): 255-266, 2016. Disponível em: http://dx.doi.org/10.1590/1982-3703000442014. Acesso em: 10 fev. 2017; GAUY, Fabiana Vieira. "Crianças e Adolescentes com Problemas Emocionais e Comportamentais Têm Necessidade de Políticas de Inclusão Escolar?". *Educação em Revista*, 59: 79-95, 2016.
13   DALTON. "Education Rights and the Special Needs Child".

Em estudos mais recentes sobre a educação inclusiva, ressalta-se que o uso de classificações seja contextualizado, indo além de categorizações atribuídas a um quadro de deficiência, considerando, assim, pessoa com deficiência aquela que tem impedimentos de longo prazo, de natureza física, mental ou sensorial e que, em interação com diversas barreiras, pode ter restringida sua participação plena e efetiva na escola e na sociedade.

A inclusão escolar de portadores de deficiência dentro do cenário brasileiro tem grandes marcos históricos importantes. O primeiro foi em 1990, na Tailândia, quando quatro órgãos internacionais – a Organização das Nações Unidas para a Educação (UNESCO); o Fundo das Nações Unidas para a Infância (UNICEF); o Programa das Nações Unidas para o Desenvolvimento (PNUD); e o Banco Mundial (BID) – afirmaram que a educação é um direito fundamental de todos no mundo.[14] O segundo marco foi em 1989 no Brasil, quando a inclusão de alunos com deficiência no Ensino Regular foi prevista pela Lei n. 7.853/89. O terceiro aconteceu em 1994, sob a liderança da Organização das Nações Unidas (ONU), que declarou a necessidade de transformação dos sistemas educacionais, sendo o aluno reconhecido pelas suas potencialidades.[15] O quarto foi a Convenção sobre os Direitos das Pessoas com Deficiência (CDPD) e seu Protocolo Facultativo (PF), que foi adotado na Assembleia Geral da Organização das Nações Unidas (ONU), em 13 de dezembro de 2006. E o quinto e mais recente marco ocorreu em 2015, quando foi sancionada a Lei n. 13.146, em 6 de julho, conhecida como a Lei Brasileira de Inclusão da Pessoa com Deficiência (LBI), que é a primeira lei federal baseada inteiramente na CDPD destinada a assegurar e a promover, em condições de igualdade, o exercício dos direitos e das liberdades

---

14 MENDES, Enicéia Gonçalves. "A Radicalização do Debate sobre Inclusão Escolar no Brasil". *Revista Brasileira de Educação*, 11(33): 387-559, 2006.
15 MENDES. "A Radicalização do Debate sobre Inclusão Escolar no Brasil".

fundamentais por pessoas com deficiência, visando sua cidadania e inclusão social.[16] Nesse caminho de conquistas políticas, culturais, sociais e pedagógicas a partir da Constituição de 1988, por meio da influência da Declaração Mundial de Educação para Todos (1990) e da Declaração de Salamanca (1994), que tratou dos Princípios e Práticas em Educação Especial, houve uma discussão sobre a universalização da educação, levando a uma política de Educação Inclusiva. A Política Nacional de Educação Especial na Perspectiva da Educação Inclusiva (2008) tem como objetivo o acesso, a participação e a aprendizagem dos alunos com deficiência, transtornos globais do desenvolvimento e altas habilidades/superdotação nas escolas regulares, orientando os sistemas de ensino a promover respostas às necessidades educacionais especiais, garantindo: transversalidade da educação especial desde a educação infantil até a educação superior; atendimento educacional especializado; continuidade da escolarização nos níveis mais elevados do ensino; formação de professores para o atendimento educacional especializado e demais profissionais da educação para a inclusão escolar; participação da família e da comunidade; acessibilidade urbanística, arquitetônica, nos mobiliários e equipamentos, nos transportes, na comunicação e informação; articulação intersetorial na implementação das políticas públicas.

A Política Nacional de Educação Especial na Perspectiva da Educação Inclusiva (PNEE) vem estabecelecer uma organização para um sistema educacional inclusivo, que promova as condições para favorecer a promoção da aprendizagem e a valorização das necessidades educacionais especiais de cada aluno, dando acesso aos espaços físicos das escolas, recursos pedagógicos, comunicação e interação. As ações govenamentais têm

---

16 BRASIL. Lei n. 13.146, de 06 de julho de 2015. Disponível em: http://www.planalto.gov.br/ccivil_03/_ato2015-2018/2015/Lei/L13146.htm. Acesso em: 20 out. 2016.

gerado alterações importantes no cenário da educação inclusiva. Dados da Pesquisa Nacional por Amostra de Domicílios (PNAD), realizada em 2009, revelam que no Brasil existem 2 milhões e 500 mil pessoas com algum tipo de deficiência física ou mental entre 4 e 17 anos (em idade escolar). No entanto, há mais de *1,5 milhão de pessoas* que não têm acesso a vagas escolares. Apenas 928 mil alunos com deficiência ou transtorno global do desenvolvimento estão matriculados e frequentando salas de aula regulares.[17] Dados do Censo Escolar do Ministério da Educação indicam que, em 2006, havia 2.204 alunos com diagnóstico de autismo inseridos nas escolas regulares e, em 2012, o número aumentou para 25.624. Um crescimento exponencial, mas que nos faz refletir sobre as reais condições que esses alunos matriculados estão tendo para uma educação de fato inclusiva.

Um estudo realizado em 2016 sobre a escolarização de indivíduos autistas na cidade de Atibaia, no interior de São Paulo,[18] teve como objetivo analisar o acesso e a permanência desses sujeitos na escola e verificar a quais apoios terapêuticos e educacionais eles tiveram acesso. Os resultados apontam que o processo de escolarização de alunos com autismo neste município não se completa (48,9%) e que poucos alunos chegam ao ensino médio (6,3%). A taxa de evasão escolar é alta e mesmo aqueles alunos que estão matriculados nas séries e anos correspondentes à idade não frequentam, necessariamente, as turmas regulares em que estão registrados. Poucos alunos frequentam o atendimento educacional especializado e a rede estadual não oferece nenhum tipo de apoio a essa população.[19]

---

17   INSTITUTO BRASILEIRO DE GEOGRAFIA E ESTATÍSTICA (IBGE). *Dados da Pesquisa Nacional por Amostra de Domicílios* (PNAD). 2009. Disponível em: http://www.ibge.gov.br/home/estatistica/populacao/trabalhoerendimento/pnad2011/default.shtm. Acesso em: 31 dez. 2016.
18   LIMA, Stéfanie Melo; LAPLANE, Adriana Lia Friszman. "Schooling of Students with Autism". *Revista Brasileira de Educação Especial*, 22(2): 269-284, 2016.
19   LIMA; LAPLANE. "Schooling of Students with Autism".

Quando falamos da inclusão escolar, temos uma questão ainda paradoxal: a teoria *versus* a práxis. Viemos de uma cultura segregadora e isso não ocorre apenas com os educandos com deficiência, mas sim com todo aquele que sai da linha mediana, se distancia do que o sistema de ensino determinou como média, em diversos sentidos, por exemplo, velocidade de aprendizagem. A inclusão da pessoa com TEA apenas torna esse ponto ainda mais visível, ressaltando o despreparo físico das escolas e teórico dos educadores que, por sua vez, têm demonstrado insegurança diante das mudanças exigidas legalmente devido à falta de formação continuada que preencha as lacunas resultantes da ausência de conhecimento da dinâmica de funcionamento do aluno com TEA.

Muitos parecem ser os desafios e as realidades das mais diversas dentro do país. Embora a maioria dos profissionais da educação mostre-se favorável à inclusão escolar, suas ações ainda se encontram distantes da perspectiva inclusiva defendida por pesquisadores e profissionais que se debruçam sobre esta questão.[20]

"Contras" da educação inclusiva para autistas

Os impasses diante da inclusão da pessoa com TEA são inúmeros. Contudo, temos alguns pontos centrais que permeiam toda essa problemática. Uma constante insatisfação dos pais é em relação à falsa inclusão, quando a "inclusão" é "apenas" aparente, pois a pessoa com TEA está matriculada numa escola regular, como é de direito garantido por lei; entretanto o que se vê é apenas uma inserção física, em que a criança apenas está lá, fisicamente, muitas vezes alheia às atividades, sejam elas pedagógicas ou sociais. Goes identificou que a insegurança dos pais de alunos autistas levou a uma evasão escolar dessas crianças e

---

20 BRAZ-AQUINO; FERREIRA; CAVALCANTE. "Concepções e Práticas de Psicólogos Escolares e Docentes acerca da Inclusão Escolar".

o retorno para escolas especiais, nos municípios do Estado de São Paulo.[21]

A falta de preparo dos profissionais da educação quando se trata de pessoas com TEA produz uma visão distorcida da possibilidade de uma educação inclusiva. Há ainda uma enorme discrepância entre o que se sabe sobre o autismo, por mais que os esforços nos últimos anos para difundir os conhecimentos tenham sido cada vez maiores. O que é percebido na prática, ainda, é um conhecimento baseado no senso comum, o que gera um distanciamento e um engajamento superficial nos esforços para incluir a pessoa com TEA. Esse despreparo leva a uma insegurança dos educadores e de toda a equipe escolar de rede regular, principalmente nos últimos anos, após a queda das escolas especializadas. Em 2013, Nunes, Azevedo e Schmidt investigaram a prática destes profissionais *versus* o discurso e verificaram que Planos de Ensino Individualizados (PEI), adaptações curriculares e uso de tecnologias assistivas despontavam das possibilidades corretas e ideais.[22]

Os dados encontrados por Spaulding e colaboradores, em 2016, corroboram o discurso e a prática inadequada que se instala em nossas escolas brasileiras, sobretudo no despreparo dos profissionais para receber crianças e jovens diagnosticados com TEA.[23] Esta pesquisa avaliou se a designação de educação especial e os padrões de colocação em sala de aula eram peculiares ao TEA; também foram realizadas análises comparando jovens com TEA com aqueles com outros diagnósticos psiquiátricos (N = 1088). Os resultados mostraram que

21 GOES, Ricardo Schers. *A Escola de Educação Especial: uma Escolha para Crianças Autistas e com Deficiência Intelectual Associada de 0 a 5 Anos*. São Paulo: Instituto de Psicologia, Universidade de São Paulo, 2012 (Dissertação de Mestrado).
22 NUNES, Debora Regina de Paula; AZEVEDO, Mariana Queiroz Orrico; SCHIMIDT, Carlo. "Inclusão Educacional de Pessoas com Autismo no Brasil: uma Revisão da Literatura". *Revista Brasileira de Educação Especial*, 26(47): 557-572, 2013.
23 SPAULDING, Christine; LERNER, Matthew D.; GADOW, Kenneth D. "Trajectories and Correlates of Special Education Supports for Youth with Autism Spectrum Disorder and Psychiatric Comparisons". *Autism*, 12, 2016.

jovens com TEA foram mais propensos a receber uma designação de educação especial e foram colocados em ambientes de sala de aula menos inclusivos do que os jovens com outros diagnósticos psiquiátricos. Relativamente pouco se sabe sobre os padrões de serviços de apoio escolar para jovens com TEA.

Remeter-se ao termo inclusão, segundo seu significado, é incluir algo que está de fora, que não pertence àquele grupo e, assim, incluir, inserir ou introduzir; é colocar alguém dentro de um determinado contexto. Mas falar de inclusão escolar não é tão simples assim, pois requer conhecimento, reconhecimento, compreensão e análises que vão além de significados descritos em dicionários. A inclusão, portanto, não pode ser pensada como uma imposição apenas, mas como uma conscientização do que realmente significa incluir e do reconhecimento das limitações e das potencialidades tanto da pessoa que será incluída como de quem está incluindo.

"Prós" da educação inclusiva para autistas

Segundo o Instituto Rodrigo Mendes (uma organização sem fins lucrativos com a missão de colaborar para que toda pessoa com deficiência tenha uma educação de qualidade na escola comum), os princípios e argumentos que norteiam a educação inclusiva são:

- *Toda pessoa tem o direito de acesso à educação de qualidade na escola regular e de atendimento especializado complementar, de acordo com suas especificidades.* Esse direito está em consonância com a Declaração Universal dos Direitos Humanos e outras convenções compartilhadas pelos países-membros das Nações Unidas;
- *Toda pessoa aprende:* sejam quais forem as particularidades intelectuais, sensoriais e físicas do estudante, partimos da premissa de que todos têm potencial de

aprender e ensinar. É papel da comunidade escolar desenvolver estratégias pedagógicas que favoreçam a criação de vínculos afetivos, relações de troca e aquisição de conhecimentos;

- *O processo de aprendizagem de cada pessoa é singular:* as necessidades educacionais e o desenvolvimento de cada estudante são únicos. Modelos de ensino que pressupõem homogeneidade no processo de aprendizagem e sustentam padrões inflexíveis de avaliação geram, inevitavelmente, exclusão;
- *O convívio no ambiente escolar comum beneficia todos:* acreditamos que a experiência de interação entre pessoas diferentes é fundamental para o pleno desenvolvimento de qualquer pessoa. O ambiente heterogêneo amplia a percepção dos estudantes sobre pluralidade, estimula sua empatia e favorece suas competências intelectuais.
- *A educação inclusiva diz respeito a todos:* a diversidade é uma característica inerente a qualquer ser humano. É abrangente, complexa e irredutível. Acreditamos, portanto, que a educação inclusiva, orientada pelo direito à igualdade e o respeito às diferenças, deve considerar não somente as pessoas tradicionalmente excluídas, mas todos os estudantes, educadores, famílias, gestores escolares, gestores públicos, parceiros, etc.[24]

A inclusão escolar é de suma importância para a pessoa com TEA, principalmente na primeira infância, pois, assim como é para as crianças típicas, a escola, além de cumprir a função de alfabetização, é uma agência controladora, tendo por função conjunta promover a socialização. Isso vem exatamente de encontro a um dos *deficits* centrais do Transtorno do Espectro do Autismo,

---

24 Ver: https://institutorodrigomendes.org.br/.

definido como Transtorno Global do Desenvolvimento, envolvendo dificuldades na interação e comunicação social, padrões de comportamento, interesses e atividades repetitivos e restritos.

A escola é um ambiente riquíssimo em interações sociais e a inserção do aluno com TEA favorece a oportunidade de aprendizado por modelo (imitação), um repertório que, para a maioria dos autistas, é bem deficitário. Outro ganho muito significativo, mesmo que em longo prazo, é o efeito do convívio de crianças típicas com outras crianças com problemas de desenvolvimento. Esse contato direto com as necessidades diferentes do outro traz para as crianças uma perspectiva diferenciada, aumentando, assim, a probabilidade de uma geração menos segregadora.

Algumas experiências exitosas vêm sendo relatadas por mães de portadores de TEA que frequentam sala especial dentro da escola regular. Estas escolas, em geral, trabalham com o método *Applied Behavior Analysis* (ABA), Análise Comportamental Aplicada. Este método tem por objetivo integrar a criança à comunidade da qual ela faz parte. Para isso, a intervenção é planejada e executada cuidadosamente, abrangendo as atividades da criança em todos os ambientes frequentados por ela, tornando-a hábil na produção e manutenção de comportamentos adequados, e, seus pais e educadores, mais capacitados nas técnicas para redução de frequência dos comportamentos inadequados

Essa e outras experiências têm sugerido que a efetividade dos programas inclusivos para portadores de TEA requer um específico treinamento familiar, aliado a um treinamento de equipe multiprofissional[25] e, mais tarde, na vida universitária, tem sido proposta uma intervenção baseada no treinamento e no auxílio de mentores/monitores.[26]

---

25 JI, Binbin; SUN, Mei; YI, Rongfang; TANG, Siyuan. "Multidisciplinary Parent Education for Caregivers of Children with Autism Spectrum Disorders". *Archives of Psychiatric Nursing*, 28(5): 319-326, 2014.
26 HAMILTON, Josette; STEVENS, Gillian; GIRDLER, Sonya. "Becoming a

A inclusão, a sexualidade e a violência

Após a popularização da educação escolar inclusiva, houve um aumento expressivo de alunos com TEA nas salas de aula. No entanto, há um nítido contraste desta realidade com o desconhecimento sobre esse transtorno por parte dos educadores e a falta de estratégias pedagógicas voltadas para tais alunos.[27] Isso pode ser um fator importante quando se discute a possibilidade dessa população ser mais vulnerável a sofrer diferentes formas de violência nesse ambiente.

O *bullying* é um tipo de agressão que é definido como uma forma de abuso de poder sistemático, praticado dissimulada ou declaradamente de forma verbal (por meio de agressões, provocações, ridicularizações, linguagem amedrontadora ou sarcástica) ou de forma física (com atos de bater, cuspir, socar, entre outros), e costuma ocorrer deliberada e repetidamente. Nesse processo há um claro desequilíbrio de poder entre os autores da agressão e suas vítimas, que passam a ser isoladas e afastadas dos grupos. Dentre os eleitos para sofrerem esse tipo de violência, de forma contumaz, estão aqueles indivíduos com características que os tornam "estranhos" ou "diferentes" considerando o ponto de vista dos agressores. O *bullying* não é um problema dos tempos atuais, porém, apenas nos anos 1970 começou a ser estudado de forma mais sistemática e, atualmente, é tido como uma ocorrência que vem se tornando comum em todo o mundo.[28]

Indivíduos portadores de TEA apresentam características sintomatológicas que podem propiciar a vitimização e um alto risco de sofrerem *bullying*. Problemas de comunicação – como

---

Mentor: the Impact of Training and the Experience of Mentoring University Students on the Autism Spectrum". *Plos One*, 11(4), 2016.
27 NUNES; AZEVEDO; SCHIMIDT. "Inclusão Educacional de Pessoas com Autismo no Brasil".
28 VAN ROEKEL, Eeske; SCHOLTE, Ron H. J; DIDDEN, Robert. "Bullying among Adolescents with Autism Spectrum Disorders: Prevalence and Perception". *Journal of Autism and Developmental Disorders*, 40(1): 63-73, 2010.

não falar ou falar de modo estranho, ter atraso no desenvolvimento da linguagem, além de prejuízos na comunicação não verbal, que somados às dificuldades de sociabilidade como baixo interesse por pessoas da mesma idade ou pouca interação com seus pares – levam esses alunos a preferirem atividades isoladas e evasivas de trabalhos em duplas ou grupos.[29]

Esses alunos também possuem *deficits* de entendimento do comportamento dos demais, podem apresentar comportamentos estereotipados e maiores níveis de comportamentos agressivos. Dessa forma, aumentam as chances de os portadores de TEA sofrerem violência como eles próprios se tornarem agentes causadores de violência, principalmente devido aos seus limitados *insights* de processos sociais.[30]

Muitas das características acima descritas estão também envolvidas com os riscos de os portadores de TEA tornarem-se alvos de problemas relativos a questões sexuais. Quando o assunto é comportamento sexual, deve ser mencionado que existem inúmeros mitos relacionados à sexualidade dos portadores de deficiências que, quando perpetuados, dificultam uma adequada abordagem e educação. Entre os mitos, os mais comumente mencionados são aqueles que colocam essas pessoas como hipersexualizadas, com pouco ou nenhum controle sobre seus impulsos e desejos; assexuadas ou sem necessidades, sentimentos e pensamentos acerca do sexo; indesejáveis ou incapacitadas de terem e manterem vínculo amoroso e sexual; estéreis ou incapacitadas de cuidarem de seus filhos; incapazes de ter sexo normal, já que são portadoras de disfunções sexuais.[31]

---

29   BORDINI, Daniela; BRUNI, Ana Rita. "Transtorno do Espectro Autista". *In*: ESTANISLAU, Gustavo M.; BRASSAN, Rodrigo Affonseca (orgs.). *Saúde Mental na Escola: o Que os Educadores Devem Saber*. Porto Alegre: Artmed, 2014, p. 220-230.
30   Van ROEKEL; SCHOLTE; DIDDEN. "Bullying among Adolescents with Autism Spectrum Disorders: Prevalence and Perception".
31   MAIA, Ana Cláudia Bortolozzi; RIBEIRO, Paulo Rennes Marçal. "Desfazendo Mitos para Minimizar o Preconceito sobre a Sexualidade de Pessoas com Deficiência". *Revista Brasileira de Educação Especial*, 16(2): 159-176, 2010 (Marília).

Além dos preconceitos presentes e das já mencionadas características dos portadores de TEA, outros fatores estariam presentes para tornar o desenvolvimento sexual uma experiência ainda mais difícil. Alguns desses fatores são: os interesses repetitivos e restritos que geram atraso de outras áreas, incluindo atraso no desenvolvimento sexual,[32] ainda mais dificultoso devido à desinformação dos pais relativa a assuntos de ordem do comportamento sexual ou mesmo ao receio de perceberem algum comportamento sexual de seus filhos,[33] que por sua vez possuem interesses e necessidades sexuais não contemplados por uma educação sexual específica[34] que abrace suas características e vulnerabilidades;[35] os comportamentos considerados inadequados, que levam à exposição social por meio de masturbação na presença de outras pessoas, tentativas de relacionamento sexual não consentido ou toques não desejados;[36] além de situações que gerem problemas de saúde devido à simples falta de diálogo familiar envolvendo questões relativas à sexualidade, como relatado por Vieira, tais como a piora de quadros clínicos como fimose ou infecção urinária pela falta de um olhar atento e uma abertura ao diálogo em casa para tratar assuntos como estes.[37]

---

32   CAMARGOS JÚNIOR, Walter; TEIXEIRA, Isadora Adjuto. "Síndrome de Asperger em Mulheres". *In:* CAMARGOS JÚNIOR, Walter. *Síndrome de Asperger e Outros Transtornos do Espectro do Autismo de Alto Funcionamento: da Avaliação ao Tratamento*. Belo Horizonte: Artesã, 2013, p. 87-106.
33   NEWPORT, Jerry; NEWPORT, Mary. *Autism-Asperger's & Sexuality – Puberty and Beyond*. Arlington, Texas: Future Horizons, 2002.
34   NATALE, Lorenzo Lanzetta; OLIVEIRA, Lívia de Fátima Silva. "Aspectos da Sexualidade das Pessoas com Transtornos do Espectro do Autismo de Alto Funcionamento". *In:* CAMARGOS JÚNIOR, Walter. (org.). *Síndrome de Asperger e outros Transtornos do Espectro do Autismo de Alto Funcionamento: da Avaliação ao Tratamento*. Belo Horizonte: Artesã, 2013, p. 213-228.
35   OUSLEY, Opal Y.; MESIBOV, Gary B. "Sexual Attitudes and Knowledge of High Functioning Adolescents and with Autism". *Journal of Autism and Developmental Disorders*, 21(4): 471-481, 1991.
36   HELLEMANS, Hans; COLSON, Kathy; VERBRAEKEN, Christine; VERMEIREN, Robert; DEBOUTTE, Dirk. "Sexual Behavior in High-Functioning Male Adolescents and Young Adults with Autism Spectrum Disorder". *Journal of Autism and Developmental Disorders*, 37: 260-269, 2007.
37   VIEIRA, Ana Carla. *Sexualidade e Transtorno do Espectro Autista: Relatos de*

Assim, a inclusão é parte de um contexto muito amplo e complexo. Além de trabalhar comportamentos pré-requisitos, como já foi citado, é preciso lidar com questões mais abrangentes como as estereotipias e os comportamentos sexuais. Dentro das características do autismo estão os comportamentos repetitivos e restritos.

É nesse pilar que se encontram as estereotipias – movimentos comuns, porém executados de forma intensa e sem controle –, podendo ser motoras ou vocais; são comportamentos que geralmente buscam satisfazer uma sensação corporal, uma necessidade física.

Pesquisas indicam que as estereotipias são mantidas por múltiplos reforçadores, incluindo os sociais e os sensoriais ou a autoestimulação, o que chamamos de reforçamento automático.[38]

O reforçamento automático, segundo Skinner,[39] foi definido como aquele que independe de mediação social, ou seja, é o resultado natural de um comportamento que opera diretamente sobre o corpo do organismo que se comporta.[40] Os autores ainda acrescentam que o reforço automático pode ser primário, secundário, positivo ou negativo, e que o comportamento reforçado automaticamente pode ser verbal ou não verbal.[41]

Os comportamentos estereotipados são alvos de intervenção terapêutica, visto que, ocasionalmente, concorrem com outros comportamentos que precisam ser ensinados; por essa razão, são vistos como prejudiciais. Todavia, é relevante atentar-se para a

---

Familiares. Bauru: Universidade Estadual Paulista - Faculdade de Ciências, 2016 (Dissertação de Mestrado).
38   AHEARN, William H.; Clark, Kathy M.; MacDONALD, Rebecca P. F.; CHUNG, Bo I. "Assessing and Treating Vocal Stereotypy in Children with Autism". *Journal of Applied Behavior Analysis*, 40: 263-275, 2007.
39   SKINNER, Burrhus Frederic. *Ciência e Comportamento Humano*. São Paulo: Martins Fontes, 1978.
40   VAUGHAN, Margaret E.; MICHAEL, Jack L. "Automatic Reinforcement: an Importante but Ignored Concept". *Behaviorism*, 10: 217-227, 1982.
41   BARROS, Tiago de; BENVENUTI, Marcelo Frota Lobato. "Reforçamento Automático: Estratégias de Análise e Intervenção". *Revistas UNAM*, 20(2): 177-184, 2012 (Guadalajara). Disponível em: http://www.revistas.unam.mx/index.php/acom/article/view/33405/30535. Acesso: 23 fev. 2017.

função desse comportamento antes de simplesmente buscar suprimi-lo. São diversos os comportamentos estereotipados, cada um com uma topografia (forma) diferente; alguns mais comuns são pular, o *flapping* (balançar as mãos), ecolalias (repetição de sons), bater palmas, gritos, masturbação, entre outros.

As estereotipias, além de dificultarem o aprendizado, também se tornam um obstáculo para a socialização, uma vez que fogem do padrão comportamental e atraem uma estranheza para os pares, resultando no distanciamento. Contudo, elas representam uma necessidade daquele indivíduo e, assim sendo, é preciso considerá-las e modificá-las de forma que tragam menos prejuízo. Essa modificação é feita de modo a ensinar o indivíduo a controlar e/ou emitir esse comportamento em momento e local apropriados.

A sexualidade é assunto permeado por muitos tabus, a despeito de qualquer população, típica ou atípica, crianças ou adultos. Porém, é uma dimensão intrínseca ao ser humano, fazendo assim parte da dinâmica de trabalho dos profissionais da saúde, dos educadores e dos pais. Há poucos estudos que tratam dessa temática. Contudo, partimos do princípio que a pessoa com TEA tem seus comprometimentos na tríade já citada: comunicação, interação social, interesses restritos e repetitivos, mas mantém seu desenvolvimento biológico como de pessoas neurotípicas.

É claro que o desenrolar dos processos de amadurecimento sexual ocorre de forma diferente para pessoas com TEA, pois a evolução orgânica e a expressão dos comportamentos sexuais, o que chamamos de sexualidade e comportamento sexual, irão depender da interação social e de outros aspectos que dentro do espectro são deficitários. A maneira como vamos lidar com a sexualidade do autista não será diferente das práticas tomadas com outros comportamentos. Entendemos que ela faz parte do indivíduo e se expressa em comportamentos operantes. A ocorrência desses comportamentos dentro ou fora da escola e no convívio sociofamiliar será analisada de forma a verificar a adequação do comportamento à idade, ao contexto, à frequência, à intensidade e à existência de prejuízos ou não para o melhor desenvolvimento integral da pessoa com TEA.

Dessa maneira, as estereotipias com topografias sexuais geralmente são redirecionadas a ambientes e momentos adequados, ou seja, ensinamos a pessoa a emitir tais comportamentos em locais reservados e com frequência moderada, de modo aceitável para os grupos sociais em que ela vive. É de suma importância ressaltar que todas as ações para modificação de comportamento, principalmente em se tratando da sexualidade, são tomadas em conjunto com as prerrogativas das famílias e das normas éticas e morais, respeitando sempre os princípios culturais de cada grupo familiar.

Todavia, a questão da sexualidade vai além do manejo dos comportamentos sexualizados, ou esteriotipias; há uma preocupação real quanto à segurança das pessoas com autismo pelo fato de possuírem características que podem torná-las vítimas de *bullying* ou violência sexual.[42] Entre estes fatores estão: os interesses repetitivos e restritos, gerando atraso no desenvolvimento de outras áreas, incluindo aí a sexualidade;[43] as dificuldades quanto à comunicação e quanto às habilidades sociais;[44] a dificuldade em lidar e expressar seus interesses e necessidades sexuais;[45] a desinformação dos pais/familiares ou o receio destes em perceber esta sexualidade e com isso promover diálogos relativos a este tema; a ausência de educação sexual específica voltada para estas vulnerabilidades.

---

42   CAMARGOS JR; TEIXEIRA. "Síndrome de Asperger em Mulheres".
43   NATALE; OLIVEIRA. "Aspectos da Sexualidade das Pessoas com Transtornos do Espectro do Autismo de Alto Funcionamento".
44   MEHZABIN, Prianka; STOKES, Mark A. "Self-Assessed Sexuality in Young Adults with High-Functioning Autism". Research in Autism Spectrum Disorders, 5(1): 614-621, jan.-mar. 2011.
45   NATALE; OLIVEIRA. "Aspectos da Sexualidade das Pessoas com Transtornos do Espectro do Autismo de Alto Funcionamento".

Esses são aspectos que tornam a pessoa com TEA ainda mais vulnerável às violências sexuais. Os problemas de comunicação e de interação dificultam a formação de conceitos sociais que regem tais comportamentos, regras como: "não tocar o outro"; "não é hora para isso"; "se alguém mexer com você, conte para alguém"; entre outras, são muitas vezes de difícil compreensão para os autistas. Por isso, na educação inclusiva é relevante manter um olhar atento para essa vulnerabilidade.

Dentre as propostas para melhorar esse cenário, obviamente a educação sexual é uma questão primordial. Professores podem contribuir para uma melhor educação sexual de alunos portadores de deficiência, mas eles precisam ser melhor preparados, não apenas do ponto de vista profissional como também pessoal, além de precisarem contar com a contribuição e o apoio da escola em conjunto com os familiares e as políticas públicas nacionais.[46]

Diferentemente de pessoas com desenvolvimento típico que apresentam ao longo do tempo, e com suas experiências, melhorias do desempenho sexual e amoroso, pessoas com TEA apresentariam tais melhorias com o treinamento de habilidades sociais.[47] Evidentemente, a possibilidade de redução de riscos e melhor qualidade de vida está diretamente ligada à possibilidade da oferta de uma técnica que envolve o treinamento dos professores. Dentro de uma percepção mais focada nas necessidades reais dos portadores de TEA, o processo de educação sexual deveria estar focado em programas que considerassem as especificidades dessas pessoas e, portanto, fossem criados a partir daquilo que elas precisam, sabem e querem.[48]

---

46   MAIA, Ana Claudia Bortolozzi; REIS-YAMAUTI, Verônica Lima dos; SCHIAVO, Rafael de Almeida; CAPELLINI, Vera Lúcia Messias Fialho; VALLE, Tânia Gracy Martins do. "Opinião de Professores sobre a Sexualidade e a Educação Sexual de Alunos com Deficiência Intelectual". *Estudos de Psicologia*, 32(3): 427- 435, 2015 (Campinas).
47   STOKES, Mark; NEWTON, Naomi; KAUR, Archana. "Stalking, and Social, and Romantic Functioning among Adolescents and Adults with Autism Spectrum Disorder". *Journal of Autism and Developmental Disorders*, 37: 1969-1986, 2007.
48   OUSLEY; MESIBOV. "Sexual Attitudes and Knowledge of High Functioning Adolescents and with Autism".

Uma inclusão escolar possível para autistas: modelo de inclusão do Grupo Gradual

Apesar das dificuldades presentes na inclusão escolar da pessoa com TEA, existem ações que vêm apresentando resultados muito positivos. Uma das alternativas tem sido o uso do método *Applied Behavior Analysis* (ABA). Este método tem como base teórica a Análise do Comportamento e, como base filosófica, o Behaviorismo Radical. O conceito de aprendizagem que essa ciência nos proporciona é, de certa forma, diferenciado do que estamos habituados; todavia vem de encontro com as necessidades educacionais do autista e, também, das mudanças pedagógicas provindas das reformas legais, principalmente no campo da inclusão.

Segundo o livro *Ciência e Comportamento Humano*,[49] a educação é o produto de comportamentos vantajosos para o indivíduo e para outros em algum tempo futuro, ou seja, os comportamentos modelados pela escola só terão valor e eficácia se prepararem os indivíduos para as contingências fora da escola. A escola, por sua vez, é tida como a instituição macroscópica que promove cultura, aprendizado e oportunidade de generalizar saberes acumulados ao longo da história da humanidade. A ciência é fruto deste acúmulo de conhecimento, que nos proporciona benefícios, como inovações e crescimento, evitando a repetição de experiências danosas do passado.

Ainda em Skinner, assim como a família, a religião, o governo, etc., a educação, além de ser uma agência controladora, também assume um papel diferenciado:

> Compete explicitamente à instituição educacional a tarefa de garantir ao aluno uma formação que lhe propicie o acesso aos conhecimentos socialmente acumulados e a aquisição dos comportamentos

---

49 SKINNER. *Ciência e Comportamento Humano*.

de autogoverno, capacitando-o a atuar sob novas contingências e a agir com sucesso em relação ao mundo, em um tempo futuro.[50]

Dentro deste sistema e desta visão macroscópica, Skinner afirmava ser papel da escola transmitir práticas educativas. Apesar de o ensino focar em conceitos e autonomia dirigidos ao acadêmico, a instituição escola deverá incentivar habilidades sociais e a construção de novo conhecimento.

Além dessa visão macroscópica, Skinner também propõe uma visão microscópica da educação, na qual a Análise Comportamental irá atuar na relação professor-aluno dentro do processo de aprendizagem, na forma como as pessoas aprendem e como o ensino deve ocorrer para ser de qualidade. Portanto, entender de *educação* para a Análise Comportamental é entender das variáveis que determinam o comportamento de pessoas no contexto educacional. Na obra *Tecnologia do Ensino*,[51] as análises sobre o sistema educacional se pautam em propostas sobre como aprendemos e como o processo ensino-aprendizagem se preocupa com o planejamento da aprendizagem com qualidade e com motivação.

Skinner descrevia o processo de ensino-aprendizagem como um arranjo de contingências sob as quais o aluno aprende.[52] Nesse processo de aprendizagem, é central entender o conceito de comportamento operante: uma resposta do organismo que opera no ambiente faz esse organismo retroagir sobre a mesma resposta, reforçando (aumentando de frequência) ou punindo (diminuindo de frequência). Deste modo, o educador e o educando se entrelaçam a fim de garantir contingências reforçadoras para manter o sistema. Ao escrever essa

---

50 ZANOTTO, Maria de Lourdes Bara. "Subsídios da Análise do Comportamento para a Formação de Professores". *In*: HÜHNER, Maria Martha C.; MANNOTTI, Miriam (orgs.). *Análise do Comportamento para a Educação: Contribuições Recentes*. Santo André: ESETEC Editores Associados, 2004, p. 36.
51 SKINNER, Burrhus Frederic. *Tecnologia do Ensino*. São Paulo: Herder/Edusp, 1972.
52 SKINNER. *Tecnologia do Ensino*.

obra, Skinner deu início a uma contundente discussão sobre a relação da Educação com a Psicologia, para a qual a visão de desenvolvimento da pessoa está centrada nos eventos ambientais, na interação entre o indivíduo e seu ambiente. Nessa perspectiva, a educação complementa o ensino "acidental", aquele que não é programado e acontece a todo momento que interagimos com o ambiente. Sendo assim, a educação se baseia em criar comportamentos novos no repertório das pessoas, e isso implica planejamento.

Partindo desse princípio, a instituição escola tem como função a programação do ensino de forma que o aluno seja capaz de adquirir repertórios comportamentais que o possibilitem agir no mundo. Programar o ensino envolve cinco passos centrais: definir objetivos específicos a serem cumpridos; selecionar os estímulos antecedentes, que irão evocar as respostas; planejar as consequências reforçadoras, que selecionarão e manterão as respostas que forem aprendidas; definir estratégias que o educador irá utilizar para que o educando atinja os objetivos; avaliar sistematicamente o desempenho tanto do aluno como do professor.

Na obra *Tecnologia do Ensino*, Skinner esquematiza detalhadamente o método da Instrução Programada:

1. A aplicação dos princípios de condicionamento operante na educação é simples e direta;
2. Há um intercâmbio permanente entre o programa e o aluno, que se mantém sempre alerta, participando e trabalhando ativamente no processo educacional ou de ensino (p. 30, 37 e 39);
3. O estudante, preferencialmente, deve compor suas respostas, em vez de escolher entre alternativas (p. 33);
4. Ao adquirir um comportamento complexo, o aluno deve percorrer uma sequência cuidadosamente planejada de passos, às vezes, de extensão considerável (p. 34);

5. Cada ponto do programa é apresentado até que seja completamente compreendido antes que o aluno prossiga (p. 39);
6. O aluno somente é exposto ao material para o qual está preparado (p. 39);
7. O aluno é "ensinado" no sentido de que é induzido a se engajar em novas formas comportamentais e em formas específicas em situações específicas (p.33);
8. O programa ajuda o aluno a avançar, a atinar para a resposta certa, fornecendo *feedback* (reforço) imediato (p. 39);
9. A construção do programa requer: a definição do campo (o que se pretende ensinar); a reunião de termos técnicos, fatos, leis, princípios e casos (componentes do programa); a ordenação dos itens do programa. Tudo isso deve ser posto numa ordem linear (do mais simples para o mais complexo), se possível, ou, então, ramificada, se for necessário (p. 48);
10. Os itens são organizados numa ordenação mecânica, com a utilização das técnicas operantes disponíveis (p. 48);
11. O aluno é exposto ao programa individualmente; a relação de ensino tem características de uma experiência tutorial, particular, permitindo uma interação única do estudante com o programa (p. 37 e 39);
12. A consideração das diferenças individuais constitui o foco central na dinâmica do ensino programado. Skinner defendia a aprendizagem sem erro. Isso estimulava a construção de programas que poderiam tornar-se muito fáceis para alguns alunos. A individualização do ensino permitia que esses alunos mais rápidos não ficassem detidos na programação. Eles podiam avançar livremente para outras etapas do programa ou mesmo para outros programas. Por outro lado, alunos mais lentos não eram acelerados. Era-lhes garantido todo o tempo necessário para cumprir os programas.

Assim, cada aluno percorria a programação na velocidade que lhe convinha (p. 37, 55 e 56);
13. Apesar de aplicado individualmente, um programador (professor) pode interagir com um número indefinido de alunos por meio de um mesmo programa. Isso se torna possível com a utilização das Máquinas de Ensinar, permitindo o atendimento da demanda, cada vez maior, por educação (p. 37 e 56);
14. As salas de aula assumiriam um cenário com programas de contingências de ensino e equipamentos;
15. A formação dos professores é transformada. O docente deixa de ser um canal de transmissão de informação tornando-se parte importante no desenvolvimento de programas de ensino e na construção de repertórios comportamentais. Ele abandona muitas atividades repetitivas de seu padrão atual de atuação, transformando-se gradativamente em um planejador de ambiente propício ao ensino efetivo (p. 27, 49, 50 e 51).

A partir desse amparo teórico e metodológico, o Grupo Gradual desenvolveu um modelo de inclusão, o qual tem obtido resultados satisfatórios. O Modelo de Inclusão em um programa de intervenção para autistas do Gradual é planejado por um analista do comportamento em conjunto com a equipe pedagógica da escola e com a família. Envolver a família nesse processo de inclusão é essencial pelo fato de ser um modelo baseado no comportamento, como foi descrito acima, o qual exige uma uniformidade no manejo dos comportamentos e procedimentos de ensino.

O passo inicial para esse modelo é a avaliação de repertório comportamental, identificando o que a criança (pensando na educação infantil) faz, sabe, consegue realizar e o que ainda não faz. Essa avaliação identificará o repertório inicial, estabelecendo quais habilidades pré-requisitos estão consistentes e quais

Educação escolar inclusiva para autistas ou inclusão perversa? | 175

precisarão ser trabalhadas para que essa criança possa ser inserida no ambiente escolar, como: ficar sentada, ter contato visual, fazer imitações motoras, identificar objetos funcionais, etc. Os instrumentos de avaliação são técnicas comportamentais: observação direta em ambientes não controlados (casa, escola) e em ambientes controlados (sessões em consultório); testes comportamentais padronizados (Avaliação de Habilidades Básicas de Aprendizagem, *Verbal Behavior Milestones Assessmentand Placement Program*).

A partir dos dados provindos da avaliação, identificam-se os comportamentos-alvo da intervenção, que dará condições para a ocorrência da inclusão. A intervenção será pautada nos excessos e *deficits* comportamentais, ou comportamentos disruptivos, pois esse desequilíbrio comportamental impede que a criança com TEA aprenda e interaja com outras crianças; nos comportamentos que precisam ser maximizados ou ensinados, como ter contato visual, compartilhar a atenção, brincar; nos comportamentos pré-acadêmicos, sociais e verbais; e nos comportamentos referentes a atividades de vida diárias. Em síntese, há três grandes áreas de trabalho nesse modelo: comportamentos da área social; comportamentos verbais; comportamentos pré-acadêmicos e pré-requisitos.

Após estabelecer o que ensinar, o currículo comportamental determina os procedimentos, o como ensinar. Dentro do currículo são desenvolvidos programas de ensino que descrevem todos os procedimentos que devem ser executados. É de suma importância ressaltar que cada currículo e todos os procedimentos são individualizados. Como descrevemos acima, o aprendizado é advindo da interação da pessoa com o seu meio, e isso ocorre de forma diferente para cada um, o que torna esse modelo essencialmente pautado no sujeito único. Além das orientações de como fazer, fazem parte dos programas as folhas de registro, que são instrumentos para que a evolução do educando seja acompanhada pelo analista do comportamento, com a equipe pedagógica e a família. Para aplicação dos programas, utilizam-se procedimentos testados e referendados pela abordagem comportamental, tais como: reforço, pareamento de estímulos, modelagem, tentativa discreta e hierarquias de dicas.

Dois pontos centrais da inclusão escolar da pessoa com TEA são:

1. A necessidade de uma intervenção comportamental individualizada paralelamente, ou seja, uma intervenção baseada na Análise Comportamental Aplicada, porém em ambiente controlado, com o ensino também planejado e com controle total das variáveis ambientais, controle que no ambiente escolar é muito mais difícil;
2. A inserção de um Acompanhante Terapêutico (AT), isto é, um profissional ou estudante da área da saúde (psicologia, terapia ocupacional, fonoaudiologia, enfermagem, etc.) ou educação (pedagogia), ou ainda um profissional (cuidadores, pais, parentes, etc.) que será treinado e constantemente acompanhado para a realização dos programas de acordo com o planejado.

O Modelo de Inclusão do Gradual articula parcerias tanto com a escola quanto com a família. Com a escola, representada pela direção, pela coordenação e pelos professores de sala, o analista do comportamento planeja um Currículo Adaptado, levando em consideração as expectativas do grupo escolar para aquela faixa etária, turma e idade escolar; sempre fazendo um paralelo com o Currículo Típico e com o repertório da criança específica, visando uma inclusão possível e saudável. A participação da família é fundamental para o processo de inclusão e, para isso, é fundamental que a família compreenda a filosofia de trabalho.

Além dos pontos mencionados, um ponto-chave da inclusão é a adaptação dos materiais e do ambiente físico, tratando-se de uma mudança nas fontes de estimulação. Assim como uma pessoa cadeirante necessita de modificações no espaço físico por causa das suas necessidades especiais, a pessoa com TEA também necessita de alterações de acordo com suas necessidades. É neste momento que o conhecimento do TEA, de forma geral, e das características específicas do aluno que está no processo de inclusão, se faz tão importante.

Considerações finais

A inclusão escolar por si só é um desafio. Significa ir contra um sistema que há muito vem determinando toda uma estrutura de pensamento e ação e, como todo rompimento, causa inquietações, inseguranças, controvérsias, ao mesmo tempo que também gera esperanças e expectativas. Diante dos dados expostos e da discussão realizada sobre a temática da inclusão escolar do autista, fica ressaltado que ainda há muito o que se fazer para que haja uma inclusão efetiva e adequada.

Passos importantes estão sendo tomados nessa direção, as políticas estão dando corpo a essas transformações, porém, cabem ainda adaptações nos espaços físicos, nos sistemas educacionais, na formação continuada dos docentes e de todos os envolvidos no processo de inclusão. Contudo, há modelos de inclusão embasados em pesquisas fundamentais, trazendo uma segurança para as crianças que serão incluídas e para toda a equipe envolvida no processo.

A inclusão escolar da pessoa com TEA é possível a partir de uma visão que respeite as potencialidades e as necessidades do indivíduo, inclusive as sexuais, de acordo com a sua variabilidade comportamental. É importante partir das dificuldades das interações sociais e, pautados na Análise Comportamental Aplicada, promover oportunidades e experiências que favoreçam vivências e independência acadêmica, social e comunicacional.[53]

---

53 CAMARGO, Síglia Pimentel Höher; RISPOLI, Mandy. "Análise do Comportamento

Embora a sexualidade desempenhe um papel importante na socialização das pessoas, poucos estudos têm examinado os comportamentos sexuais dos indivíduos com TEA. Autistas podem ter dificuldade de expressar sua sexualidade de forma adequada e, muitas vezes, podem fazê-lo de forma mais pueril, sendo mais vulneráveis à vitimização e violência do que outras populações. Adolescentes do espectro autista têm domínios de menores habilidades em socialização, privacidade, educação sexual e comportamento sexual que seus pares da mesma idade. Por outro lado, existe uma maior preocupação dos pais para com eles do que os pais de adolescentes da mesma faixa etária, indicando a necessidade de formar adolescentes com deficiência de desenvolvimento por meio de programas de educação sexual inclusivos que respeitem as necessidades e características dessa população.[54]

Uma educação escolar inclusiva para autistas, e não uma inclusão perversa, parece ser aquela que compreende que as crianças e adolescentes com TEA necessitam dos mesmos amparos que as demais e precisam de propostas que considerem sua condição e seu desenvolvimento.

Referências

AHEARN, William H.; Clark, Kathy M.; MacDONALD, Rebecca P. F.; CHUNG, Bo I. "Assessing and Treating Vocal Stereotypy in Children with Autism". *Journal of Applied Behavior Analysis*, 40: 263-275, 2007.

BAGAIOLO, Leila; GUILHARDI, Cintia; ROMANO, Claudia. "Inclusão Escolar sob a Perspectiva da Análise do Comportamento". *In*:

Aplicado como Intervenção para o Autismo: Definição, Características e Pressupostos Filosóficos". *Revista Brasileira de Educação Especial*, 26(47): 639-650, 2013 (Santa Maria).
54   GINEVRA, Maria Cristina; NOTA, Laura; STOKES, Mark A. "The Differential Effects of Autism and Down's Syndrome on Sexual Behavior". *Autism Research*, 9(1): 131-140, 7 jun. 2015; DIEHL, Alessandra; CORDEIRO, Daniel Cruz. "Sexualidade em Populações Especiais". *In*: DIEHL, Alessandra; VIEIRA, Denise Leite. *Sexualidade: do Prazer ao Sofrer*. Rio de Janeiro: Gen/Roca, 2017, p. 135-144.

GUILHARDI, Hélio José; AGUIRRE, Noreen Campbell de (orgs.). *Sobre Comportamento e Cognição: Expondo a Variabilidade*. Campinas, SP: ESETEC, 2008, p. 380-392.

BARROS, Tiago de; BENVENUTI, Marcelo Frota Lobato. "Reforçamento Automático: Estratégias de Análise e Intervenção". *Revistas UNAM*, 20(2): 177-184, 2012 (Guadalajara). Disponível em: http://www.revistas.unam.mx/index.php/acom/article/view/33405/30535. Acesso: 23 fev. 2017.

BIRMINGHAM, Elina; STANLEY, Damian; NAIR, Remya, ADOLPHS, Ralph. "Implicit Social Biases in People with Autism". *Psychological Science*, 26(11): 1693-1705, 2015.

BORDINI, Daniela; BRUNI, Ana Rita. "Transtorno do Espectro Autista". *In*: ESTANISLAU, Gustavo M.; BRASSAN, Rodrigo Affonseca (orgs.). *Saúde Mental na Escola: o Que os Educadores Devem Saber*. Porto Alegre: Artmed, 2014, p. 220-230.

BRASIL. Lei n. 13.146, de 06 de julho de 2015. Disponível em: http://www.planalto.gov.br/ccivil_03/_ato2015-2018/2015/Lei/L13146.htm. Acesso em: 20 out. 2016.

BRAZ-AQUINO, Fabíola de Sousa; FERREIRA, Ingrid Rayssa Lucena; CAVALCANTE, Lorena de Almeida. "Concepções e Práticas de Psicólogos Escolares e Docentes acerca da Inclusão Escolar". *Psicologia: Ciência e Profissão*, 36(2): 255-266, 2016. Disponível em: http://dx.doi.org/10.1590/1982-3703000442014. Acesso em: 10 fev. 2017.

CAMARGO, Síglia Pimentel Höher; RISPOLI, Mandy. "Análise do Comportamento Aplicado como Intervenção para o Autismo: Definição, Características e Pressupostos Filosóficos". *Revista Brasileira de Educação Especial*, 26(47): 639-650, 2013 (Santa Maria).

CAMARGOS JÚNIOR, Walter; TEIXEIRA, Isadora Adjunto. "Síndrome de Asperger em Mulheres". *In:* CAMARGOS

JÚNIOR, Walter. *Síndrome de Asperger e Outros Transtornos do Espectro do Autismo de Alto Funcionamento: da Avaliação ao Tratamento*. Belo Horizonte: Artesã, 2013, p. 87-106.

COOKE, Cheryl L.; BOWIE, Boonie H., CARRÈRE, Sybil. "Perceived Discrimination and Children's Mental Health Symptoms". *ANS Advances in Nursing Science*, 37(4): 299-314, out.-dez. 2014.

DALTON, Margaret A. "Education Rights and the Special Needs Child". *Child and Adolescent Psychiatric Clinics of North America*, 11(4): 859-868, out. 2002.

DEMPSTER, Robert; DAVIS, Deborah Winders; FAYE-JONES, Veronnie; KEATING, Adam; WILDMAN, Beth. "The Role of Stigma in Parental Help-Seeking for Perceived Child Behavior Problems in Urban, Low-Income African American Parents". *Journal of Clinical Psychology in Medical Settings*, 22(4): 265-278, 2015.

DIEHL, Alessandra; CORDEIRO, Daniel Cruz. "Sexualidade em Populações Especiais". *In*: DIEHL, Alessandra; VIEIRA, Denise Leite. *Sexualidade: Do Prazer ao Sofrer*. Rio de Janeiro: Gen/Roca, 2017, p. 135-144.

GAUY, Fabiana Vieira. "Crianças e Adolescentes com Problemas Emocionais e Comportamentais Têm Necessidade de Políticas de Inclusão Escolar?". *Educação em Revista*, 59: 79-95, 2016.

GINEVRA, Maria Cristina; NOTA, Laura; STOKES, Mark A. "The Differential Effects of Autism and Down's Syndrome on Sexual Behavior". *Autism Research*, 9(1), 7 jun. 2015.

GOES, Ricardo Schers. *A Escola de Educação Especial: uma Escolha para Crianças Autistas e com Deficiência Intelectual Associada de 0 a 5 Anos*. São Paulo: Instituto de Psicologia, Universidade de São Paulo, 2012 (Dissertação de Mestrado em Psicologia).

HAMILTON, Josette; STEVENS, Gillian; GIRDLER, Sonya. "Becoming a Mentor: the Impact of Training and the Experience of Mentoring University Students on the Autism Spectrum". *Plos One*, 11(4), 2016.

HASSANEIN, Elsayed Elshabrawy. "Changing Teachers' Negative Attitudes toward Persons with Intellectual Disabilities". *Behavior Modification*, 39(3): 367-389, 2016.

HELLEMANS, Hans; COLSON, Kathy; VERBRAEKEN, Christine; VERMEIREN, Robert; DEBOUTTE, Dirk. "Sexual Behavior in High-Functioning Male Adolescents and Young Adults with Autism Spectrum Disorder". *Journal of Autism and Developmental Disorders*, 37: 260-269, 2007.

INSTITUTO BRASILEIRO DE GEOGRAFIA E ESTATÍSTICA (IBGE). *Dados da Pesquisa Nacional por Amostra de Domicílios* (PNAD). 2009. Disponível em: http://www.ibge.gov.br/home/estatistica/populacao/trabalhoerendimento/pnad2011/default.shtm. Acesso em: 31 dez. 2016.

JI, Binbin; SUN, Mei; YI, Rongfang; TANG, Siyuan. "Multidisciplinary Parent Education for Caregivers of Children with Autism Spectrum Disorders". *Archives of Psychiatric Nursing*, 28(5): 319-326, 2014.

KEITH, Jessica M.; BENNETTO, Loisa; ROGGE, Ronald D. "The Relationship Between Contact and Attitudes: Reducing Prejudice toward Individuals with Intellectual and Developmental Disabilities". *Research in Developmental Disabilities*, 47: 14-26, 2015.

LANFRANCHI, Andrea. "Referring Children Who Have Difficulties at School to Schools for Children with Special Needs: School Psychologists are Less Discriminating than Teaching Staff". *Praxis der Kinderpsychologie und Kinderpsychiatrie*, 65(2): 113-126, 2016.

LIMA, Stéfanie Melo; LAPLANE, Adriana Lia Friszman. "Schooling of Students with Autism". *Revista Brasileira de Educação Especial*, 22(2): 269-284, 2016.

MAIA, Ana Cláudia Bortolozzi; REIS-YAMAUTI, Verônica Lima dos; SCHIAVO, Rafael de Almeida; CAPELLINI, Vera Lúcia Messias Fialho; VALLE, Tânia Gracy Martins do. "Opinião de Professores sobre a Sexualidade e a Educação Sexual de Alunos com Deficiência Intelectual". *Estudos de Psicologia*, 32(3): 427- 435, 2015 (Campinas).

MAIA, Ana Cláudia Bortolozzi; RIBEIRO, Paulo Rennes Marçal. "Desfazendo Mitos para Minimizar o Preconceito sobre a Sexualidade de Pessoas com Deficiência". *Revista Brasileira de Educação Especial*, 16(2): 159-176, 2010 (Marília).

MEHZABIN, Prianka; STOKES, Mark A. "Self-Assessed Sexuality in Young Adults with High-Functioning Autism". *Research in Autism Spectrum Disorders*, 5(1): 614-621, jan.-mar. 2011.

MENDES, Enicéia Gonçalves. "A Radicalização do Debate sobre Inclusão Escolar no Brasil". *Revista Brasileira de Educação*, 11(33): 387-559, 2006.

NATALE, Lorenzo Lanzetta; OLIVEIRA, Lívia de Fátima Silva. "Aspectos da Sexualidade das Pessoas com Transtornos do Espectro do Autismo de Alto Funcionamento". *In*: CAMARGOS JÚNIOR, Walter (org.). *Síndrome de Asperger e outros Transtornos do Espectro do Autismo de Alto Funcionamento: da Avaliação ao Tratamento*. Belo Horizonte: Artesã, 2013, p. 213-228.

NEWPORT, Jerry; NEWPORT, Mary. *Autism-Asperger's & Sexuality – Puberty and Beyond*. Arlington, Texas: Future Horizons, 2002.

NUNES, Debora Regina de Paula; AZEVEDO, Mariana Queiroz Orrico; SCHIMIDT, Carlo. "Inclusão Educacional de

Pessoas com Autismo no Brasil: uma Revisão da Literatura". *Revista Brasileira de Educação Especial*, 26(47): 557-572, 2013.

OUSLEY, Opal Y.; MESIBOV, Gary B. "Sexual Attitudes and Knowledge of High Functioning Adolescents and with Autism". *Journal of Autism and Developmental Disorders*, 21(4): 471-481, 1991.

SANTOS, Geandra Cláudia Silva; MARTINEZ, Albertina Mitjáns. " A Subjetividade Social da Escola e os Desafios da Inclusão de Alunos com Desenvolvimento Atípico". *Revista Brasileira de Educação Especial*, 22(2): 253-268, 2016.

SECRETARIA DE EDUCAÇÃO ESPECIAL/MEC. *Inclusão: Revista de Educação Especial*.

SHIFRER, Dara. "Stigma of a Label: Educational Expectations for High School Students Labeled with Learning Disabilities". *Journal of Health and Social Behavior*, 54(4): 462-480, 2013.

SKINNER, Burrhus Frederic. *Ciência e Comportamento Humano*. São Paulo: Martins Fontes, 1978.

_____. *Tecnologia do Ensino*. São Paulo: Herder/Edusp, 1972.

SPAULDING, Christine; LERNER, Matthew D.; GADOW, Kenneth D. "Trajectories and Correlates of Special Education Supports for Youth with Autism Spectrum Disorder and Psychiatric Comparisons". *Autism*, 12, 2016.

STOKES, Mark; NEWTON, Naomi; KAUR, Archana. "Stalking, and Social, and Romantic Functioning among Adolescents and Adults with Autism Spectrum Disorder". *Journal of Autism and Developmental Disorders*, 37: 1969-1986, 2007.

TOGASHI, Cláudia Miharu; WALTER, Cátia Crivelenti de Figueiredo. "As Contribuições do Uso da Comunicação Alternativa no Processo de Inclusão Escolar de um Aluno com

Transtorno do Espectro do Autismo". *Revista Brasileira de Educação Especial*, 22(3): 351-366, 2016.

VAN ROEKEL, Eeske; SCHOLTE, Ron H. J; DIDDEN, Robert. "Bullying among Adolescents with Autism Spectrum Disorders: Prevalence and Perception". *Journal of Autism and Developmental Disorders*, 40(1): 63-73, 2010.

VAUGHAN, Margaret E.; MICHAEL, Jack L. "Automatic Reinforcement: an Important but Ignored Concept". *Behaviorism*, 10: 217-227, 1982.

VIEIRA, Ana Carla. *Sexualidade e Transtorno do Espectro Autista: Relatos de Familiares*. Bauru: Universidade Estadual Paulista, Faculdade de Ciências, 2016 (Dissertação de Mestrado).

WERNER, Shirli. "Public Stigma and the Perception of Rights: Differences Between Intellectual and Physical Disabilities". *Research in Developmental Disabilities*, 38: 262-271, 2015.

ZANOTTO, Maria de Lourdes Bara. "Subsídios da Análise do Comportamento para a Formação de Professores". *In*: HÜHNER, Maria Martha C.; MANNOTTI, Miriam (orgs.). *Análise do Comportamento para a Educação: Contribuições Recentes*. Santo André: ESETEC Editores Associados, 2004, p. 33-47.

ZULUAGA-LOTERO, Ana María; ARIAS-GALLO, Lina María; MONTOYA-GÓMEZ, Marcela. "Proyecto Mosqueteros, una Propuesta de Intervención en el Aula para Favorecer los Procesos de Inclusión Escolar". *Pensamiento Psicológico*, 14(1): 77-88, 2016.

9
Justiça sexual: chamados à equidade e à imparcialidade

Ronaldo Zacharias[1]

Introdução

A sexualidade – entendida como expressão da pessoa, modo de ser e de viver o amor humano, lugar da autotranscendência e condição de possibilidade de relações intersubjetivas –, é um bem básico e fundamental do ser humano e não apenas um valor entre outros.[2] Um bem é uma realidade pré-moral, isto é, uma realidade que existe independentemente da conduta e da vontade da pessoa e que passa a ser moral apenas quando há relação e intencionalidade para com ele. A sexualidade, assim como a vida, a família e a procriação são bens pré-morais que, por não dependerem da consideração do sujeito, devem ser defendidos juridicamente.

---

1 Ronaldo Zacharias é doutor em Teologia Moral (Weston Jesuit School of Theology - Cambridge - EUA), secretário da Sociedade Brasileira de Teologia Moral (SBTM), coordenador do curso de pós-graduação em Educação em Sexualidade do Centro Universitário Salesiano de São Paulo (UNISAL) e coordenador do Grupo de Pesquisa "Sexualidade Humana" (CNPq) do UNISAL.

2 Inspiro-me em Junges para o que segue. Embora ele aplique os conceitos à vida, eu os aplico à sexualidade, visto ser ela um bem cujo valor consiste em ser a base de suporte de uma existência chamada a ser relacional. JUNGES, José Roque. *Bioética: Perspectivas e Desafios*. São Leopoldo: UNISINOS, 1999, p. 116.

O valor, por sua vez, é uma qualificação do objeto em relação e da intencionalidade dada a ele. Ele não tem sentido independente da relação e da conduta humana. A justiça, assim como a fidelidade, a honestidade e a veracidade, é um valor, isto é, uma qualidade do agir e é com base nestes valores que orientamos nossa conduta; são eles as motivações do nosso agir. Os valores são, portanto, essencialmente morais. Não sendo dados *a priori*, mas uma qualificação do agir, eles só podem ser apreendidos nos atos em que a pessoa esteja envolvida. A pessoa, por meio da ação, apropria-se do sentido do valor e o transforma em atitude concreta. Não há dúvida de que esse processo está condicionado ao *ethos* em que a pessoa vive e à capacidade de sensibilidade do sujeito para deixar-se tocar pela ação e responder às exigências que dela derivam. Assim, algo pode *ter* valor para a pessoa ou *ser* um valor para ela. No primeiro caso, o valor é algo relativo, subjetivo; no segundo, absoluto e universal.

Não há dúvida de que um bem pode adquirir valor; mas isso depende da ação empreendida diante dele. A sexualidade, por exemplo, sendo um bem pré-moral, pode adquirir valor e tornar-se moral dependendo da intencionalidade da ação, isto é, ela pode ser fim ou objeto; a ação, nesse caso, pode ser de integração ou de uso; de humanização ou de abuso; de cuidado ou de violência.

Se os bens podem ser conflitantes, e se pode haver conflito entre bens e valores, o mesmo não se pode dizer dos valores. Sendo a moralidade intrínseca a eles, nunca se pode ir contra os valores e nem haver conflito de valores. Existe uma hierarquia quanto aos bens e uma urgência quanto aos valores.[3] Por outro lado, tanto os bens quanto os valores relacionam-se mutuamente, pois ambos se referem à dignidade da pessoa humana.

---

3   JUNGES. *Bioética*, p. 116-117.

A dignidade é respeitada e efetivada se os diferentes bens são respeitados e concretizados.

Quanto aos valores morais, eles também se referem a um bem que se quer preservar. Quando, por exemplo, a vida se encontra ameaçada, a justiça, o respeito, a solidariedade são as expressões mais evidentes do apreço pela dignidade humana, bem primordial de cada ser humano. A vida, portanto, é um bem em si mesma e por si mesma. Sendo a base de todos os outros bens, ela não é "medida" em relação a eles. Ela goza de valorização que não depende de circunstâncias e situações. Aprecia-se a vida de todos, sem discriminação. O mesmo pode ser dito em relação à sexualidade: quando práticas sexuais abusivas, violentas, desrespeitosas, desumanizadoras ameaçam a integridade da pessoa, a defesa e a promoção da justiça tornam-se os modos mais concretos de apreço pela dignidade humana e pelos direitos fundamentais do ser humano.

A reflexão que segue aborda a sexualidade na perspectiva da justiça. Acredito ser este o modo de transcender a avaliação abstrata da moralidade de atos isolados, mesmo aqueles que se caracterizam por serem violentos. Nessa perspectiva, o que interessa é, sobretudo, quando uma determinada expressão sexual é moralmente boa e justa, seja qual for o tipo de relação em que ela se dá; quais são as motivações e as circunstâncias que levam a pessoa a entrar em relações de intimidade que sejam boas, verdadeiras, honestas e justas para ela; que tipo de pessoa alguém se torna quando se empenha para encarnar a justiça e outros valores nas relações de intimidade, mesmo em contextos objetivamente distantes do ideal moral.

São três os elementos a serem abordados: os significados da justiça, alguns critérios para que o conceito de justiça seja aplicado no campo da sexualidade e as perspectivas que se abrem quando a justiça se abre ao amor para descobrir o que, de fato, é justo.[4] Não existe da minha parte nenhuma pretensão de esgotar o assunto; muito pelo contrário: pretendo introduzi-lo para que possa, se for o caso, abrir outras perspectivas de abordagem de questões ligadas à sexualidade.

Justiça

Para muitas pessoas, justiça é sinônimo de dar a cada um o que lhe é devido, embora nem sempre tenham clareza dos critérios para que isso aconteça. Para outras pessoas, justiça significa tratar casos semelhantes de maneira semelhante, embora careçam de critérios para determinar e tratar os casos como semelhantes. Tanto numa quanto noutra perspectiva, falta a voz dos que são excluídos dos processos de tomada de decisão. Consequentemente, o risco é de fazer valer apenas a voz de quem tem o poder de determinar os padrões pelos quais a justiça é acionada.

Para Karen Lebacqz, "justiça tem a ver com a satisfação das exigências dos relacionamentos".[5] Por isso ela propõe uma abordagem da justiça que "comece pelo reconhecimento de problemas estruturais e de opressão", porque a justiça "deve incluir atenção à criação de bens, à participação de todos nos processos de tomada

---

4   De acordo com James Keenan, visto que, nos relacionamos com os outros, de forma genérica, somos chamados a tratar a todos com equidade, é a virtude da justiça que, fundamentada na imparcialidade e na universalidade, faz com que isso seja possível. Por outro lado, considerando que nos relacionamos com os outros, também de forma específica, somos chamados a nutrir e a sustentar os laços das relações que nos são caras, é a virtude da fidelidade, fundamentada na parcialidade e na particularidade, que nos permite alcançar tal objetivo. Embora aqui não tocarei no tema da fidelidade, sirvo-me da intuição de Keenan para desenvolver o tema da justiça, aplicando-a à sexualidade. Ver: KEENAN, James F. "Proposing Cardinal Virtues". *Theological Studies*, 56: 708-729, 1995. A minha tese de doutorado aprofunda exaustivamente tais questões na perspectiva da Ética das Virtudes. Ver: ZACHARIAS, Ronaldo. *Virtue Ethics as the Framework for Catholic Sexual Education. Towards the Integration Between Being and Acting in Sexual Ethics*. Cambridge, MA: Weston Jesuit School of Theology, 2002 (Tese de Doutorado).
5   LEBACQZ, Karen. "Justice". *In*: HOOSE, Bernard (ed.). *Christian Ethics: an Introduction*. Collegeville: The Liturgical Press, 1998, p. 169.

de decisão e à reparação de injustiças históricas".⁶ Nessa perspectiva, resulta evidente que as concepções acima mencionadas não nos ajudam a incorporar, concretamente, a equidade e a imparcialidade, características próprias da justiça.⁷ E, com isso, abre-se a porta para toda espécie de injustiça.

Para outras pessoas, não é tanto a justiça o ponto de partida para a discussão de questões éticas referentes a relacionamentos sexuais, *mas o compromisso em fazer o mal menor*. Marie Fortune, por exemplo, defende a tese de que a prática da justiça no campo da sexualidade deveria seguir o princípio do *mal menor: fazer o mal menor* aponta para "o que somos capazes de fazer", ao passo que outros pontos de partida, como *fazer o bem maior* e *fazer justiça* oferecem apenas "a visão de possibilidade pela qual podemos nos esforçar no relacionamento".⁸ Parece que Roger Burggraeve concorda com Fortune ao definir o princípio de *não causar dano* como o nível básico da ética. Para ele, o princípio de não fazer o mal poderia ser formulado de maneira positiva como "sexualidade justa" por "garantir um mínimo de dignidade

---

6   LEBACQZ. "Justice", p. 168. Ver outros textos da mesma autora: *Six Theories of Justice: Perspectives from Philosophical and Theological Ethics*. Minneapolis: Augsburg, 1986; *Justice in an Unjust World: Foundations for a Christian Approach to Justice*. Minneapolis: Augsburg, 1987.
7   Para exemplificar, vale a pena lembrar que – como sugere Barbara Andelson – a noção de justiça entendida enquanto "dar a cada um o que lhe é devido" era muito conveniente para a definição de casamento como um contrato que cria um direito conjugal especial, isto é, o direito de "uso" exclusivo do corpo do parceiro. É nessa perspectiva que a noção de "dever conjugal" contribuiu historicamente para a cegueira em face da violência marital. Ver: ANDOLSEN, Bárbara H. "Whose Sexuality? Whose Tradition? Women, Experience and Roman Catholic Sexual Ethics". *In*: GREEN, Ronald M. (ed.). *Religion and Sexual Health: Ethical, Theological and Clinical Perspectives*. Boston: Kluwer Academic Publishers, 1992, p. 70.
8   FORTUNE, Marie M. *Love Does no Harm: Sexual Ethics for the Rest of Us*. Nova Iorque: Continuum, 1995, p. 34. Segundo Fortune, "fazer o mal menor é um objetivo realista e tangível para nós. Posso não saber qual é o maior bem que poderia fazer e, se souber, posso não ser capaz de fazê-lo. Mas, provavelmente, tenho uma ideia do mal que poderia fazer e que seria capaz de evitar" (p. 34). Para Fortune, a distinção entre amor e mal não é tão evidente como parece. Para ela, violência doméstica e sexual sugere que, de um modo perverso, mal e amor são igualados. Para Fortune, não há sentido em tentar igualar o que "inflige dor física, prejuízo ou dano e/ou diminui a dignidade e a autoestima da outra pessoa" com "desejo apaixonado, afetuoso, caracterizado por genuína preocupação pelo bem-estar do outro" (p. 35).

humana em situações em que o significativo é apenas parcialmente realizado".[9]

Embora eu reconheça que os argumentos de Fortune e de Burggraeve sejam válidos, acredito que, no campo da sexualidade, a justiça não possa ser reduzida a não fazer mal aos outros. É preciso visar o positivo e, nesse sentido, concordo com Jeffrey Weeks: "a justiça exige não só que se evite o sofrimento desnecessário do outro, mas também que se promova o cuidado e a responsabilidade pelo outro".[10] O fato de nos comprometermos a não fazer mal ao outro, não resulta em relacionamentos justos.[11]

Assim como a justiça não pode ser reduzida a dar a cada um o que lhe é devido, a tratar casos semelhantes de maneira semelhante, a não fazer mal ao outro, ela também não pode ser reduzida, como muitos pensam, a fazer aos outros o que gostaríamos que fizessem a nós. Como nos lembra Paul Tillich, embora a "Regra de Ouro" seja "uma expressão de sabedoria prática, ela não é um critério de justiça nas relações pessoais".[12] Poderíamos reclamar, para nós e para os outros, benefícios que não fariam justiça nem a nós, e nem a eles. Além disso, seria irracional esperar que a justiça seja assegurada meramente pela manutenção da honestidade em

---

9   BURGGRAEVE, Roger. "De uma Sexualidade Responsável a uma Sexualidade Significativa: uma Ética de Crescimento como Ética de Misericórdia pelos Jovens nesta Era de AIDS". *In*: KEENAN, James F. (org.). *Eticistas Católicos e Prevenção da AIDS*. São Paulo: Loyola, 2006, p. 310-311.
10   WEEKS, Jeffrey. *Invented Moralities: Sexual Values in an Age of Uncertainty*. Nova Iorque: Columbia University Press, 1995, p. 72.
11   Embora eu seja contrário à redução da justiça sexual a não causar danos às pessoas, devo dizer que essa perspectiva oferece *insights* interessantes quando se trata da avaliação moral da masturbação e das relações homossexuais e pré-maritais. Fortune desenvolve um pouco esse ponto. Segundo ela, tais atividades sexuais em si mesmas e por si mesmas não causam dano algum. Como qualquer outra atividade, não é a masturbação em si mesma que causa dano, mas o seu abuso. O mesmo pode ser dito das relações pré-maritais e homossexuais: como qualquer outra atividade sexual, o que causa mal é a falta de consenso, de pleno conhecimento, de autoproteção, de honestidade e de responsabilidade. O potencial para fazer mal a si mesmo ou ao outro não depende, necessariamente, de gênero, estado civil ou orientação sexual. Ver: FORTUNE. *Love Does no Harm*, p. 36-37.
12   TILLICH, Paul. *Love, Power and Justice: Ontological Analyses and Ethical Applications*. Nova Iorque/Londres: Oxford University Press, 1954, p. 79.

dar e receber benefícios. A justiça por si só não pode responder a todos os apelos de uma situação concreta. Precisamos ir além da justiça se quisermos ser justos. Este ponto será retomado à frente.

Justiça sexual

A justiça pode ser considerada como a virtude que leva a lutar pela realização integral, concreta, dos bens humanos em todos e em cada um dos seres humanos.[13] Ela nos chama à equidade e à imparcialidade e, por isso, requer – como afirma Mary Hunt – "realocação de parcos recursos, redistribuição de bens e propriedades, revisão de velhos preconceitos e reordenação de prioridades a fim de que possa ser expressão de inclusão".[14]

Ao aplicarmos este conceito de justiça à sexualidade e falarmos, assim, de "justiça sexual",[15] podemos dizer que esta implica aceitação e promoção dos direitos que todas as pessoas têm de não somente amar e ser amadas, mas também de expressar esse amor em diversas formas de relacionamentos e compromissos íntimos. Por outro lado, tendo em vista a dimensão comunitária de nossos relacionamentos, a justiça sexual implica também no empoderamento das pessoas a fim de que construam suas comunidades fundamentadas no bem-estar e na inclusão de todos.

Como nos lembra Barbara Andolsen, é justamente por haver uma iníqua distribuição de poder social e falta de respeito

---

13   Assumo, aqui, a visão de justiça proposta por Alasdair MacIntyre: "As virtudes, portanto, devem ser compreendidas como as disposições que, além de nos sustentar e capacitar para alcançar os bens [valores] internos às práticas, também nos sustentam no devido tipo de busca pelo bem, capacitando-nos a superar os males, os riscos, as tentações e as tensões com que nos deparamos, e que nos fornecerão um autoconhecimento cada vez maior, bem como um conhecimento do bem cada vez maior. MACINTYRE, Alasdair. *Depois da Virtude: um Estudo em Teoria Moral*. Bauru: EDUSC, 2001, p. 368-369.
14   HUNT, Mary. *Fierce Tenderness: a Feminist Theology of Friendship*. Nova Iorque: Crossroad, 1991, p. 157.
15   Entendo por justiça sexual o empenho concreto em tratar a todos com equidade e imparcialidade, sentido que será aprofundado nas páginas que seguem.

pela igual dignidade dos parceiros sexuais que se faz necessário considerar seriamente também a categoria de gênero quando falamos em justiça: "a falta de justiça de gênero nas esferas sociais e econômicas é uma ameaça para a moralidade sexual".[16] Mesmo que uma análise da sexualidade não possa ser feita considerando de forma prioritária a perspectiva de gênero em detrimento de outros fatores como classe e raça, é preciso entender o papel determinante que o critério de gênero possui nas diversas áreas da vida humana e em situações de injustiça sexual. Tais situação são criadas, especialmente, quando as noções de diferença de gênero são vistas não como produto das ações humanas e das relações socioculturais, mas como categorias ontológicas ou inatas.[17]

Não podemos ignorar que nossas identidades, bem como nossos relacionamentos, "são moldados, em grau significativo, por um código de expectativas que internalizamos e utilizamos diariamente para negociar nossa presença no mundo como homens e mulheres".[18] Ao mesmo tempo, se quisermos superar a injustiça sexual, não podemos reduzir questões de gênero a questões relativas às diferenças entre homens e mulheres.[19] Como afirma Elaine Graham, uma atenção crítica dada ao gênero deve se "preocupar com o fato de a diferença

---

16   ANDOLSEN. "Whose Sexuality?", p. 70. Ver também: ELLISON, Marvin M. *Erotic Justice: a Liberating Ethic of Sexuality*. Louisville: Westminster John-Knox Press, 1996, p. 30: "a compreensão da sexualidade como uma questão de gênero requer que se analise as desigualdades de poder, em cujo contexto as pessoas são socializadas como seres sexuados".
17   A meu ver, reside na compreensão indevida e redutiva de gênero toda a polêmica ao redor da expressão mais indevida e mais redutiva ainda como "ideologia de gênero". A ignorância sobre as diversas teorias de gênero, aliada a discursos moralistas baratos, inconsequentes e irresponsáveis, travestidos com o manto do sagrado, constitui o substrato para uma postura fundamentalista, geradora de fanatismo, intolerância e violência.
18   ELLISON. *Erotic Justice*, p. 39.
19   Gênero é uma categoria analítica, crítica e prática, geradora de diversos desafios antropológicos e ético-morais, que exige a elaboração de uma nova cultura das relações entre pessoas que não se esgotam em ser mulheres, homens, hetero, homo, bi, trans, mas que também são tudo isso e, nem por isso, são menos humanas. Se houvesse maior capacidade hermenêutica, haveria menos violência!

ser uma categoria das relações sociais, formada na esfera da prática humana".[20]

Assim como a categoria de gênero, a orientação sexual, além de determinar muitas circunstâncias da vida, pode também criar injustiça. Justiça sexual, como tal, implica ultrapassar uma tradição que, segundo Ellison, sofre a limitação de ser heterocêntrica quanto à perspectiva e heterossexista quanto aos valores: "chegar à maioridade acerca da sexualidade requer a capacidade de afirmar uma diversidade de sexualidades responsáveis, incluindo a das pessoas gays, lésbicas e bissexuais, bem como de apreciar os valores de famílias não tradicionais".[21] Ao mesmo tempo em que o casamento heterossexual, o celibato sacerdotal e o voto de castidade – quando livre e responsavelmente abraçados – podem elevar a dignidade e o bem-estar das pessoas, esses estados de vida não esgotam o leque de opções moralmente aceitáveis. Pelo fato de a justiça exigir equidade e imparcialidade, somos convidados não apenas a tolerar, mas a celebrar os relacionamentos sexuais que são responsáveis e significativos. Weeks tem razão quando afirma que "a justiça não requer que todos nos comportemos da mesma maneira; pode haver uma pluralidade de bens incluídos na noção de bem partilhado".[22] Mas é preciso acrescentar, para bem da verdade, que, se por um lado, a atividade sexual não pode ser restrita apenas ao casamento, ao celibato sacerdotal e à vida consagrada, por outro, nem todos os tipos de atividade sexual fora desses contextos deveriam ser estimulados. Equidade e imparcialidade não nos dispensam da responsabilidade, significatividade e qualidade das relações.

O mais importante, como nos lembra Marie Fortune, é que "não é o ato [sexual] em si mesmo, mas sobretudo a qualidade e a condição

---

20 GRAHAM, Elaine L. *Making the Difference: Gender, Personhood and Theology*. Minneapolis: Fortress Press, 1996, p. 222. Vale a pena ver o estudo sobre gênero, teologia e prática cristã (214-231) proposto por Graham.
21 ELLISON. *Erotic Justice*, p. 22.
22 WEEKS. *Invented Moralities*, p. 64.

do relacionamento que determinam a realidade de amor e justiça nos relacionamentos".[23] Não é a forma do relacionamento o mais relevante, mas a sua substância, a qualidade e os valores que ele manifesta. Se isso for verdade, seria justo validar qualquer tipo de relacionamento heterossexual simplesmente por ser heterossexual? Seria justo discriminar relacionamentos entre pessoas do mesmo sexo simplesmente porque o amor que expressam é entre duas mulheres ou dois homens? Seria justo condenar a intimidade sexual simplesmente porque se dá fora de um determinado contexto considerado lícito?

Em vez de reduzir os problemas morais à conformidade ou não conformidade do sexo dentro ou fora do contexto matrimonial, com pessoa de sexo diferente ou do mesmo sexo, deveríamos prestar atenção "ao grande número de relacionamentos sem amor, sem bondade, de todos os tipos, heterossexual e homossexual, conjugal e não conjugal, vividos em contextos que separam erotismo e mutualidade".[24] Se é preciso dar prioridade à substância do relacionamento mais do que à sua forma, então a justiça sexual requer que se lute contra a mentalidade segundo a qual "conformidade com as prevalecentes expectativas sociais sobre casar-se (ou tornar a se casar depois do divórcio) é o principal critério de maturidade pessoal e responsabilidade social".[25]

A justiça sexual não pode ignorar o fato que, embora o sexo seja acessível em todo lugar, isso não significa que todas as formas respeitam, promovem e favorecem a equidade. É inegável que "não temos todos iguais oportunidades de viver relacionamentos sexuais pessoalmente realizadores e reciprocamente enriquecedores. Preconceitos homofóbicos e heterossexismo institucional reverberam de maneira prejudicial tanto nas relações heterossexuais como nas homossexuais".[26]

---

23 FORTUNE. *Love Does no Harm*, p. 32.
24 ELLISON. *Erotic Justice*, p. 85. Devo também a Ellison as questões levantadas neste parágrafo.
25 ELLISON. *Erotic Justice*, p. 85.
26 ANDOLSEN. "Whose Sexuality?", p. 71.

Levar a sério a equidade e a imparcialidade requer também que se dê ao outro o mesmo valor que cada um dá a si mesmo.[27] De acordo com Burggraeve, isso constitui o claro compromisso de rejeitar qualquer tipo de violência sexual – física, emocional, moral ou social –, e qualquer tipo de discriminação contra certas pessoas ou grupos.[28] Como afirma Daniel Maguire, "justiça é o mínimo que se pode fazer em resposta ao valor das pessoas".[29] Para Maguire, as necessidades essenciais da pessoa humana não podem ser negadas, para que haja afirmação do seu valor.[30]

Se considerarmos que, para muitas pessoas, a intimidade sexual é uma necessidade essencial para a sua realização, torna-se uma questão de injustiça sexual negar às pessoas a possibilidade de entrar e/ou sustentar um relacionamento sexual por causa de seu estado civil ou orientação sexual. Como declara Tillich, "a repressão é uma injustiça contra si mesmo, e tem a consequência de toda injustiça: é autodestrutiva por causa da resistência dos elementos que são excluídos".[31] Não é concedendo permissão para o sexo nesse ou naquele contexto que se promoverá a justiça sexual. A tarefa de identificar as "condições mínimas" – que devem ser satisfeitas por quem

---

27 BURGGRAEVE. "De uma Sexualidade Responsável a uma Sexualidade Significativa", p. 313.
28 BURGGRAEVE. "De uma Sexualidade Responsável a uma Sexualidade Significativa", p. 313.
29 MAGUIRE, Daniel C. "The Primacy of Justice in Moral Theology". *Horizons*, 10: 85, 1983. Para Paul Tillich, o princípio da personalidade é um princípio de justiça e "o conteúdo deste princípio é a exigência de tratar cada pessoa como uma pessoa. A justiça é sempre violada quando as pessoas são tratadas como se fossem coisas". TILLICH. *Love, Power and Justice*, p. 60.
30 Segundo Andolsen, a criação de uma "ética sexual consistente, com uma profunda e inabalável consideração pelo valor e dignidade de cada pessoa humana" implica reformular nossa tradição "de modo que possa contribuir para a criação de condições culturais e sociais que minimizem a fragmentação sexual e sustentem a inteireza". ANDELSON. "Whose Sexuality?", p. 67.
31 TILLICH. *Love, Power and Justice*, p. 70. Para Tillich, contudo, isso não dá à pessoa licença para fazer o que quiser. Antes, para ele, "ser justo para consigo mesmo significa atualizar quantas possibilidades forem possíveis sem se perder na desordem e no caos" (p. 70).

quer ser virtuoso – não é sinônimo de favorecer um minimalismo moral, isto é, de definir o que é proibido ou permitido e como fazer ou evitar isso ou aquilo.

A reflexão acima aponta para o que deveria ser considerado como eticamente significativo. Primeiro, a justiça nos relacionamentos sexuais tem prioridade ética sobre o estado civil ou a orientação sexual das pessoas envolvidas em intimidade sexual. Segundo, é a injustiça sexual, e não a orientação sexual, o mal fundamental contra o qual devemos nos opor. Acredito que Ellison resume de maneira notável ambas as perspectivas quando afirma que "devemos deixar claro nosso compromisso de eliminar o sexismo, o racismo, o heterossexismo e a exploração econômica, e corrigir essas injustiças que distorceram a sexualidade humana. Temos de insistir publicamente que o direito de amar e ser amado é um direito moral fundamental de todas as pessoas, sem distinção. Temos de ajudar as pessoas a viver sua sexualidade com ternura, assim como assumir a própria responsabilidade pelo impacto de suas ações sobre os outros".[32]

Alguns critérios para a prática da justiça no campo da sexualidade

Margaret Farley magistralmente aplica o conceito de justiça à sexualidade. Assumindo a autonomia e a relacionalidade como características intrínsecas do ser humano, para Farley, não importa se nossos relacionamentos sejam sexuais ou não, tais características constituem o fundamento do respeito devido a todas as pessoas. São elas que "fundamentam a obrigação de respeitar as pessoas como fins em si mesmas e proíbem, portanto, que sejam usadas como meros meios".[33]

---
32 ELLISON. *Erotic Justice*, p. 114-115.
33 FARLEY, Margaret A. *Just Love: a Framework for Christian Sexual Ethics*. Nova Iorque: Continuum, 2006, p. 212.

Por serem autônomas, as pessoas são capazes de autodeterminação e de escolhas livres; elas não apenas decidem o que fazer, mas quais fins pretendem alcançar e quais amores darão sentido à própria vida. Sendo relacionais, as pessoas são capazes de sair de si mesmas e entrar em relação com tudo o que pode ser conhecido e amado: elas não apenas são capazes de transcender a si mesmas, mas entrar em comunhão, conhecer e ser conhecidas, amar e ser amadas sem perder a própria identidade.

São essas duas características intrínsecas do ser humano que, para Farley, proveem o conteúdo para a maioria das normas que se referem à ética sexual. Apresentarei aqui algumas normas propostas por Farley como pontos de referência tanto para responder à justiça mínima quanto para alcançar a máxima justiça nos relacionamentos.[34]

Não ferir injustamente o outro

A violência em relação ao outro se dá não somente por aquilo que a pessoa faz, mas também por aquilo que ela deixa de fazer. Se, por um lado, ela pode ser física, psicológica, social, cultural, espiritual, etc., por outro, também há violência quando se deixa de responder às exigências da relação, tais como a ajuda, a assistência, o cuidado e o respeito devidos ao outro. Há violência, ainda, quando tratamos as pessoas como meio e não com fim da relação.[35]

Pelo fato de amarmos como homens ou mulheres, hetero ou homossexuais, somos vulneráveis. Vulnerável é aquele que pode ser machucado. O simples fato de desejarmos amar e ser amados abre as portas para que sejamos feridos. Quem ama, ao demonstrar que

---

34 FARLEY. *Just Love*, p. 215-232. Ver também: ZACHARIAS, Ronaldo. "Educação Sexual: entre o Direito à Intimidade e o Dever da Abstinência". *In:* PESSINI, Leo; ZACHARIAS, Ronaldo (orgs.). *Ética Teológica e Juventudes*. II: *Interpelações Recíprocas*. Aparecida: Santuário, 2014, p. 149-168. Embora escrito visando alcançar outro objetivo, o conteúdo deste capítulo não deixa de ser uma aplicação prática de alguns dos critérios recomendados por Farley.
35 FARLEY. *Just Love*, p. 216-218.

ama, se torna vulnerável e sujeito a ser mal interpretado, caluniado, chantageado. O mesmo se dá com quem se sente amado; pode ser traído, negligenciado, substituído.[36]

Se nem sempre é possível evitar ferir ou machucar o outro – quando, por exemplo, uma verdade precisa ser dita ou um bem maior resulta do sofrimento imposto à pessoa – é sempre possível ater-se à mínima expressão da afirmação do bem do outro, isto é, não querer provocar ou impor ao outro um sofrimento gratuito, que não resulte ou não promova o bem dele.

Consentimento livre

Entrar ou sair de uma relação é um direito de todos. Respeitar o direito que cada um tem de fazer as próprias escolhas é outra expressão da mínima justiça nas relações. É evidente que me refiro aqui a pessoas que sejam capazes de decisão livre e consentimento esclarecido.

Mas isso apenas não basta: é preciso estar inteiramente presente na relação. Não mentir para o outro é o que todos podem fazer para manter uma relação que seja justa e fiel. Ambos têm direito à verdade, à transparência, à integridade, assim como à privacidade e à integralidade da doação.

Mentir, esconder, omitir são atitudes que expressam – em diferentes graus e com diferentes significados – traição ao consentimento necessário para a construção de uma relação de qualidade, que seja significativa para ambos.

O *eros*, acompanhado pela fragilidade da paixão, e a sedução, acompanhada pelo risco da manipulação do outro, podem fazer com que o sexo, na relação, acabe violando a reciprocidade

---

36 ZACHARIAS, Ronaldo. "Abuso Sexual: Aspectos Ético-Morais". *Revista de Catequese*, 113: 6-14, 2006. Ver também: LEWIS, Clive Staples. *Os Quatro Amores*. 2. ed. São Paulo: WMF Martins Fontes, 2009, p. 169. Ver também: LEWIS, Clive Staples. *A Anatomia de uma Dor: um Luto em Observação*. São Paulo: Vida, 2006.

em vez de servi-la.[37] Isso se dá quando apenas uma das partes se considera "ativa" na relação, sem se importar com os desejos daquela reduzida à "passividade". O livre consentimento exige capacidade de abertura, de diálogo e de imposição de limites, no sentido de que o autocontrole deve favorecer a autodoação.[38]

Reciprocidade

Em contextos machistas ainda é predominante a concepção de que os homens são os sujeitos "ativos" da relação e as mulheres os sujeitos "passivos". A imagem de que o homem é quem penetra e a mulher é quem é penetrada induz a pensar de que o homem é quem dá prazer à mulher. O mesmo imaginário está presente nas relações homossexuais. Basta considerar, por exemplo, a curiosidade de muitas pessoas para saber quem é "o homem" da relação, quem é "o ativo" na relação.

Faz-se necessário repensar a sexualidade e o prazer em termos de reciprocidade: mulheres e homens são ativos e receptivos na relação de intimidade; o mesmo pode ser dito sobre relações envolvendo pessoas do mesmo sexo. Todas as formas de relação são possibilidade de reciprocidade. Farley tem razão quando afirma que o importante "não é ser ativo ou passivo, mas ativamente receptivo e receptivamente ativo".[39]

O problema, quando pensamos em reciprocidade, é o fato de desconsiderarmos que toda relação precisa de tempo para que as pessoas se revelem e se doem sem reservas. Estar inteiramente presente na relação e doar-se ao outro também de forma integral, seja qual for a forma em que a relação se expressa, exige abertura, confiança, partilha, narrativas construídas ao longo da história, o que não é possível em relações ocasionais, fortuitas, clandestinas,

---
37 FARLEY. *Just Love*, p. 218-220.
38 Sirvo-me, aqui, de uma afirmação feita pelo Catecismo da Igreja Católica - "o domínio de si ordena-se para o dom de si" (2346) - ao abordar o tema da vocação à castidade.
39 FARLEY. *Just Love*, p. 221.

promíscuas. Se, por um lado, a reciprocidade pode ser expressa em diversos tipos de relação, por outro, temos de admitir que em todos eles deve haver um certo grau de reciprocidade. Caso contrário, não podemos esperar que a relação seja justa, pois uma das partes sempre será meio para a satisfação da outra, o que perverte o significado da sexualidade.[40]

Equidade

De acordo com Farley, equidade – e equidade de poder – é a condição para que uma relação seja, de fato, livre e recíproca.[41] Quando as diferenças sociais e econômicas, de idade e de maturidade, de identidade profissional e de interpretação de papéis de gênero, etc. tornam as relações ainda mais desiguais, vulneráveis, dependentes e limitam as opções das pessoas envolvidas, não podemos falar de autêntica liberdade e reciprocidade.

Quando não há equidade de poder, facilmente as pessoas são tratadas como meio para obtenção de alguma vantagem, como propriedade pessoal, como mercadoria de troca e, nesse contexto, uma vale tanto quanto a outra, pois não há respeito pela dignidade da pessoa. Quando a relação está assim configurada, é mais provável que se instaure a dominação do outro ou a subordinação de si mesmo, com o consequente desrespeito aos direitos fundamentais da parte mais frágil e vulnerável.

A equidade de poder nas relações é condição *sine qua non* para permanecer ou se retirar de uma relação sem machucar a si ou ao outro; para que haja autêntica fidelidade; para que os limites sejam impostos de forma dialogal e não violenta, agressiva ou abusiva; para que a responsabilidade pelas consequências das escolhas feitas seja partilhada; para que a relação seja o lugar da

---

40   FARLEY. *Just Love*, p. 220-223.
41   FARLEY. *Just Love*, p. 223.

autonomia e da autorrealização das pessoas envolvidas; para que o amor gere compromisso e afirmação do bem do outro.[42]

Compromisso

Acredito que Farley tem razão quando afirma que "a sexualidade expressa algo que a transcende".[43] Ela pode expressar, por exemplo, o desejo de poder, mas, pode também expressar o desejo de intimidade. Ambos, poder e intimidade, podem fazer-se presentes numa relação em que não há nenhum tipo de vínculo entre as pessoas ou numa relação de compromisso com o outro.

Em relações sem qualquer tipo de vínculo, é a troca frequente de parceiros que expressa o desejo de poder e de intimidade. Não são os parceiros que interessam, mas a relação sexual com eles ou a sensação de tê-los seduzido ou conquistado. Nesse tipo de relação, a integração entre sexualidade, amor e projeto de vida não significa nada. O prazer torna-se o fim da relação, mesmo que esta dure alguns minutos e não signifique nada para ambas as partes.

O fato de o compromisso não se prolongar no tempo não significa que ele possa ser abolido de toda relação. O compromisso de não machucar a si ou ao outro, de respeitar o consentimento, de favorecer a equidade, são compromissos e, por constituírem o mínimo necessário a ser assegurado em uma relação humana, eles não podem ser abolidos. Caso contrário, o desejo sexual resultará reduzido a si mesmo e, quando isso acontece, ele pode ser a porta de entrada na intimidade do outro de forma abusiva, violenta, desrespeitosa e até criminosa.

Quando o compromisso se prolonga no tempo, as pessoas encontram o devido contexto para nutrir, sustentar, disciplinar e controlar o próprio desejo, fazendo com que ele leve à autodoação e

---

42 FARLEY. *Just Love*, p. 223.
43 FARLEY. *Just Love*, p. 225.

sirva à qualidade da relação. É nesse contexto que o desejo sexual se torna meio para o sustento da relação. Nenhuma das partes busca unicamente a si mesma; ambas buscam a realização de um projeto comum que desejam que se faça história. Que este compromisso seja definitivo, ninguém pode garantir. Isso, no entanto, não diminui a importância de ser ele o contexto mais favorável para o início de uma relação de intimidade.

Fecundidade

Acostumados a promover a procriação como um dos significados da sexualidade e da relação conjugal, pouco nos dedicamos a refletir sobre a dimensão fecunda das relações.

No contexto em que vivemos, as pessoas podem até prescindir da relação de intimidade para gerar uma nova vida. Basta considerar, por exemplo, as modernas tecnologias reprodutivas, buscadas e utilizadas sem nenhum constrangimento ético-moral por pessoas hetero e homossexuais, casadas e solteiras. Por outro lado, temos de admitir que a maioria das relações sexuais entre pessoas férteis não resultam "procriativas" e que pessoas estéreis, sem o recurso a técnicas de reprodução, também não terão relações que resultarão em procriação. Em ambos os casos, as relações são chamadas a ser fecundas, isto é, geradoras de vida tanto para o casal quanto para a sociedade.[44]

Uma relação é estéril não apenas quando não resulta biologicamente procriativa, mas quando as pessoas se fecham às demais e à comunidade. Nada e ninguém existe além dos dois que julgam bastar-se a si mesmos. Trata-se de uma espécie de esterilidade a dois; a relação não é geradora de vida e, muito menos, expressão de autêntico amor. São incontáveis os modos em que o amor

---

44 Ver o excelente capítulo: TRAINA, Cristina L. "Ideais Papais, Realidades Conjugais: uma Perspectiva a partir da Base". *In:* JUNG, Patricia B.; CORAY, Joseph A. (orgs.). *Diversidade Sexual e Catolicismo: para o Desenvolvimento da Teologia Moral*. São Paulo: Loyola, 2005, p. 299-318.

pode ser gerador de vida e tornar-se, assim, frutuoso, tanto na vida de pessoas hetero como homossexuais, solteiras, casadas, viúvas ou consagradas.[45]

Justiça social

O respeito às pessoas como fim em si mesmas refere-se a todas as pessoas, sem exceção. Nesse sentido, a justiça social no contexto da sexualidade não se refere apenas às relações entre parceiros sexuais, mas "ao tipo de justiça que cada um numa comunidade ou sociedade é obrigado a afirmar em relação aos seus membros como pessoas sexuais".[46]

Não importam o estado civil e a orientação afetivo-sexual das pessoas, todas elas esperam não ser feridas de forma injusta, contam com proteção legal, desejam ter os seus direitos respeitados como cidadãs, almejam liberdade de escolha no campo sexual. No entanto, sabemos que, dependendo do contexto sociocultural em que vivem, isso não é realidade.

Não existe verdadeira equidade de gênero em contextos machistas e heterossexistas; os direitos das mulheres, das pessoas homo e transexuais não são respeitados e promovidos como os direitos das demais pessoas; a violência sexual e a violência intrafamiliar parecem não ter limite nos mais variados níveis sociais; a violência racial subsiste graças a tantos estereótipos sexuais; doutrinas religiosas e tradições culturais não param de reforçar e até mesmo nutrir preconceitos e discriminações.

Permitir que o sexo seja usado para explorar, objetificar e dominar, violentar, machucar e assassinar, é uma grande responsabilidade

---

45   FARLEY. *Just Love*, p. 226-228. Carlos Rafael Pinto, por exemplo, em um ensaio ousado, ilustra bem essa realidade: PINTO, Carlos Rafael. "Deus 'Sai do Armário'? Algumas Considerações Teológicas sobre a Homoafetividade". *Revista IHU On-Line*, 08 jun. 2018. Disponível em: http://www.ihu.unisinos.br/78-noticias/579752-deus-sai-do-armario-algumas-consideracoes-teologicas-sobre-a-homoafetividade. Acesso em: 08 nov. 2018.
46   FARLEY. *Just Love*, p. 228.

social. Favorecer que o sexo expresse liberdade, intimidade, integridade e integralidade, também o é. Afirmar relações marcadas por reciprocidade, equidade, compromisso, é um dever social. Reconhecer que as relações de intimidade podem ser fecundas, responsáveis, autênticas, mesmo em contextos carentes de compromissos definitivos, é também dever da sociedade.

Todos queremos amar e nos sentir amados. O amor, assim como o desejo, pode ser ressignificado em vista de relações que sejam justas, que não introduzam nenhum tipo de mal na vida do outro e na própria, que favoreçam a integridade da pessoa e a integralidade da doação. Tais ideais são legítimos e, por isso, devem ser assegurados de forma justa a todas as pessoas.[47]

Considerações finais

No final da primeira parte desta reflexão, afirmei que, se quisermos ser justos, devemos ir além da justiça. Pois bem, tudo o que foi dito até agora nos leva à questão sobre o *conteúdo* da justiça. Só a justiça – seja individual, social, ou distributiva – não pode satisfazer todas as exigências implícitas numa situação concreta. Nesse sentido, acredito que Tillich tem razão quando propõe o amor como "o supremo princípio da justiça".[48] Isso não significa que o amor dá o que a justiça não pode dar. Pelo contrário, a justiça é "a forma na qual e através da qual o amor realiza a sua função"[49] ou, em outras palavras, o "amor mostra o que é justo na situação concreta".[50]

---

47 FARLEY. *Just Love*, p. 228-232.
48 TILLICH. *Love, Power and Justice*, p. 71.
49 TILLICH. *Love, Power and Justice*, p. 71.
50 TILLICH. *Love, Power and Justice*, p. 82. Para melhor explicar a relação entre amor e justiça, Tillich usa a analogia da relação entre revelação e razão: "como a revelação não dá informação adicional no campo em que a razão cognitiva decide, assim também o amor não impele a atos adicionais no campo em que a razão prática decide. Ambos dão uma outra dimensão à razão: a revelação, à razão cognitiva; o amor, à razão prática. (...) Assim como a revelação não contradiz as estruturas da razão cognitiva (...) assim também o amor não contradiz a justiça" (p. 83-84). Ver também a oposição

Como descrever a relação entre justiça e amor na intimidade sexual? Em sentido amplo, diria que pode ser descrita pela exigência de equidade e imparcialidade. O que isso significa nos encontros pessoais, em que o amor é chamado a reconhecer concretamente o que a justiça exige, é melhor descrito pelas funções da própria justiça: defesa, respeito e celebração da diversidade; acesso, realocação e redistribuição de poder; oposição, denúncia e erradicação da discriminação; interrupção, reversão e reparação da opressão.

Num sentido mais restrito, mas não menos significativo, acredito que a abordagem cristã da justiça pode representar uma voz diferente no enfrentamento de questões de justiça em nosso mundo contemporâneo.[51]

Se o amor é o supremo princípio da justiça, e, para os cristãos, Deus é amor, qual seria, então, a relação entre Deus e justiça? Para Lebacqz, justamente porque os cristãos são formados por uma compreensão de responsabilidade situada no contexto da aliança, "o que é 'certo' ou 'justo' deriva das intenções originais de um Criador amoroso e dos atos desse Criador em relação à criação".[52]

Para discernir as intenções de Deus para nós, temos de nos voltar para as suas ações criativas e salvíficas. Elas revelam que fomos criados para o desabrochamento da vida em todas as suas dimensões. Na perspectiva da aliança, a justiça humana torna-se um meio de responder às contínuas ações criativas e salvíficas de Deus e, ao fazê-lo, tenta refletir a justiça de Deus.[53]

---

de Maguire à suposta dicotomia entre justiça e amor: MAGUIRE. "The Primacy of Justice", p. 73-80.
51 Para aprofundar a relação entre sexualidade, amor e Deus, ver: ZACHARIAS, Ronaldo. "O Amor como Projeto de Vida?". *In*: ZACHARIAS, Ronaldo; SILVA, Antonio Wardison C.; BARBOSA, Luís Fabiano S. (orgs.). *Antropologia Teológica: Pensar o Humano na Universidade*. São Paulo: Ideias & Letras, 2017, p. 213-238; ZACHARIAS, Ronaldo. "Exigências para uma Moral Sexual Inclusiva". *In*: MILLEN, Maria Inês de Castro; ZACHARIAS, Ronaldo (orgs.). *O Imperativo Ético da Misericórdia*. Aparecida: Santuário, 2016, p. 221-243.
52 LEBACQZ. "Justice", p. 167.
53 LEBACQZ. "Justice", p. 167.

O amor de Deus por nós é incondicional; é garantido independentemente de nossa capacidade de reciprocidade. Mais ainda: é o amor de Deus que nos capacita a corresponder ao seu amor.[54] Esse amor é misericordioso e vai além de nossos méritos ou de nossos direitos. Ademais, é o amor de Deus que nos capacita a reconstruir relacionamentos caracterizados por igual consideração e igualdade de oportunidade. O amor de Deus é criativo; é devotado à nossa realização como seres humanos. É ele que nos capacita a satisfazer nossas necessidades através de nosso autodespojamento e nossa autoentrega a Deus. O amor de Deus é salvífico e nos abraça para sempre.[55] É ele que nos capacita a ter relacionamentos de reciprocidade. Como bem afirma Margaret Farley, "a justiça mínima, portanto, deve ter a igualdade como norma e a plena mutualidade como fim. A justiça será máxima ao se aproximar do objetivo final de comunhão de cada pessoa com todas as pessoas e com Deus".[56]

Se a justiça humana intenta refletir a justiça de Deus, e se o amor é o conteúdo dessa justiça, segue-se que, como cristãos, somos chamados a – como diz Ellison – "encarnar *justiça-amor*, uma íntima mistura da nossa aspiração por bem-estar pessoal e por uma correta relação social com os outros".[57]

A justiça por si só não é suficiente para satisfazer todas as exigências implícitas em situações concretas. Pelo fato de tais situações terem exigências que vão além de tratar a todos com equidade e imparcialidade, precisamos tratar as pessoas que estão mais próximas de nós com especial cuidado. É por meio da prática da justiça que descobrimos o valor da fidelidade nas

---

54 BENTO XVI, Papa. Carta Encíclica *"Deus Caritas Est"*: sobre o Amor Cristão (25 dez. 2005). São Paulo: Paulinas, 2006 (A Voz do Papa, 189).
55 FRANCISCO, Papa. *Bula de Proclamação do Jubileu Extraordinário da Misericórdia "Misericordiae Vultus": O Rosto da Misericórdia* (11 abr. 2015). São Paulo: Paulinas, 2015.
56 FARLEY, Margaret A. "New Patterns of Relationships: Beginnings of a Moral Revolution". *Theological Studies*, 36: 627-646, 1975.
57 ELLISON. *Erotic Justice*, p. 115.

relações, tema este que merece ser abordado com profundidade em um outro contexto.

Referências

ANDOLSEN, Bárbara H. "Whose Sexuality? Whose Tradition? Women, Experience and Roman Catholic Sexual Ethics". *In*: GREEN, Ronald M. (ed.). *Religion and Sexual Health: Ethical, Theological and Clinical Perspectives*. Boston: Kluwer Academic Publishers, 1992, p. 55-77.

BENTO XVI, Papa. Carta Encíclica *"Deus Caritas Est"*: sobre o Amor Cristão (25 dez. 2005). São Paulo: Paulinas, 2006 (A Voz do Papa, 189).

BURGGRAEVE, Roger. "De uma Sexualidade Responsável a uma Sexualidade Significativa: uma Ética de Crescimento como Ética de Misericórdia pelos Jovens nesta Era de AIDS". *In*: KEENAN, James F. (org.). *Eticistas Católicos e Prevenção da AIDS*. São Paulo: Loyola, 2006, p. 309-323.

ELLISON, Marvin M. *Making Love Just: Sexual Ethics for Perplexing Times*. Minneapolis: Fortress Press, 2012.

_____. *Erotic Justice: a Liberating Ethic of Sexuality*. Louisville: Westminster John/ Knox Press, 1996.

FARLEY, Margaret A. *Just Love: a Framework for Christian Sexual Ethics*. Nova Iorque: Continuum, 2006.

_____. "New Patterns of Relationships: Beginnings of a Moral Revolution". *Theological Studies*, 36: 627-646, 1975.

FORTUNE, Marie M. *Love Does no Harm: Sexual Ethics for the Rest of Us*. Nova Iorque: Continuum, 1995.

FRANCISCO, Papa. *Bula de Proclamação do Jubileu Extraordinário da Misericórdia "Misericordiae Vultus": O Rosto da Misericórdia* (11 abr. 2015). São Paulo: Paulinas, 2015.

GRAHAM, Elaine L. *Making the Difference: Gender, Personhood and Theology*. Minneapolis: Fortress Press, 1996.

HUNT, Mary. *Fierce Tenderness: a Feminist Theology of Friendship*. Nova Iorque: Crossroad, 1991.

JUNGES, José Roque. *Bioética: Perspectivas e Desafios*. São Leopoldo: UNISINOS, 1999.

KEENAN, James F. "Proposing Cardinal Virtues". *Theological Studies*, 56: 708-729, 1995.

LEBACQZ, Karen. "Justice". *In*: HOOSE, Bernard (ed.). *Christian Ethics: an Introduction*. Collegeville: The Liturgical Press, 1998.

_____. *Justice in an Unjust World: Foundations for a Christian Approach to Justice*. Minneapolis: Augsburg, 1987.

_____. *Six Theories of Justice: Perspectives from Philosophical and Theological Ethics*. Minneapolis: Augsburg, 1986.

LEWIS, Clive Staples. *Os Quatro Amores*. 2. ed. São Paulo: WMF Martins Fontes, 2009.

_____. *A Anatomia de uma Dor: um Luto em Observação*. São Paulo: Vida, 2006.

MACINTYRE, Alasdair. *Depois da Virtude: um Estudo em Teoria Moral*. Bauru: EDUSC, 2001.

MAGUIRE, Daniel C. "The Primacy of Justice in Moral Theology". *Horizons*, 10: 72-85, 1983.

RYAN, Maura A.; LINNANE, Brian F. (eds.). *A Just & True Love. Feminism at the Frontiers of Theological Ethics: Essays in*

Honor of Margaret A. Farley. Notre Dame: University of Notre Dame, 2007.

TILLICH, Paul. *Love, Power and Justice: Ontological Analyses and Ethical Applications*. Nova Iorque/Londres: Oxford University Press, 1954.

TRAINA, Cristina L. "Ideais Papais, Realidades Conjugais: uma Perspectiva a partir da Base". *In:* JUNG, Patricia B.; CORAY, Joseph A. (orgs.). *Diversidade Sexual e Catolicismo: para o Desenvolvimento da Teologia Moral*. São Paulo: Loyola, 2005, p. 299-318.

WEEKS, Jeffrey. *Invented Moralities: Sexual Values in an Age of Uncertainty*. Nova Iorque: Columbia University Press, 1995.

ZACHARIAS, Ronaldo. "O Amor como Projeto de Vida?". *In:* ZACHARIAS, Ronaldo; SILVA, Antonio Wardison C.; BARBOSA, Luís Fabiano S. (orgs.). *Antropologia Teológica: Pensar o Humano na Universidade*. São Paulo: Ideias & Letras, 2017, p. 213-238.

_____. "Exigências para uma Moral Sexual Inclusiva". *In:* MILLEN, Maria Inês de Castro; ZACHARIAS, Ronaldo (orgs.). *O Imperativo Ético da Misericórdia*. Aparecida: Santuário, 2016, p. 221-243.

_____. "Educação Sexual: entre o Direito à Intimidade e o Dever da Abstinência". *In:* PESSINI, Leo; ZACHARIAS, Ronaldo (orgs.). *Ética Teológica e Juventudes*. II: *Interpelações Recíprocas*. Aparecida: Santuário, 2014, p. 149-168.

_____. "Abuso Sexual: Aspectos Ético-Morais". *Revista de Catequese*, 113: 6-14, 2006.

_____. *Virtue Ethics as the Framework for Catholic Sexual Education. Towards the Integration Between Being and Acting in Sexual*

Ethics. Cambridge, MA: Weston Jesuit School of Theology, 2002 (Tese de Doutorado).

10
Violência sexual

Monica Saldanha Pereira e Breno Rosostolato[1]

Introdução

Violência sexual é qualquer conduta que constranja a pessoa a participar, presenciar ou manter relação sexual sem desejo, por meio de manipulação, intimidação, suborno, ameaça, chantagem, coação ou uso de força, a fim de comercializar e/ou utilizar sua sexualidade, impossibilitando o uso de métodos contraceptivos e colocando em risco a sua integridade e saúde física e mental.[2] A violência sexual caracteriza-se, ainda, por forçar o outro ao matrimônio, à gravidez ou ao aborto, assim como à limitação ou à aniquilação dos seus direitos sexuais e reprodutivos.

---

1 Mônica Saldanha Pereira é mestranda em Educação (Universidade de São Paulo), especialista em Educação em Sexualidade (UNISAL) e membro dos grupos de pesquisa "Sexualidade Humana" (CNPq) do UNISAL e "Educação, Gênero e Cultura Sexual" (CNPq) da Universidade de São Paulo.
Breno Rosostolato, psicólogo, é especialista em Educação em Sexualidade e em Terapia Sexual (UNISAL), professor da Faculdade Santa Marcelina, membro do grupo de pesquisa "Sexualidade Humana" (CNPq) do UNISAL e atua como articulista em jornais, revistas e sites sobre temas referentes a sexualidade e gênero.
2 OLIVEIRA, Márcia Rovena de. "Violência Sexual". *In:* FLEURY-TEIXEIRA, Elizabeth; MENEGUEL, Stela N. (orgs.) *Dicionário Feminino da Infâmia: Acolhimento e Diagnóstico de Mulheres em Situação de Violência.* Rio de Janeiro: FIOCRUZ, 2015.

Debater a questão da violência sexual é urgente: somente entre 2015 e 2017 foram registrados mais de 150 mil casos de estupro no Brasil,[3] contabilizando, em média, 140 vítimas por dia, o que equivale a um caso de estupro notificado a cada 10 minutos. Ademais, consoante ao que apontam Cerqueira e colaboradores,[4] deve-se considerar a subnotificação. Para ilustrar este cenário, conforme números do Atlas da Violência de 2018,[5] em 2016 foram registrados 49.497 casos de estupro, dados obtidos nos registros das polícias brasileiras. Ainda no mesmo ano, no Sistema Único de Saúde (SUS), foram registradas 22.918 ocorrências de estupro, representando aproximadamente a metade dos casos notificados na polícia.

Cumpre ressaltar que pesquisas nacionais sobre a prevalência e evolução do cenário relativo à violência sexual só puderam ser realizadas na década de 2010, após a compilação dos dados policiais pelo Fórum Brasileiro de Segurança Pública (FBSP) e a padronização de notificações de violência pelo Ministério da Saúde (MS) por meio do Sistema de Informação de Agravos de Notificação (Sinan).

A primeira pesquisa realizada em nível nacional[6] permitiu perceber que esse tipo de crime atinge pessoas de todas as idades, gêneros, raças e classes sociais. Contudo, o perfil traçado a partir das notificações aponta que mais de 50% das vítimas são menores de 13 anos, índice que passa de 70% quando se consideram crianças e adolescentes; mais de 50% são pretas ou pardas; e mais de 88% são do sexo feminino.

---

3   Conforme informações do Fórum Brasileiro de Segurança Pública, compiladas nos Anuários Brasileiros de Segurança Pública de 2016 a 2018, foram registrados mais de 45 mil casos em 2015, 49 mil em 2016 e 60 mil casos em 2017.
4   CERQUEIRA, Daniel *et al. Atlas da Violência 2018*. Rio de Janeiro: Ipea/FBSP, 2018.
5   IPEA/FÓRUM BRASILEIRO DE SEGURANÇA PÚBLICA. *Atlas da Violência – 2018*. Disponível em: http://www.ipea.gov.br/portal/images/stories/PDFs/relatorio_institucional/180604_atlas_da_violencia_2018.pdf. Acesso em: 10 out. 2018.
6   CERQUEIRA, Daniel; COELHO, Danilo de Santa Cruz. *Estupros no Brasil: uma Radiografia segundo os Dados da Saúde*. Brasília: IPEA, 2014.

Conforme o Boletim Epidemiológico do Ministério da Saúde,[7] durante o período de 2011 a 2017, dados do Sistema Nacional de Atendimento Médico (Sinan) apontam para 1.460.326 casos de violência interpessoal ou autoprovocada. Desse total, 219.717 (15,0%) foram notificações contra crianças e 372.014 (25,5%) contra adolescentes, em um total de 40,5% dos casos registrados. Ainda entre 2011 e 2017, foram notificados 184.524 casos de violência sexual, 58.037 (31,5%) contra crianças e 83.068 (45,0%) contra adolescentes, significando um aumento de 83,0% das notificações de violências sexuais e aumento de 64,6% e 83,2% nas notificações de violência sexual contra crianças e adolescentes, respectivamente.

Por sua vez, o site *Childhood.org.br* aponta que, dos 13 tipos de violações mais frequentes, as 4 primeiras são: negligência (74%), violência psicológica (49%), física (43%) e sexual (25%),[8] que ocorrem majoritariamente na residência da vítima, protagonizadas principalmente por pais, padrastos e conhecidos.[9]

Vivemos em um momento em que os papéis sociais e sexuais estruturam-se numa perspectiva patriarcal, repleta de práticas machistas, misóginas, heterossexistas, que impõem às pessoas o reconhecimento de identidades pautadas em estereótipos de gênero e naturaliza disparidades de poder, fomentando o assédio e as práticas sexuais violentas. Essa organização social dos significados de gênero, à qual usualmente nos referimos como "patriarcado", é objeto de questionamento, desconstrução e reformulação por movimentos sociais como o feminismo.

São esses movimentos os responsáveis por fomentar o debate e o diálogo sobre hegemonias, privilégios, poderes e opressões. A violência sexual é, também, herança de uma colonização calcada na dominação de povos, poderes sustentados em arbitrariedades

---

7   BRASIL. *Boletim Epidemiológico*, 27(49), jun. 2018. Disponível em: http://portalarquivos2.saude.gov.br/images/pdf/2018/junho/25/2018-024.pdf. Acesso em: 10 out. 2018.
8   Ver: https://www.childhood.org.br/nossa-causa#numeros-da-causa.
9   CERQUEIRA. *Atlas da Violência 2018*.

e violências, cuja finalidade era (e ainda é) constituir e fortalecer sistemas hegemônicos, numa assimetria de gêneros e direitos. Precisamos, e muito, falar sobre violência sexual!

Como se caracteriza a violência sexual?

Ao contrário das concepções do senso comum, segundo a legislação nacional, consoante às alterações introduzidas pela Lei n. 12.015/09, constitui estupro qualquer ato libidinoso praticado contra a vontade da vítima, mediante violência ou grave ameaça, bem como quaisquer atos libidinosos praticados com menores de 14 anos, pessoas com capacidade de discernimento reduzida ou que não possam oferecer resistência, constituindo, nestes casos, estupro de vulnerável.[10]

Conforme apontam pesquisadores estadunidenses, há, na sociedade em geral, a impressão de que o "estupro verdadeiro" ocorre apenas mediante violência física e é sempre realizado por desconhecidos, enquanto atos de violência sexual que tenham como autor conhecidos, parentes ou parceiros da vítima, são normalizados, principalmente quando há o uso de drogas lícitas ou ilícitas.[11] Entretanto, conhecidos da vítima são os perpetradores de 39% dos estupros contra adultos e 72% dos casos contra crianças.[12] Em pesquisas realizadas nas universidades estadunidenses, conhecidos são autores de 90% dos estupros ocorridos

---

10   BRASIL. Decreto-Lei n. 2.848, de 07 de dezembro de 1940. Código Penal (*DOU*, 07 de dezembro de 1940, Seção 1, p. 23911). Disponível em: http://www.planalto.gov.br/ccivil_03/decreto-lei/Del2848compilado.htm. Acesso em: 14 dez. 2016; BRASIL. Lei n. 12.015, de 07 de agosto de 2009. (*DOU*, 07 de agosto de 2009, Seção 1, p. 1). Disponível em: http://www2.camara.leg.br/legin/fed/lei/2009/lei-12015-7-agosto--2009-590268-publicacaooriginal-115434-pl.html. Acesso em: 14 dez. 2016.
11   FISHER, Bonnie S.; DAIGLE, Leah E.; CULLEN, Francis T. *Unsafe in the Ivory Tower: the Sexual Victimization of College Women*. Los Angeles/Londres/Nova Deli/Singapura/Washington, D.C.: Sage Publications, 2009.
12   CERQUEIRA, Daniel; COELHO, Danilo de Santa Cruz. *Estupros no Brasil: uma Radiografia segundo os Dados da Saúde*. Brasília: IPEA, 2014. Disponível em: http://www.agenciapatriciagalvao.org.br/dossie/wp-content/uploads/2015/07/IPEA_estupronobrasil2014.pdf. Acesso em: 27 dez. 2016.

nos *campi*.¹³ Ademais, consoante ao que apontam Cerqueira e Coelho, na maior parte dos casos de violência sexual, o meio de agressão utilizado contra a vítima é a ameaça (entre 48% e 50,9% para vítimas adultas e entre 36,3% e 37,9% para crianças), contrapondo a noção de que estupros ocorrem somente mediante violência física.¹⁴

Em pesquisas internacionais, os termos *"real rape"* (estupro "real" ou "verdadeiro"), *strange rape* (em que o autor é desconhecido), *acquaintance rape* (em que o autor é conhecido da vítima), *date rape* (estupro em situações de encontros ou namoro) e *drug induced rape* (em que o agressor induz a vítima à ingestão de drogas como forma de facilitar a violência) vêm sendo utilizados para designar os diferentes fenômenos de violência sexual e analisar suas características, contextos e especificidades.¹⁵ Não foram encontrados termos análogos em língua portuguesa, o que pode indicar que o campo de estudo nacional ainda tem como foco principal os contextos e padrões clássicos de violência.

Frequentemente, a presença ou a ausência de consentimento são utilizadas como referencial para determinar a ocorrência de violência sexual; entretanto, o próprio conceito de consentimento sexual pode ser discutido, uma vez que varia de acordo com a sociedade, o momento histórico, a cultura e até mesmo com a perspectiva teórica adotada.¹⁶ Ademais, há circunstâncias em que as

---

13 SAMPSON, Rana. "Acquaintance Rape of College Students". *In*: US DEPARTMENT OF JUSTICE. *Problem Oriented Guides for Police, Problem-Specific Guides Series*, 17, 2003. Disponível em: http://digitalcommons.unl.edu/cgi/viewcontent.cgi?article=1095&context=publichealthresources. Acesso em: 27 dez. 2016. Não foram encontrados dados quantitativos que determinem a prevalência deste fenômeno em território nacional.
14 CERQUEIRA; COELHO. *Estupros no Brasil*.
15 SALDANHA, Mônica. "Violência Sexual em Contexto Universitário". *Revista Brasileira de Sexualidade Humana*, 25(1): 51-59, 2014; SALDANHA, Mônica. "Contribuições Acadêmicas ao Enfrentamento da Violência Sexual nas Universidades Brasileiras". *Revista Brasileira de Sexualidade Humana*, 26(2): 73-82, 2015.
16 LOWENKRON, Laura. (Menor)idade e Consentimento Sexual em uma Decisão do STF. *Revista de Antropologia*, 50(2): 713-745, 2007; RICH, Adrienne. "Homossexualidade Compulsória e Existência Lésbica". *Bagoas - Estudos Gays: Gêneros e Sexualidade*, 4(5): 17-44, 2010.

vítimas têm dificuldade em reconhecer a violência sofrida como estupro – dada a naturalização e a invisibilidade deste tipo de violência –, bem como a moralidade e o caráter privado atribuído às experiências sexuais.[17] Faz-se necessário, portanto, manter cautela e atenção para que, de um lado, não se naturalize a violência e, de outro, não se apliquem olhares moralizantes à sexualidade.

Tal pai, tal filho?

Quando pensamos a violência sexual intrafamiliar, não podemos incorrer no equívoco de analisá-la apenas como ato contra a criança e o adolescente, mas também pensar a violência que é comum à rotina desses indivíduos e naturalizada nas relações familiares.[18] A violência transmitida por gerações cria uma norma de aceitação,[19] ou seja, incorporada através dos modelos relacionais, que ressoa na cultura familiar. Esta transmissão que acontece por meio da comunicação – seja ela verbal ou não verbal, explícita ou engendrada nas relações cotidianas –, se não identificada, continuará sendo repetida e manterá o ciclo de violência. Transmitem-se informações que vão moldando as pessoas a determinados padrões.

Para comprovar isso, basta verificarmos os adjetivos utilizados para caracterizar meninos e meninas. Heroísmo, força, virilidade, independência, conquista são atribuídos aos meninos; doçura,

---

17   FISHER, Bonnie S.; CULLEN, Francis T.; TURNER, Michael G. *The Sexual Victimization of College Women*. Washington, D.C.: Department of Justice, National Institute of Justice and Bureau of Justice Statistics, 2000. Disponível em: https://www.ncjrs.gov/pdffiles1/nij/182369.pdf. Acesso em: 05 jan. 2017; SCHRAIBER, Lilia B. *et al.* "Violência Vivida: a Dor que Não Tem Nome". *Interface – Comunicação, Saúde e Educação*, 7(12): 41-54, 2003; SCHRAIBER, Lilia B. *et al.* "Violência contra Mulheres entre Usuárias de Serviços Públicos de Saúde da Grande São Paulo". *Revista de Saúde Pública*, 41(3): 359-367, 2007.
18   FURNISS, Tilman. *Abuso Sexual da Criança: uma Abordagem Multidisciplinar*. Trad. Maria Adriana Veríssimo Veronese. Porto Alegre: Artes Médicas, 1993.
19   CASTANHO, Gisela Pires. "Abuso Sexual Intrafamiliar e Transmissão Psíquica". *In: XVII Congresso Brasileiro de Psicodrama*, 2010. Disponível em: http://principo.org/gisela-m--pires-castanho-abuso-sexual-intrafamiliar-e-transmiss.html. Acesso em: 13 mar. 2017.

fragilidade, delicadeza, submissão, dependência às meninas. Enquanto exalta-se o pênis como órgão que permitirá uma vida ativa sexualmente, a vulva e a vagina são regiões violentadas. O corpo das meninas, por exemplo, é controlado com roupas que as deixem "femininas" e que "realcem" sua beleza. O desejo também deve ser controlado. Os pais permitem aos meninos, mas não às meninas, possibilidades de explorar sua sexualidade.

Essa educação estabelece um código que separa meninos de meninas: uma binaridade de gênero, ou seja, uma divisão complexa e enraizada na sociedade que estabelece categorias e as hierarquiza.[20] Assim, a categoria mulher estaria a serviço das normas patriarcais e, portanto, excluída dos privilégios da categoria homem.[21] A questão é delicada e necessita de cuidados em relação à educação oferecida às crianças. Tornar-se alguém é um processo pessoal e angustiante. As construções elaboradas sobre o que é ser homem e mulher são uma severidade imposta a elas.

A Educação em Sexualidade reflete sobre o machismo e a misoginia. Inclusive, convida a família a um olhar ampliado para poder acolher as diferenças e o respeito entre as pessoas, através de uma educação que permita a autonomia e a liberdade das meninas e estimule os meninos a respeitarem os limites das mulheres. Uma educação que visibilize as questões relacionadas ao corpo, à orientação sexual, ao desejo e, dessa maneira, combata a violência de gênero e sexual, diminuindo os conflitos das crianças por meio da equidade.

Por que a violência sexual é algo comum?

Consoante ao que já foi explicitado, a violência sexual é um fenômeno bastante comum, integrado ao cotidiano e naturalizado

---

20   CUSCHNIR, Luiz. *O Homem e suas Máscaras: Paixões e Segredos dos Homens*. Rio de Janeiro: Campus, 2002.
21   BUTLER, Judith. *Problemas de Gênero: Feminismo e Subversão da Identidade*. 8. ed. Trad. Renato Aguiar. Rio de Janeiro: Civilização Brasileira, 2015.

nas relações clássicas de gênero. Ao longo da história, diversas teorias e fatores foram aventados na tentativa de explicar o comportamento sexual violento em um debate que ainda perdura. Neste tópico, serão elencados – sem qualquer intenção de exaurir as possibilidades ou restringir a discussão – fatores socioculturais que se imbricam na construção do fenômeno da violência sexual e invisibilizam seu caráter social, mascarando-o como ato isolado ou naturalizando-o como comportamento aceitável.

Idealização da família

Segundo pesquisa realizada pelo Ipea,[22] pais e padrastos são responsáveis por 24% dos estupros cometidos contra crianças; irmãos, por 3%; e mães e madrastas por 2%. A idealização da família como um espaço absolutamente seguro invisibiliza a construção histórica da família e do poder patriarcal como ferramenta de disciplinamento e controle,[23] bem como as realidades de exclusão e violência que podem se apresentar no seio familiar.

A família também é o espaço em que muitos jovens "aprendem" a violência. Conforme dados coletados pelo Instituto Avon e pelo Data Popular (2014),[24] homens que presenciaram situações de violência na família de origem praticam mais violência contra as mulheres. Ademais, situações de violência doméstica usualmente combinam diferentes tipos de agressão; sendo as mais graves caracterizadas pela coexistência de violências psicológicas, físicas e sexuais.[25]

---

22   CERQUEIRA; COELHO. *Estupros no Brasil.*
23   SAFFIOTI, Heleieth. *O Poder do Macho.* São Paulo: Moderna, 1987.
24   INSTITUTO AVON; DATA POPULAR. *Violência Contra a Mulher: o Jovem está Ligado?* 2014. Disponível em: http://agenciapatriciagalvao.org.br/wp-content/uploads/2014/12/pesquisaAVON-violencia-jovens_versao02-12-2014.pdf. Acesso em: 16 mar. 2017.
25   SCHRAIBER, Lilia B. *et al.* "Prevalência da Violência contra a Mulher por Parceiro Íntimo em Regiões do Brasil". *Revista de Saúde Pública,* 41(5): 797-807, 2007.

Relações clássicas de gênero

O padrão assimétrico e heteronormativo das relações clássicas de gênero estabelece papéis bem definidos, favorecendo a construção de relações baseadas em desigualdade de poder e controle sobre o sujeito com o qual o indivíduo se relaciona. Conforme destacam Caridade e Machado,[26] as relações afetivas tendem a se tornar mais violentas com o passar do tempo, seja em razão do envelhecimento dos casais ou pela adoção de estruturas mais rígidas de relacionamento; em outras palavras, jovens, em geral, apresentam comportamento menos marcado pelo viés de gênero e menos violento do que os adultos, assim como relações de namoro constituem-se de maneira mais horizontal e apresentam menores taxas de violência do que as de casamento.

No caso específico do estupro, o imaginário social, no que concerne ao casamento e às obrigações maritais, construído ao longo da história e imbricado em valores culturais e religiosos, invisibiliza a violência sexual contra as mulheres, considerando o sexo como obrigação da esposa e direito do marido. Historicamente, o estupro de mulheres já foi considerado crime contra a propriedade – uma vez que a mulher seria sempre propriedade do chefe de família – e como crime contra a ordem e a moral social. O entendimento da violência sexual como crime contra a dignidade da pessoa humana, constituindo violação aos direitos sexuais, surgiu no Ocidente na segunda metade do século XX e integrou-se à legislação nacional somente em 2009.[27] Segundo Schraiber e colaboradores,[28] 30% das mulheres que relatam situações legalmente tipificadas como estupro

---

26 CARIDADE, Sônia; MACHADO, Carla. "Violência na Intimidade Juvenil: da Vitimização à Perpetração". *Análise Psicológica*, 24(4): 485-493, 2016.
27 BRASIL. Lei n. 12.015, de 07 de agosto de 2009 (*DOU*, 07 de agosto de 2009, Seção 1, p. 1). Disponível em: http://www2.camara.leg.br/legin/fed/lei/2009/lei--12015-7-agosto-2009-590268-publicacaooriginal-115434-pl.html. Acesso em: 14 dez. 2016; BRONWMILLER, Susan. *Against our Will: Men, Women and Rape* (ebook). Open Road Media, 2013.
28 SCHRAIBER *et al.* "Violência Vivida: a Dor que não Tem Nome".

sequer reconhecem suas experiências como violência sexual. Cenário semelhante foi observado nos Estados Unidos, levando pesquisadores da área a desenvolverem metodologias que reduzem a distorção causada pela naturalização dos comportamentos sexuais violentos.[29]

A naturalização da masculinidade predatória, constituída por um desejo sexual instintivo e agressivo, justificado na própria "biologia masculina",[30] funciona também como justificativa para a prática de violência sexual, transportando para a vítima a culpa pela agressão. Por outro lado, este mesmo entendimento sobre a masculinidade impede que os homens compreendam a violação de seus corpos como estupro ou, caso a reconheçam, escondam a violência por vergonha ou como forma de proteger a própria identidade masculina. Legalmente, o estupro de homens só foi reconhecido como crime no Brasil após a modificação do Código Penal,[31] que passou a tipificar como crime de estupro qualquer ato libidinoso perpetrado contra a vontade da vítima; até então, a legislação reconhecia como estupro somente os casos em que houvesse penetração vaginal, sendo os casos diversos de violência sexual tipificados como atentado violento ao pudor.

---

29 FISHER; DAIGLE; CULLEN. *Unsafe in the Ivory Tower*.
30 Conforme explicam Thomas Laqueur e Anne Fausto-Sterling (2001), o dimorfismo sexual – a ideia de uma biologia naturalmente dividida entre masculino e feminino – é uma classificação moderna e discursivamente produzida (ver: LAQUEUR, Thomas. *Inventando o Sexo. Corpo e Gênero dos Gregos a Freud*. Rio de Janeiro: Relume Dumará, 2001; FAUSTO-STERLING, Anne. *Sexing the Body. Gender Politics and the Construction of Sexuality*. Nova Iorque: Basic Books, 2000). Referimo-nos aqui, portanto, ao que se entende culturalmente por biologia masculina sem, contudo, ratificar a percepção de que a anatomia corporal é, essencialmente, definidora de identidade.
31 BRASIL. Lei n. 12.015, de 07 de agosto de 2009 (*DOU*, 07 de agosto de 2009, Seção 1, p. 1). Disponível em: http://www2.camara.leg.br/legin/fed/lei/2009/lei-12015-7-agosto--2009-590268-publicacaooriginal-115434-pl.html. Acesso em: 14 dez. 2016/ BRONW-MILLER, Susan. *Against our Will: Men, Women and Rape* (ebook). Open Road Media, 2013.

Violência institucional

Às fronteiras legais e culturais do que se consideram vítimas e situações possíveis no que concerne ao estupro – que já se podem entender como mecanismos de naturalização da violência – soma-se a violência institucional. Entre os muitos fatores que influenciam esta realidade, alguns comentados ao longo deste capítulo, destacam-se a insensibilidade e o despreparo das instituições – sejam sociais, policiais ou jurídicas – ao lidar com casos de violência sexual.[32]

Como prevenir ou intervir em situações de violência sexual?

No que se refere à conscientização para prevenção de violências, sugerem-se atividades que, adequadas à fase de desenvolvimento biopsicossocial dos sujeitos envolvidos, trabalhem noções de autonomia corporal, consentimento e relações de gênero. É relevante que se incentive a denúncia de comportamentos invasivos, desrespeitosos e violentos, bem como o apoio às vítimas e denunciantes. Combater estigmas e mitos também contribui significativamente para a desnaturalização de comportamentos violentos e para o engajamento efetivo no combate à cultura de culpabilização da vítima.

Reconhecer os primeiros sinais de violência – sejam eles, verbais, físicos, psicológicos ou simbólicos –, é imprescindível para que a vítima não seja envolvida num ciclo de agressões, medos e angústias. Os danos causados por esse tipo de violência são contundentes e podem durar uma vida toda, inclusive, e serem transmitidos para outras gerações. Os problemas e dificuldades causados são graves e afetam não só a relação familiar, como a produtividade no trabalho, a saúde, o desempenho, o desenvolvimento educacional e até a saúde financeira do indivíduo.

---

32 SALDANHA. "Violência Sexual em Contexto Universitário"; SALDANHA. "Contribuições Acadêmicas ao Enfrentamento da Violência Sexual nas Universidades Brasileiras".

Em relação ao indivíduo, é importante ficar atento aos comportamentos violentos, às imposições, às arbitrariedades e às atitudes desrespeitosas, como numa prevenção primária,[33] ou seja, antecipar-se à violência antes que ocorra. É também muito importante cuidar de si mesmo e aprender a nutrir-se psicologicamente,[34] ou seja, identificar as próprias necessidades emocionais, investir numa relação de troca, cumplicidade e, principalmente, de respeito.

Infelizmente, as delegacias especializadas no atendimento à mulher fecham aos fins de semana, além de existirem em quantidade insuficiente para atender a esta demanda. Uma Comissão de Segurança Pública aprovou, em 31 de agosto de 2016, o projeto de Lei n. 42/15, do deputado Sergio Vidigal (PDT-ES), que amplia o funcionamento de tais delegacias para 24 horas por dia, sete dias por semana. O parecer da relatora, deputada Rosangela Gomes (PRB-RJ), foi favorável à proposta que aguarda, pronta para pauta, na Comissão de Constituição e Justiça e de Cidadania (CCJC).[35]

O Ministério dos Direitos Humanos disponibiliza em sua página diversos canais de denúncia, como o Disque 100, que funciona 24 horas por dia e recebe ligações de forma gratuita; o aplicativo Projeta Brasil e a Ouvidoria Online, que recebem denúncias através de formulário preenchido virtualmente.[36]

Referências

BRASIL. *Boletim Epidemiológico*, 27(49), jun. 2018. Disponível em: http://portalarquivos2.saude.gov.br/images/pdf/2018/junho/25/2018-024.pdf. Acesso em: 10 out. 2018.

---

33 DAHLBERG, Linda. L.; KRUG, Etienne. G. "Violence: a Global Public Health Problem". *In*: KRUG, Etienne. G. *et al.* (eds.). *World Report on Violence and Health*. Genebra: World Health Organization, 2002, p. 3-21. Disponível em: http://www.scielo.br/scielo.php?script=sci_arttext&pid=S1413-81232006000500007. Acesso em: 12 mar. 2017.
34 PIMENTEL, Adelma. *Violência Psicológica nas Relações Conjugais: Pesquisa e Intervenção Clínica*. São Paulo: Summus, 2011.
35 Ver: www.camara.gov.br/proposicoesWeb/fichadetramitacao?idProposicao=944308.
36 Ver: www.mdh.gov.br/informacao-ao-cidadao/disque-100.

_____. Decreto-Lei n. 2.848, de 07 de dezembro de 1940 (*DOU*, 07 de dezembro de 1940, Seção 1, p. 23911). Disponível em: http://www.planalto.gov.br/ccivil_03/decreto-lei/Del2848compilado.htm. Acesso em: 14 dez. 2016.

_____. Lei n. 12.015, de 07 de agosto de 2009 (*DOU*, 07 de agosto de 2009, Seção 1, p. 1). Disponível em: http://www2.camara.leg.br/legin/fed/lei/2009/lei-12015-7-agosto--2009-590268-publicacaooriginal-115434-pl.html. Acesso em: 14 dez. 2016.

BRONWMILLER, Susan. *Against our Will: Men, Women and Rape* (ebook). Open Road Media, 2013.

BUTLER, Judith. *Problemas de Gênero: Feminismo e Subversão da Identidade*. 8. ed. Trad. Renato Aguiar. Rio de Janeiro: Civilização Brasileira, 2015.

CARIDADE, Sônia; MACHADO, Carla. "Violência na Intimidade Juvenil: da Vitimização à Perpetração". *Análise Psicológica*, 24(4): 485-493, 2016.

CASTANHO, Gisela Pires. "Abuso Sexual Intrafamiliar e Transmissão Psíquica". *In: XVII Congresso Brasileiro de Psicodrama*, 2010. Disponível em: http://principo.org/gisela-m-pires-castanho-abuso-sexual-intrafamiliar-e-transmiss.html. Acesso em: 13 mar. 2017.

CERQUEIRA, Daniel *et al*. *Atlas da Violência 2018*. Rio de Janeiro: Ipea/FBSP, 2018.

CERQUEIRA, Daniel; COELHO, Danilo de Santa Cruz. *Estupros no Brasil: uma Radiografia segundo os Dados da Saúde*. Brasília: IPEA, 2014. Disponível em: http://www.agenciapatriciagalvao.org.br/dossie/wp-content/uploads/2015/07/IPEA_estupronobrasil2014.pdf. Acesso em: 27 dez. 2016.

CHILDHOOD – Pela Proteção da Infância. Disponível em: https://www.childhood.org.br/nossa-causa#numeros-da-causa. Acesso em: 13 mar. 2017.

CUSCHNIR, Luiz. *O Homem e suas Máscaras: Paixões e Segredos dos Homens*. Rio de Janeiro: Campus, 2002.

DAHLBERG, Linda. L.; KRUG, Etienne. G. "Violence: a Global Public Health Problem". *In*: KRUG, Etienne. G. et al. (eds.). *World Report on Violence and Health*. Genebra: World Health Organization, 2002, p. 3-21. Disponível em: http://www.scielo.br/scielo.php?script=sci_arttext&pid=S1413-81232006000500007. Acesso em: 12 mar. 2017.

DEFENSORIA PÚBLICA DO ESTADO DE SÃO PAULO. *Vamos Falar sobre Assédio Sexual*. Disponível em: https://www.defensoria.sp.def.br/dpesp/repositorio/41/folderassedio.pdf. Acesso em: 08.03.2017.

FISHER, Bonnie S.; CULLEN, Francis T.; TURNER, Michael G. *The Sexual Victimization of College Women*. Washington, D.C.: Department of Justice, National Institute of Justice and Bureau of Justice Statistics, 2000. Disponível em: https://www.ncjrs.gov/pdffiles1/nij/182369.pdf. Acesso em: 05 jan. 2017.

FISHER, Bonnie S.; DAIGLE, Leah E.; CULLEN, Francis T. *Unsafe in the Ivory Tower: the Sexual Victimization of College Women*. Los Angeles/Londres/Nova Deli, Singapura/Washington, D.C.: Sage Publications, 2009.

FÓRUM BRASILEIRO DE SEGURANÇA PÚBLICA. *Anuário Brasileiro de Segurança Pública - 2018*. Disponível em: http://www.forumseguranca.org.br/wp-content/uploads/2018/08/FBSP_Anuario_Brasileiro_Seguranca_Publica_Infogr%C3%A1fico_2018.pdf. Acesso em: 08 out. 2018.

_____. *Anuário Brasileiro de Segurança Pública - 2017*. Disponível em: http://www.forumseguranca.org.br/wp-content/uploads/2017/12/ANUARIO_11_2017.pdf. Acesso em: 08 out. 2018.

_____. *Anuário Brasileiro de Segurança Pública - 2016*. Disponível em: http://www.forumseguranca.org.br/wp-content/uploads/2017/01/Anuario_Site_27-01-2017-RETIFICADO.pdf. Acesso em: 08 out. 2018.

FURNISS, Tilman. *Abuso Sexual da Criança: uma Abordagem Multidisciplinar*. Trad. Maria Adriana Veríssimo Veronese. Porto Alegre: Artes Médicas, 1993.

INSTITUTO AVON; DATA POPULAR. *Violência Contra a Mulher: o Jovem está Ligado?* 2014. Disponível em: http://agenciapatriciagalvao.org.br/wp-content/uploads/2014/12/pesquisaAVON-violencia-jovens_versao02-12-2014.pdf. Acesso em: 16 mar. 2017.

IPEA/FÓRUM BRASILEIRO DE SEGURANÇA PÚBLICA. *Atlas da Violência – 2018*. Disponível em: http://www.ipea.gov.br/portal/images/stories/PDFs/relatorio_institucional/180604_atlas_da_violencia_2018.pdf. Acesso em: 10 out. 2018.

LOWENKRON, Laura. "(Menor)idade e Consentimento Sexual em uma Decisão do STF". *Revista de Antropologia*, 50(2): 713-745, 2007.

OLIVEIRA, Márcia Rovena de. "Violência Sexual". In: FLEURY-TEIXEIRA, Elizabeth; MENEGUEL, Stela N. (orgs.) *Dicionário Feminino da Infâmia: Acolhimento e Diagnóstico de Mulheres em Situação de Violência*. Rio de Janeiro: FIOCRUZ, 2015.

PIMENTEL, Adelma. *Violência Psicológica nas Relações Conjugais: Pesquisa e Intervenção Clínica*. São Paulo: Summus, 2011.

RICH, Adrienne. "Homossexualidade Compulsória e Existência Lésbica". *Bagoas - Estudos Gays: Gêneros e Sexualidade*, 4(5): 17-44, 2010.

SAFFIOTI, Heleieth. *O Poder do Macho*. São Paulo: Moderna, 1987.

SALDANHA, Mônica. "Contribuições Acadêmicas ao Enfrentamento da Violência Sexual nas Universidades Brasileiras". *Revista Brasileira de Sexualidade Humana*, 26(2): 73-82, 2015.

_____. "Violência Sexual em Contexto Universitário". *Revista Brasileira de Sexualidade Humana*, 25(1): 51-59, 2014.

SAMPSON, Rana. "Acquaintance Rape of College Students". *In*: US DEPARTMENT OF JUSTICE. *Problem Oriented Guides for Police, Problem-Specific Guides Series*, 17, 2003. Disponível em: http://digitalcommons.unl.edu/cgi/viewcontent. cgi?article=1095&context=publichealthresources. Acesso em: 27 dez. 2016.

SCHRAIBER, Lilia B. *et al.* "Prevalência da Violência contra a Mulher por Parceiro Íntimo em Regiões do Brasil". *Revista de Saúde Pública*, 41(5): 797-807, 2007.

_____. *et al.* "Violência contra Mulheres entre Usuárias de Serviços Públicos de Saúde da Grande São Paulo". *Revista de Saúde Pública*, 41(3): 359-367, 2007.

_____. *et al.* "Violência Vivida: a Dor que Não Tem Nome". *Interface – Comunicação, Saúde e Educação*, 7(12): 41-54, 2003.

11
Violência na infância
Por que é importante falar sobre isso?

Rita Cássia Pereira Bueno[1]

Introdução

A infância é caracterizada empiricamente como um período especial na vida das crianças. Nesta fase, muitos pais e responsáveis voltam as atenções para o desenvolvimento motor, psicológico e cognitivo da criança, e toda conquista, geralmente, é aplaudida ou celebrada pela família, pelo círculo social e pelo ambiente educativo. Isso é importante para a formação e solidificação desse ser como adulto, porém, ao ampliar o espectro óptico do ser humano, é possível perceber que as infâncias são múltiplas e a descrição inicial não é pertinente para a maioria da população mundial de crianças, para a qual "ser criança não significa ter infância".[2]

Antes de prosseguir, faz-se necessário registrar os marcadores cronológicos da infância, que divergem para as diferentes

---

[1] Rita Cássia Pereira Bueno é mestra em Educação Sexual (Universidade Estadual Paulista Júlio de Mesquita Filho – UNESP), especialista em Educação Sexual (Centro Universitário Salesiano de São Paulo – UNISAL), em Metodologia do Ensino de Biologia e Química (Centro Universitário Internacional – UNINTER) e membro do Grupo de Pesquisa "Sexualidade Humana" (CNPq) do UNISAL

[2] Expressão retirada do documentário "A Invenção da Infância" de Liliana Sulzbach, Brasil, 2000.

organizações. O Estatuto da Criança e do Adolescente (ECA) considera criança alguém com idade entre 0 e 11 anos; para a Organização Mundial de Saúde e o Ministério da Saúde (OMS/MS) trata-se de indivíduos que apresentam entre 0 e 9 anos de idade e para a Organização das Nações Unidas (ONU) são crianças os seres humanos que apresentam 0 até 18 anos de idade. Entre as classificações citadas, adotaremos a faixa etária do ECA (0 e 11 anos) como referência neste capítulo.

O prazer de brincar e sorrir, o prazer das alegrias, do amor, do carinho e das despreocupações, são referências da infância e deveriam estar presentes na vida de todas as crianças. Mas sabemos que essa não é a realidade vivida por todas elas: para muitas, o "cenário" não é nada afável, pois vivem expostas à miséria, à tristeza e à violência. Aqui aprofundaremos o impacto da violência na infância.

Krug e companheiros definem o termo violência como sendo:

> o uso intencional da força física ou do poder, real ou em ameaça, contra si próprio, contra outra pessoa, ou contra um grupo ou uma comunidade, que resulte ou tenha grande possibilidade de resultar em lesão, morte, dano psicológico, deficiência de desenvolvimento ou privação.[3]

Associar a palavra violência à infância é algo que causa incômodo para muitas pessoas, mas é uma realidade que atinge diversas vítimas independentemente do sexo, da cultura, da religião e do nível socioeconômico. Violência é uma questão de saúde pública e "resulta em altos custos econômicos e sociais para a sociedade e também tem profundos efeitos emocionais nas famílias, devido ao impacto na saúde, na qualidade de vida e nos anos potenciais de vida perdidos".[4]

---

3   KRUG, Etienne G.; DAHLBERG, Linda L.; MERCY, James A.; ZWI, Anthony B.; LOZANO, Rafael (eds.). *Relatório Mundial sobre Violência e Saúde*. Genebra: Organização Mundial da Saúde, 2002, p. 5.
4   BRASIL. *Linhas de Cuidado para a Atenção Integral à Saúde de Crianças, Adolescentes e*

Dados fornecidos pelo *Childhood* Brasil elucidam a realidade da violência no Brasil. Em 2014, o Disque Denúncia registrou mais de 91 mil denúncias que inferiam e violavam os Direitos das Crianças e dos Adolescentes. Os tipos de violência citados foram: negligência, violência psicológica, violência física e violência sexual. O instituto ainda relatou que tais dados não representam, necessariamente, o tamanho do problema, mas sim como ele está inserido na sociedade.

O aumento no número de casos de violência na infância e a subnotificação mostram que é possível que muitas crianças e adolescentes estejam crescendo em meio a uma cultura violenta; porém, o convívio social com ela normatiza o problema, tornando difícil para a criança entender que seus direitos estão sendo violados, passando, assim, a reproduzir comportamentos violentos como algo normal. Para Minayo, a "violência é uma construção social e pessoal e não faz parte da natureza do ser humano";[5] consequentemente, não é plausível que situações como essas não sejam passíveis de intervenção.

Crianças e adolescentes, bem como todos os seres humanos, são dignos de direitos. Em se tratando de violência infantil, crianças e adolescentes têm o direito de não sofrerem nenhum tipo de violência. O artigo 227 da Constituição Federal ratifica que:

> É dever da família, da sociedade e do Estado assegurar à criança e ao adolescente, com absoluta prioridade, o direito à vida, à saúde, à alimentação, à educação, ao lazer, à profissionalização, à cultura, à dignidade, ao respeito, à liberdade e à convivência familiar e comunitária, além de colocá-los a salvo de toda forma de negligência, discriminação, exploração, violência, crueldade e opressão.[6]

---

suas Famílias em Situação de Violências: Orientação para Gestores e Profissionais de Saúde. Brasília: Ministério da Saúde, 2010.
5 MINAYO, Maria Cecília de Souza. *O Desafio do Conhecimento: Pesquisa Qualitativa em Saúde.* 7. ed. São Paulo/Rio de Janeiro: Hucitec/Abrasco, 2000.
6 BRASIL. *Constituição da República Federativa do Brasil (1988).* Brasília: Senado

Portanto, submeter o tema "violência" à discussão desde a infância contribui com a criação de uma nova cultura, uma cultura de paz. Ações de empoderamento oportunizam que crianças e adolescentes compreendam que são dignas de direitos, que não são culpadas de determinados crimes, que existem conselhos e legislações que os protegem e apoiam e punem os agressores.

Quem pratica violência na infância?

A violência na infância geralmente ocorre no âmbito do seio intrafamiliar, podendo, assim, ser praticada por entes de laços consanguíneos, como também por pessoas próximas à família, de ciclos sociais e educativos, ou seja, em qualquer ambiente que exista uma criança é possível que alguém a violente. De acordo com Francischini: "a violência contra crianças ocorre no lar e na família, nas escolas e outros ambientes educacionais, em sistemas assistenciais e de justiça, nos locais de trabalho e na comunidade, de um modo geral".[7]

Nesses ambientes, a violência é praticada de diversas maneiras. A pessoa que usa do seu poder para se sobressair ou se favorecer em determinadas situações está cometendo um assédio; a que agride fisicamente, violência física, e quem agride verbalmente, violência psicológica. Praticam também a violência na infância aqueles que não oferecem cuidados e atenções básicas necessárias às crianças (negligência), que as envolvem em relações sexuais (violência sexual), e/ou as incitam a satisfazer prazeres sexuais (abuso sexual). Conforme Pinheiro, a violência compreende

> todas as formas de violência física ou mental, ferimento e abuso, negligência ou tratamento negligente, maus-tratos ou

---

Federal. Disponível em: https://www.jusbrasil.com.br/topicos/10644726/artigo-227-da--constituicao-federal-de-1988. Acesso em: 25 fev. 2017.
7 FRANCISCHINI, Rosângela; NETO, Manoel Onofre de Souza. "Enfrentamento à Violência contra Crianças e Adolescentes: Projeto Escola que Protege". *Revista do Departamento de Psicologia (UFF)*, 19(1): 243-252, 2007.

exploração, inclusive abuso sexual. (...) Abuso ou maltrato infantil constitui toda forma de maltrato físico e/ou psicológico, abuso sexual ou tratamento negligente ou comercial ou outra forma de exploração que cause ou possa causar dano à saúde da criança, à sua sobrevivência ou dignidade no contexto de uma relação de responsabilidade, confiança ou poder.[8]

No ambiente escolar, a violência é praticada quando, por exemplo, o preconceito de alguns educadores ultrapassa os direitos dos alunos. Informações vinculadas à sexualidade e, consequentemente, ao empoderamento do corpo, muitas vezes, são veladas; alguns educadores alegam ser um tema desnecessário, outros acreditam que crianças não precisam saber disso, e há também os que não trabalham por falta de formação e intimidade com a temática. O educador, ao falhar na transmissão desse conhecimento, mesmo sem ter total consciência disso, está contribuindo com a construção de uma cultura de violência, pois a informação é a chave do conhecimento, empoderamento e prevenção.

Ao tratar da violência na infância, o Ministério da Saúde define que "quaisquer atos ou omissões dos pais, parentes, responsáveis, instituições e, em última instância, da sociedade em geral, que redundam em dano físico, emocional, sexual e moral às vítimas"[9] constituem violência.

Como se manifesta/identifica/percebe a violência na infância?

Crianças vítimas de violências apresentam mudanças bruscas de comportamento e humor: "os sinais da violência se traduzem

---

[8] PINHEIRO, Paulo Sérgio. "Violência contra Crianças: Informe Mundial". *Ciência & Saúde Coletiva*, 11, 2006. Disponível em: http://www.scielo.br/scielo.php?script=sci_arttext&pid=S1413-81232006000500023. Acesso em: 20 mar. 2017.
[9] BRASIL. Portaria MS/GM n. 737, de 16 de maio de 2001, Política Nacional de Redução da Morbimortalidade por Acidentes e Violências, do Ministério da Saúde (*DOU*, 18 de maio de 2001, Seção 1).

em consequências que podem ser distintas segundo a etapa do desenvolvimento".[10] Por meio de um olhar atento, o adulto poderá perceber marcas no corpo que indicam violência física; porém, para reconhecer outros tipos de violência como a psicológica e a sexual, é preciso atentar-se ao seu comportamento, "verificando mudanças, repetição e frequência com que os sinais estão aparecendo e, se os mesmos se mantêm, deve-se questionar quando apareceram, (...) e qual a frequência com que acontecem".[11]

É possível perceber, entre os diversos sintomas, que o apetite de crianças vítimas de violência se altera: ou não comem nada ou colocam toda angústia na comida e comem muito. O choro e a tristeza, aparentemente sem motivo, ocupam o lugar do sorriso e da alegria. O comportamento sexual pode ser alterado, abrindo espaço para a presença da masturbação excessiva, brincadeiras eróticas e sensuais, antes inexistentes. O medo de ficar só e a dificuldade de concentração também marcam presença em situações de violência, entretanto, "quanto mais precoce, intensa ou prolongada a situação de violência, maiores e mais permanentes serão os danos para a criança e o adolescente".[12]

A Prefeitura de Itapetininga relata que, dependendo da violência sofrida, a criança pode demonstrar: "dificuldade em adaptar-se à escola, aversão ao contato físico, comportamento incompatível com a idade (regressões), depressão, relatos de agressões sexuais e até tentativa de suicídio".[13]

Os sinais de violência contra crianças e adolescentes são peculiares e complexos, portanto, outros, além dos citados,

---

10   BRASIL. *Linha de Cuidado para a Atenção Integral à Saúde de Crianças, Adolescentes e suas Famílias em Situação de Violências*, p. 35.
11   BRINO, Rachel de F.; GIUSTO, Roselaine de O.; BANNWART, Thaís H. *Combatendo e Prevenindo os Abusos e/ou Maus-Tratos contra Crianças e Adolescentes: o Papel da Escola*. São Carlos: Laboratório de Análise e Prevenção da Violência, 2011, p. 19.
12   BRASIL. *Linha de Cuidado para a Atenção Integral à Saúde de Crianças, Adolescentes e Suas Famílias em Situação de Violências*, p. 35.
13   PREFEITURA MUNICIPAL DE ITAPETININGA. *Como Identificar, Prevenir e Combater a Violência Sexual contra Crianças e Adolescentes*. Itapetininga: [s.ed.], 2007, p. 9.

podem surgir, sendo necessário envolver profissionais qualificados que saibam acolher as vítimas e, consequentemente, proceder à ocorrência.

Por que as pessoas não conseguem ver e geralmente negam a violência na infância?

Violência na infância é um tema delicado e intrigante, porém independentemente da circunstância, nada justifica tal crime. Infelizmente, nem sempre o adulto consegue se dar conta dela ou aceitá-la. Relatos de violências sofridas por crianças nem sempre têm credibilidade. Nunes e Sales afirmam que "quanto menor a idade, maior a vulnerabilidade e o risco de violência",[14] ou seja, as crianças são as maiores vítimas, porém, a fantasia e a imaginação características da idade delas dificultam a percepção do adulto, contudo, é relevante frisar que alguns relatos não são condizentes com a idade e o desenvolvimento cognitivo, portanto, atentar-se a isso é fundamental para saber se o mesmo é verídico ou não. Essa falta de sensibilidade perante o tema e a criança, somada à dificuldade de aceitação, na qual um membro da família ou do círculo social possa ser o agressor, faz com que muitos adultos ignorem essa discussão e não confiem no relato das crianças.

Em meio às violências, principalmente a sexual, as vítimas precisam, também, ultrapassar a barreira do medo, da insegurança, da pressão e da chantagem emocional para poder pedir ajuda. Muitas não conseguem superar essas barreiras e dão oportunidade para o silêncio, mas, quando esse limite é ultrapassado, é de fundamental importância que o adulto ouça e acolha a vítima, para assim, consequentemente, notificar e transferir o caso e a responsabilidade da investigação para os órgãos públicos, os quais

---

14 NUNES, Antonio J.; SALES, Magda C. V. "Violência contra Crianças no Cenário Brasileiro". *Ciência & Saúde Coletiva*, 21(3): 871-880, 2016. Disponível em: http://www.scielo.br/pdf/csc/v21n3/1413-8123-csc-21-03-0871.pdf. Acesso em 22 fev. 2017.

serão incumbidos de apurar a veracidade e a dimensão da denúncia, além de aplicar a determinada punição. "É um direito da criança, do(a) adolescente e da família viver em um ambiente que promova o bem-estar físico, social e emocional livre de qualquer forma de violência, opressão ou negligência."[15]

A violência precisa ser denunciada. Só assim os direitos das crianças e dos adolescentes serão garantidos. Mesmo em casos de suspeita, é de grande valia salientar que a pessoa que sabe ou suspeita de alguma situação de violência, e não a denuncia, torna-se conivente e cúmplice do crime.

O que fazer, como intervir, como trabalhar o tema da violência na infância?

A princípio faz-se necessário ouvir atentamente o relato da criança, atentando-se para não intervir e não solicitar a repetição do caso; a criança está abalada e fragilizada com o ocorrido, portanto, é indispensável confiar em seu relato e, consequentemente, denunciar o caso para o Conselho Municipal da Criança e do Adolescente da cidade, Órgão Público que dará continuidade ao processo.

No momento da denúncia, a criança não deve ser exposta, não deve ser constrangida e muito menos culpada; ela precisa saber que o adulto confia nela, pois isso a ajudará a sentir-se segura; é importante dizer que fez bem em contar o ocorrido, que estará amparada e receberá o suporte necessário.

O tema violência precisa ser discutido, abordado e trabalhado com crianças e adolescentes. É necessário fomentar uma cultura de empoderamento e reconhecimento de direitos entre eles, pois "o aumento no número de casos de violência infantil, segundo os dados epidemiológicos mundiais e brasileiros, mostra cada vez

---

15 BRASIL. *Linha de Cuidado para a Atenção Integral à Saúde de Crianças, Adolescentes e suas Famílias em Situação de Violências*, p. 71.

mais que é necessário demandar ações de controle, por meio de condutas preventivas, pelos setores sociais envolvidos, bem como profissionais de saúde, conselhos tutelares, entre outros".[16] Essa conduta preventiva é uma das lacunas que deve ser preenchida pelo setor público; bons profissionais devem ter amparo para poder transmitir conhecimento e, consequentemente, empoderar as crianças e os adolescentes.

Entre as várias estratégias existentes, a citada nesse capítulo é pautada no guia de Orientações Técnicas de Educação em Sexualidade para o cenário Brasileiro da UNESCO,[17] proposta que não constitui uma "receita pronta", mas precisa ser adequada à realidade do grupo em trabalho, bem como respeitar a faixa etária e o nível de compreensão de cada criança, zelando para não inferir a privacidade e não ultrapassar limites.

De acordo com o guia de Orientações Técnicas de Educação em Sexualidade da UNESCO,[18] dentro do contexto "Violência de gênero, abuso sexual e práticas prejudiciais", indica-se trabalhar com as seguintes ideias-chave com crianças de 5 a 8 anos de idade (Nível I):

1. "Os direitos humanos protegem todas as pessoas contra o abuso/violência sexual e violência de gênero":
2. "O toque inapropriado, o sexo indesejado e o estupro são formas de abuso/violência sexual";
3. "O abuso/violência sexual é sempre errado e jamais é culpa da pessoa abusada".

Após prévia interpretação das ideias-chave, sugere-se que:

---

16 NUNES; SALES. "Violência contra Crianças no Cenário Brasileiro".
17 UNESCO BRASIL. *Orientações Técnicas de Educação em Sexualidade para o Cenário Brasileiro: Tópicos e Objetivos de Aprendizagem*. Brasília: UNESCO, 2014.
18 UNESCO BRASIL. *Orientações Técnicas de Educação em Sexualidade para o Cenário Brasileiro*, p. 32.

- Inicialmente, os profissionais devem fazer uma sondagem para saber o que as crianças retêm de informações sobre o tema "violência";
- Em seguida, com posse das informações colhidas, colocar os eixos norteadores (1, 2 e 3) no quadro, preferencialmente um por vez, ou o que melhor convier para o grupo de crianças em questão;
- Apresentar a frase a eles e anotar no quadro, como uma tempestade de ideias, todas as informações que eles levantaram anteriormente e as que surgirem no momento;
- Se até então não surgir questionamento do significado de determinadas palavras, aproveitar a oportunidade para explicar pois, dependendo do grupo, muitos deixam de participar por não saber o significado. Nesse momento, o professor tem que deixar a malícia do adulto de lado e explicar de forma simples e neutra os termos questionados e as dúvidas;
- Dentro de ambientes escolares, é possível articular as ideias-chave com as disciplinas do currículo. A primeira pode ser trabalhada com Português e História; a segunda, com Ciências, e a terceira, com Matemática;

De maneira simples, porém construtiva e participativa, o tema violência pode ser abordado e debatido, abrindo espaço para o reconhecimento de direitos e empoderamento.

Referências

BRASIL. *Linhas de Cuidado para a Atenção Integral à Saúde de Crianças, Adolescentes e suas Famílias em Situação de Violências: Orientação para Gestores e Profissionais de Saúde*. Brasília: Ministério da Saúde, 2010.

_____. *Constituição da República Federativa do Brasil (1988)*. Brasília: Senado Federal. Disponível em: https://www.jusbrasil.

com.br/topicos/10644726/artigo-227-da-constituicao-federal-de-1988. Acesso em: 25 fev. 2017.

BRINO, Rachel de F.; GIUSTO, Roselaine de O.; BANNWART, Thaís H. *Combatendo e Prevenindo os Abusos e/ou Maus-Tratos contra Crianças e Adolescentes: o Papel da Escola*. São Carlos: Laboratório de Análise e Prevenção da Violência, 2011.

CHILDHOOD. Pela Proteção da Infância - Brasil. Números da Causa. Disponível em: https://www.childhood.org.br/nossa--causa#numeros-da-causa. Acesso em: 27 fev. 2017.

FRANCISCHINI, Rosângela; NETO, Manoel Onofre de Souza. "Enfrentamento à Violência contra Crianças e Adolescentes: Projeto Escola que Protege". *Revista do Departamento de Psicologia (UFF)*, 19(1): 243-252, 2007.

KRUG, Etienne G.; DAHLBERG, Linda L.; MERCY, James A.; ZWI, Anthony B.; LOZANO, Rafael (eds.). *Relatório Mundial sobre Violência e Saúde*. Genebra: Organização Mundial da Saúde, 2002.

MINAYO, Maria Cecília de Souza. *O Desafio do Conhecimento*: *Pesquisa Qualitativa em Saúde*. 7. ed. São Paulo/Rio de Janeiro: Hucitec/Abrasco, 2000.

NUNES, Antonio J.; SALES, Magda C. V. "Violência contra Crianças no Cenário Brasileiro". *Ciência & Saúde Coletiva*, 21(3): 871-880, 2016. Disponível em: http://www.scielo.br/pdf/csc/v21n3/1413-8123-csc-21-03-0871.pdf. Acesso em 22 fev. 2017.

PINHEIRO, Paulo Sérgio. *Relatório para o Estudo das Nações Unidas sobre a Violência contra Crianças*. Assembleia Geral das Nações Unidas, 2006. Disponível em: http://www.unicef.org/brazil/pt/Estudo_PSP_Portugues.pdf. Acesso em: 07 nov. 2016.

_____. "Violência contra Crianças: Informe Mundial". *Ciência & Saúde Coletiva*, 11, 2006. Disponível em: http://www.scielo.br/scielo.php?script=sci_arttext&pid=S1413-81232006000500023. Acesso em: 20 mar. 2017.

PREFEITURA MUNICIPAL DE ITAPETININGA. *Como Identificar, Prevenir e Combater a Violência Sexual contra Crianças e Adolescentes.* Itapetininga: [s.ed.], 2007.

UNESCO BRASIL. *Orientações Técnicas de Educação em Sexualidade para o Cenário Brasileiro: Tópicos e Objetivos de Aprendizagem.* Brasília: UNESCO, 2014.

12
Violência de gênero: quando a liberdade das meninas incomoda

Sonia Maria Ferreira Koehler¹

Introdução

A expressão "meninas assanhadas", termo utilizado de forma habitual pelas pessoas ao longo de centenas de anos, expressa um modo de comportamento – incluindo aparência, maneira de se vestir, olhar, pentear, maquiar, gesticular – divergente do esperado e daquilo que foi normatizado em um dado momento histórico e em uma dada sociedade, revelando, portanto, alguns pressupostos para a violência de gênero.

De acordo com o dicionário Houaiss, "assanhar" significa "provocar ou ter sanha (...); despertar ou revelar muito interesse, excitação, às vezes, com falta de compostura ou comedimento; alvoroçar-se; oferecer-se eroticamente ('aquela moça assanha-se

---

1 Sonia Maria Ferreira Koehler, psicóloga, é doutora em Psicologia Escolar e do Desenvolvimento Humano (Universidade de São Paulo), mestra em Psicologia da Educação (Pontifícia Universidade Católica de São Paulo), especialista em Educação em Sexualidade (Centro Universitário Salesiano de São Paulo – UNISAL), Terapia Sexual (UNISAL), Violência Doméstica contra Crianças e Adolescentes (Universidade de São Paulo) e Psicopedagogia (Universidade de Taubaté – INITAU); professora e coordenadora do Observatório de Violência nas Escolas, do UNISAL (Lorena) e membro do Grupo de Pesquisa "Sexualidade Humana" (CNPq) do UNISAL.

para todos'); pessoa que é agitada, veemente, impetuosa, desavergonhada, irrequieta".[2]

O termo "assanhada" é bem antigo e está registrado na história, denominando comportamentos femininos considerados ousados, que diferem do esperado para moças que nascem e são educadas para casar. A mulher deve ser "bela, recatada e do lar",[3] valores tradicionalmente atribuídos àquelas que são donas de casa e cuidam dos filhos, como apontam os estudos de Ribeiro e Sarti, quando descrevem os retratos da mulher brasileira através dos tempos e demonstram a compreensão da feminilidade sob a ótica das representações sociais nas relações entre mulheres e homens.[4] Essas autoras demonstram que os estereótipos "recatada e do lar" são atribuídos à mulher da qual se espera que esteja sempre disposta e seja sempre sensível, delicada, boa mãe, boa esposa e boa filha. Essa mulher não pode falar alto, dizer palavrões, trabalhar fora de casa e, caso trabalhe, não pode ganhar mais do que o homem ou ser melhor do que ele. O "emprego" dessa mulher é o "cuidado" ao marido.

O Houaiss define como "recatada" a pessoa "(...) difícil de se ver em público; retirada; pudica; que tem recato e modéstia; que não faz alarde (trajes e costumes); que pensa, age e se comporta com comedimento – antonímia de devasso e presumido"; portanto, viver em recato é ocultar-se no cerne do lar, saber todo tipo de prenda, não gargalhar, cruzar as pernas comedidamente ao sentar-se, usar trajes e costumes discretos, que não chamem a atenção. Quando o

---

[2] HOUAISS, Antonio; VILLAR, Mauro de Salles (orgs.). *Dicionário Houaiss da Língua Portuguesa: com a Nova Ortografia da Língua Portuguesa*. Rio de Janeiro: Objetiva, 2009.
[3] Valores atribuídos à esposa do Presidente da República do Brasil, Michel Temer. Na época, os jornais do país divulgaram uma entrevista do então Presidente sobre sua esposa, Marcela Temer, a quem ele denominou "bela, recatada e do lar". Ver: LINHARES, Juliana. "Marcela Temer: Bela, Recatada e 'do Lar'". *Veja*, 18 abr. 2016. Disponível em: https://veja.abril.com.br/brasil/marcela-temer-bela-recatada-e-do-lar/. Acesso em: 07 set. 2018.
[4] RIBEIRO, Silvana. *Retratos de Mulher: Construções Sociais e Representações Visuais do Feminino*. Braga: Universidade do Minho, 2002; SARTI, Cynthia Andersen. "O Feminismo Brasileiro desde os Anos 1970: Revisitando uma Trajetória". *Revista de Estudos Feministas*, 12(2): 35-50, maio-ago. 2004 (Florianópolis).

comportamento ou a vestimenta resultam destoantes do esperado, a pessoa passa a ser considerada assanhada, exatamente o oposto de "recatada e do lar".

A manifestação linguística demonstra e reafirma a transmissão inconsciente de valores que permeiam os discursos e determinam os papéis que homens e mulheres desempenham em determinadas sociedades. Por exemplo, o dito "prendam suas cabras que meu bode está solto" vigorou com grande entusiasmo entre os pais de meninos, considerados por eles machos e viris, e ainda parece exercer um fascínio muitas vezes velado entre as famílias e as meninas que pensam em se casar e serem "felizes para sempre". A menina-mulher de "boa família" deve ser protegida, conduzida a demonstrar "recato", pois sua ocupação produtiva são as prendas domésticas, como saber arrumar, bordar, cozinhar, servir sexualmente, exercer a maternagem e manter-se sempre linda para não perder o marido. Assim, estabelece-se um contrato estável, feito para durar até a morte.[5]

Os papéis sociais atribuídos a homens e a mulheres são acompanhados de códigos de conduta introjetados pela educação diferenciada. Expressões como "toda menina é vaidosa", "gosta de brincar de panelinha", "gosta de brincar de mamãe e filhinha", são expressões que demonstram o que a sociedade ensina e espera das meninas, futuras mulheres adultas. "Quando generalizações como essas são repetidas em casa, na igreja, na televisão, na escola ou nas diversas situações do dia a dia, reafirmam-se normas de gênero".[6] Assim fica estabelecido o que "é coisa de menino" e o que "é coisa de menina", fomentado a construção de sexualidades e de identidades de gênero – a serem reproduzidas e reelaboradas pelas crianças – impregnadas,

---

5   SAFFIOTI, Heleieth I. B. *O Poder do Macho*. São Paulo: Moderna, 1987; STUDART, Heloneida. *Mulher: Objeto de Cama e Mesa*. 26. ed. Petrópolis: Vozes, 1978.
6   LINS, Beatriz Accioly; MACHADO, Bernardo Fonseca; ESCOURA, Michele. *Diferentes, não Desiguais: a Questão de Gênero na Escola*. São Paulo: Reviravolta, 2016, p. 16.

em especial, pelos modelos de feminilidade pensados e exigidos pelas próprias meninas, os quais estão presentes nos jogos e brincadeiras entre garotos e garotas. Dentre eles, destacamos aqui o modelo hegemônico patriarcal, hierarquizado, espelho dos padrões mediterrâneos e demarcador da dominação masculina. Como aponta Lins, essas afirmações implicam na justificativa de comportamentos e na reafirmação das diferenças entre os sexos, além de ensinar a reprodução das desigualdades e reafirmar o que toda sociedade espera de homens e mulheres, meninos e meninas.[7] O não enquadramento do comportamento feminino ou qualquer violação aos códigos de conduta, demarcados cultural e socialmente e internalizados como práticas e atividades relacionadas ao sexo feminino, passaram a legitimar atitudes masculinas de mandos e desmandos, desencadeando o que denominamos violência de gênero.

Quem são as meninas assanhadas?

Atualmente, existem inúmeros termos que nomeiam determinadas expressões do comportamento feminino assanhado. O termo "assanhada" se desdobra e indica três categorias de mulheres: a) namoradeira, periguete, sirigaita, perua; b) galinha, biscate, vadia, pistoleira, pilantra (quando usado para xingar ou depreciar); c) cachorrona, diva, safada ou até mesmo vadia (quando faz parte do vocabulário específico de uma região ou grupo de meninos ou meninas, de diferentes conjuntos socioculturais, e é usado como elogio). Em outras palavras, o termo tem suas nuances determinadas pela visão machista masculina e pela visão machista reproduzida pelo feminino. Os sinônimos podem variar e são utilizados de acordo com região geográfica, circunstância ou situação.

Durante a pesquisa na qual se baseia este capítulo, para compreender como estão pensando as meninas foi essencial o acesso

---

[7] LINS; MACHADO; ESCOURA. *Diferentes, não Desiguais.*

à internet. Utilizamos o navegador Google Chrome e unitermos ou descritores comumente reconhecidos como palavras-chave, criados para classificar as informações que atendem aos objetivos do assunto.

Ao utilizar o buscador Google com a pergunta: "As meninas estão mais assanhadas?", encontramos alguns depoimentos no "Yahoo! Respostas" que nos direcionaram a outra pergunta feita no *site* por meninas no início da adolescência: "Por que as meninas estão cada vez mais assanhadas?".[8]

> Porque as meninas estão ficando cada vez mais provocantes, meu irmão fez doze anos e sempre vejo ele com umas garotas da mesma idade dele lá na praça, tudo de short curto, blusa apertada, dando beijinho na bochecha dele e dos amigos que estão lá também... elas tão muito atrevidas pra idade que ela tem, será que não são muito novas pra esse tipo de coisa? Meu pai já viu essa cena e sempre fala pro meu irmão: eee tá garanhão... a oito anos atrás quando eu tinha a idade dele não era tão assim...o que será dessas adolescentes que estão por vir, daqui a uns dez ou mais anos se hoje em dia elas estão assim? (SIC).

O comentário feito pelo pai e o que ele diz para o filho revelam, explicitamente, que os homens ainda estão sendo educados para serem "pegadores", "reizinhos", "garanhões".

Ainda na mesma página de pesquisa, encontrei outras respostas que oferecem fundamentos interessantes e ajudam o leitor a refletir sobre a questão apresentada:

> Os adolescentes? você quis dizer criança né? pois é! eles estão se tornando adulto muito rápido, querem crescer rápido e estão perdendo a melhor fase da vida deles a INFÂNCIA! e também... existe alguns que são influenciados pelos pais! isso mesmo! a culpa são dos pais... também! (SIC).
> Porque o funk está se espalhando feito praga. (SIC).

---

8   "Por que as meninas estão cada vez mais assanhadas?". *Yahoo! Respostas*. Disponível em: https://br.answers.yahoo.com/question/index?qid=20150114055156AADPooU. Acesso em: 30 mar. 2018.

Pq a concorrência ta grande, muita mulher pra pouco homem!!!se ficar fazendo ** doce igual antigamente vai ficar pra titia rsrsrs (SIC).

Uma menina de 14 anos pergunta: *"Tenho 14 anos e gostaria de saber se as meninas com a minha faixa de idade sentem atração pelo pênis do menino".*[9] A resposta considerada como a melhor foi:

> Depende da menina. Se for uma menina inexperiente, virgem e tal, ela não se ligará nesse tipo de coisa, estará mais preocupada com os sentimentos tipo "amor", "romantismo"... (SIC)
> Se for uma menina que já teve experiência, ou seja, se já teve algum tipo de contato sexual, sentirá atração sim, mas sentirá apenas por aqueles que despertam o interesse delas. Não necessariamente os bonitos, mas é claro que eles levam vantagem. Agora se for uma daquelas meninas safadinhas, "rodadas", e de muita experiência vai sentir essa atração por muitos meninos, sem se importar com a beleza. Essas não são a maioria numa turma, mas sempre existem e costumam fazer a alegria da galera. Só que com o passar do tempo ninguém dá valor (SIC).
> Eu acho que tocar não, mas tem muitas meninas assanhadas que reparam no "volume" do menino, principalmente as de 15 e 16 anos que tão pensando nesses assuntos de perder a virgindade e tal. Mas as mais novas de 13 e 14 anos não pensam muito nessas coisas ligadas a sexo, elas pensam mais em namoro romântico, primeiro namorado e coisas do tipo. Espero ter esclarecido sua dúvida (SIC).

Nesta mesma página, alguém muito incomodado com o comportamento de algumas adolescentes pergunta: *"O que fazer pra disciplinar meninas adolescentes assanhadas?"*. E explica a situação de um casal:

> O problema é sério, um casal amigo meu tem filhas de 16, 14 e 12 anos q ficaram muito assanhadas, rebeldes e desobedientes de uns tempos pra cá, as meninas vão pra festas e baladas dizendo na cara dos pais q não são mais crianças e podem fazer o q quiserem, só vestem roupas super decotadas e até indecentes,

---

9 "Família e Relacionamentos". *Yahoo! Respostas*. Disponível em: https://br.answers.yahoo.com/question/index?qid=20101009152640AAYPfrn. Acesso em: 06 abr. 2018.

voltam com cheiro de bebida e estão beijando e agarrando todos os garotos da área, pra piorar estão dando mole até pra homens na faixa de 25 a 30 anos, a mais velha deu mole prum quarentão amigo do pai dela(o cara avisou meu amigo pra ele tratar de segurar a filha dele). Na maior cara de pau falaram pros pais q homem mais velho beija melhor. As meninas viraram pegadoras e periguetes pra valer, o pais não sabem q fazem, pois nunca deram uma palmada nas filhas nem sequer as colocaram de castigo, as meninas sempre foram tratadas com muito carinho e na base do diálogo. Como lidar com a situação? Isso já tem quase um ano, conversas não resolvem, as garotas ficam debochando dos pais, e os psicólogos com quem as meninas se consultaram tb não resolveram. A vó das garotas falou q tá na hora delas levarem uma boa surra de chinelo ou cinta e ficarem de castigo privadas de tudo q gostam por tempo indeterminado até se emendarem. Vcs acham q isso pode resolver ou sugerem outra medida? Obrigado![10] (SIC).

As meninas assanhadas geralmente são estigmatizadas porque usam roupas características, denominadas "roupas de periguete", que costumam ser consideradas "sexualmente apelativas" por deixarem muitas partes do corpo descobertas. O objetivo seria atiçar a libido e o desejo sexual dos meninos e/ou dos homens em geral. O unitermo "periguetes" nos remete a panfletos e montagens[11] que reafirmam a divisão de mulheres em dois grupos: as mulheres "de verdade", recatadas, dóceis, boas para casar e que nem sempre estão disponíveis para o sexo; e as "periguetes" ou "oferecidas", que não freiam o próprio desejo sexual e são namoradeiras. Estas são as assanhadas!

A noção de periguete aparentemente se relaciona àquela mulher de conduta considerada promíscua, duvidosa ou simplesmente errada, (...) deveriam ter poucos amantes, mas

---

10 "O que fazer para disciplinar meninas assanhadas?". *Yahoo! Respostas*. Disponível em: https://br.answers.yahoo.com/question/index?qid=20121023055059AAbnxsa. Acesso em: 06 abr. 2018.
11 "O que Achamos da Matéria do Delas (IG)". *Biscate Social Club*. Disponível em: http://biscatesocialclub.com.br/2012/01/o-que-achamos-da-materia-do-delas-ig/. Acesso em: 30 set. 2018

tem muitos; deveriam usar roupas que escondessem seus corpos, mas não o fazem. O comportamento esperado (...) é que contenham suas pulsões sexuais.[12]

Periguete é uma gíria pejorativa da língua portuguesa,[13] usada para descrever uma mulher como provocadora, fútil, que demonstra interesse por homens em relacionamento sério e somente pensa em diversão e prazer. De acordo com o Dicionário Aurélio, "periguete" significa "moça ou mulher que, não tendo namorado, demonstra interesse por qualquer um".[14] Na visão machista masculina, "periguete" é aquela mulher "gostosa", que usa shorts curtos e deixa a "marquinha de sol" à mostra. Ela está em toda festa de pagode e usa bustiê de *cotton lycra*. Na visão machista feminina, "periguete" é aquela menina assanhada, espevitada, que usa calça "sequinha" ou shortinho, saltos altos, deixa a barriga de fora, pode ou não ser "loira oxigenada", deixa os seios marcados pelo bustiê, se oferece para qualquer menino e gosta de beijar vários garotos em uma balada.

O termo "menina assanhada", neste tempo em que vivemos, exige delimitar uma fase de idade e principalmente acessar um poderoso instrumento, a internet, como uma rede de várias outras redes, e conferir o que as meninas pensam sobre o assunto e como estão se expressando em relação ao termo.

Como o termo "assanhada" remete frequentemente à mulher exibida, oferecida, àquela que faz uso de apelo sexual, ele é atribuído àquelas meninas e mulheres estereotipadas em sua forma de vestir e que incomodam as outras meninas que se

---

12   QUILLINAN, Larissa. "Coroas Periguetes: uma Análise do Envelhecimento, Gênero e Sexualidade". *In*: GOLDENBERG, Miriam. *Velho é Lindo*! Rio de Janeiro: Civilização Brasileira, 2016, p. 133.
13   A categoria de classificação e acusação "periguete" parece ter sido criada na Bahia, na periferia de Salvador. Provavelmente é fruto da junção das palavras "perigosa e *girls*". QUILLINAN, "Coroas Periguetes", p. 134.
14   DICIONÁRIO Aurélio. 5. ed. Rio de Janeiro: Nova Fronteira, 2014; QUILLINAN, "Coroas Periguetes", p. 136.

consideram recatadas, os pais e professores e grande parte da sociedade que ainda se espelha nos padrões machistas. Para delimitarmos a idade e a relação com o termo "assanhada" iniciamos pelo navegador Google uma pesquisa com a seguinte pergunta *"Com que idade meninas começam a pensar em sexo?"*. Encontramos inúmeras respostas no Yahoo:[15]

> "Olha, Eu sou Menino, mas eu acho que com 12, 13 ou 14 anos, porque lá na minha escola muitas meninas são safadas e muitas já pensam em 'SEXO' eu também penso em tranzar com alguma delas, mas sou feio, Eu Acho" (SIC).
> "Eu comecei a pensar aos 12, mas comecei a querer fazer só lá pelos 15... Mas ate hoje não fiz! Kkkkkkkkkkkkkk"(SIC).
> "Nossa! Que eu saiba é com 12 ou uns 13 anos pois as minhas colegas são safadas, eu tenho 12 anos nunca beijei, minha colega pega até no ' vc sabe oke ne'"!! (SIC).
> Um comentário com CENTO E POUCAS CURTIDAS explica que "as meninas de hoje em dia são todas assanhadas e pedem para serem estupradas, ficam tirando foto de biquinho" (SIC).

A referência às idades que aparecem nos comentários oferece também um outro viés para a discussão aqui em pauta e nos leva a perceber como as fases da vida podem ser vividas de diferentes formas, dependendo da região em que a pessoa vive, do tipo de família, da classe social, dos preceitos aprendidos, da religião, da escola frequentada. Considerando essas categorias plurais, podemos nos reportar a diferentes infâncias ou diferentes adolescências. Como nos mostra Postman, alguns grupos são distintos, com interesses diversos, e se comportam segundo o que o autor descreve como fenômeno da "adultização da criança e a consequente desagregação da ideia de infância" meiga e ingênua como

---

[15] "Com que idade meninas começam a pensar em sexo?". *Yahoo! Respostas*. Disponível em: https://br.answers.yahoo.com/question/index?qid=20101024165626AA7IHnF. Acesso em: 30 set. 2018.

imaginamos,[16] pois percebe-se nessas crianças a erotização,[17] o que pressupõe o consequente desaparecimento de suas infâncias.

Se até uma ou duas décadas atrás a criança era vista como um ser marcado pela ingenuidade, fragilidade e cujo desenvolvimento dependia estritamente do controle adulto, através de uma educação pautada na disciplina e moralização, hoje ela assume o lugar de protagonista, alvo privilegiado da sociedade de consumo.

Se outrora a família e a escola eram instituições privilegiadas para a socialização e a educação das crianças, hoje elas contam com o aporte da mídia eletrônica e das redes sociais, que envolvem aprendizagem, desenvolvimento e construção identitária. Nas revistas, propagandas, documentários e festinhas infantis temos nos deparado com crianças que não mais se reconhecem como inocentes ou frágeis e desafiam a delimitação do tempo da infância para compartilhar os signos da cultura midiática, que confundem as fronteiras etárias estabelecidas por autores que abordam o ciclo de vida ou pelo Estatuto da Criança e do Adolescente.[18] São

---

16   POSTMAN, Neil. *O Desaparecimento da Infância*. Rio de Janeiro: Grafhia, 1999, p. 66.
17   Um vídeo tem chamado a atenção dos internautas nas últimas semanas. Nele, uma menina de apenas oito anos dança no palco durante um *show de funk*. De costas para a plateia, ela encena uma coreografia sensual. O homem que aparece ao lado, pedindo ao público para aplaudir a apresentação da "novinha" – como se refere à criança –, é o próprio pai, Thiago de Abreu, conhecido como MC Belinho. Em outros vídeos publicados na internet, vistos por milhões de pessoas, a pequena Melody aparece vestindo roupas curtas e enchimentos nos seios, e cantando letras consideradas inapropriadas à idade. Na música "Fale de Mim", ela manda um recado para as "invejosas". "Para todas as recalcadas, aí vai minha resposta: se é bonito ou se é feio, mas é f*** ser gostosa". Os comentários vistos nas fotos e vídeos da garota ilustram o que explica a psicóloga. A maioria deles é feita por adultos, que usam termos como "delicinha" e "monumento de mulher" para se referir à cantora de 8 anos. Há ainda xingamentos e outras ofensas que partem de alguns internautas mais exaltados. Com base em queixas e representações encaminhadas pela Ouvidoria, o Ministério Público do Estado de São Paulo abriu um inquérito para investigação de "violação ao direito ao respeito e à dignidade de crianças e adolescentes", não só em relação à MC Melody, mas também a outros funkeiros mirins. O caso foi encaminhado para a Promotoria de Justiça de Defesa dos Interesses Difusos e Coletivos da Infância e da Juventude da Capital. Disponível em: http://www.revistaforum.com.br/2015/04/30/mc-melody-e-os-riscos-da-erotizacao-infantil/. Acesso em: 30 set. 2018.
18   EIZIRICK, Claudio L.; BASSOLS, Ana M. S. *O Ciclo da Vida Humana: uma Perspectiva Psicodinâmica*. 2. ed. Porto Alegre: Artmed, 2013, p. 15-25; BRASIL. Lei n. 8.069,

crianças que, com canções, danças, roupas e trejeitos demonstram o ingresso e a participação em uma cultura antes definida como exclusiva do mundo adulto e, dessa forma, vão compondo outros sentidos para a própria infância e para o mundo adulto.

Como compreender comportamentos considerados assanhados e/ou a liberdade da mulher ao longo do tempo e da história na sociedade brasileira?

Há 60/70 anos era proibitivo uma menina ou mulher adulta usar calça comprida, com o risco de ser considerada exibida ou vulgar. Na década de 1960, André Courrèges introduziu calças compridas para as mulheres como um item de moda, levando à era de *pantsuit*[19] e corte jeans; gradualmente meninas e mulheres passaram a aderir ao uso de calças nas escolas, no trabalho e em bons restaurantes.[20] Courrèges também é considerado um pioneiro da minissaia. Antes da calça comprida e da minissaia, a roupa era usada para esconder o corpo das mulheres e não atiçar o desejo masculino. A ousadia estava nas roupas de baile superacinturadas com os braços à mostra e luvas até o cotovelo. Na década de 1960, as jovens mulheres que optavam por usar minissaia não eram bem vistas; recebiam o estigma de "oferecidas e assanhadas". As moças de "boas famílias" eram proibidas de usá-las; no entanto, em alguns grupos, a minissaia foi símbolo do feminismo da época, uma forma de se rebelar, de demonstrar sensualidade e de afirmar a existência da sexualidade feminina. Em outros

que dispõe sobre o Estatuto da Criança e do Adolescente, de 13 de julho de 1990 (*DOU*, 16 de julho de 1990). Disponível em: http://www2.camara.leg.br/legin/fed/lei/1990/lei-8069-13-julho-1990-372211-publicacaooriginal-1-pl.html. Acesso em: 30 set. 2018.
19   Historicamente, no Ocidente, as mulheres usavam indumentárias semelhantes às saias como vestuário, enquanto que os homens tinham e têm usado calças. Ao final do século XIX, nos tempos da Segunda Guerra Mundial, as mulheres começaram a usar calças e blusas para o trabalho industrial. Foi então introduzido *pantsuit*, um terno feminino introduzido na moda por atrizes como Marlene Dietrich e Katharine Hepburn. CALDEIRA, Jorge *et al. Viagem pela História do Brasil*. São Paulo: Schwarcz, 1997.
20   Informações retiradas de: WIKIPÉDIA. "Mulheres de Calças". Disponível em: https://pt.wikipedia.org/wiki/Mulheres_de_calças. Acesso em: 30 jan. 2018.

grupos, continuou por muito tempo sendo proibida, pois não era considerada uma moda de mulher "decente". Também nas décadas de 1960/1970, surgiu com força, em diferentes partes do mundo, o movimento feminista, o qual começou a intervir na forma de pensar das mulheres e, consequentemente, das mães e das meninas. Surgiram, igualmente, inúmeros movimentos culturais: o fenômeno paz e amor encabeçado pelos *hippies*, a moda do biquíni[21] e a chegada da pílula anticoncepcional. E para ocupar o centro dessa nova revolução, chegou a televisão.

Há 30 ou 40 anos, como parte das normas da grande maioria das famílias, uma adolescente somente podia frequentar alguma festa, baile ou boate se acompanhada por um responsável e com hora marcada pelos pais. O retorno para casa também devia acontecer no horário marcado; havia um pacto a ser obedecido.

No Brasil, os movimentos de mulheres tiveram uma atuação fundamental ao longo dos anos 1970, 1980 e 1990, deixando cada vez mais explícita a luta pelos direitos, pela justiça social e pela democracia, ancorada nos temas da saúde da mulher e dos direitos reprodutivos.

No final do século XX e na entrada no século XXI, a construção do papel da mulher foi envolvida pelo poder midiático das imagens, pela capacidade de apresentar cenas ao vivo, pela diversidade de programas como filmes, documentários, entrevistas e shows de artistas em lugares públicos. Houve uma revolução nos modos de comportamento; as "assanhadas" passaram a ser aquelas que, de uma forma ou outra, divergiam da normatização de comportamentos politicamente corretos.[22]

---

21   No Brasil, a primeira vez que uma mulher usou o biquíni foi em 1948, quando a modelo alemã Miriam Etz vestiu o traje de banho no Rio de Janeiro. PACCE, Lilian. *O Biquíni Made in Brazil*. Rio de Janeiro: Arte Ensaio, 2016.
22   Politicamente correto (...) se caracteriza por ser um movimento que busca moldar comportamentos, hábitos, gestos e linguagem, para gerar a inclusão social de determinados grupos (homossexuais, negros), por tabela, combater comportamentos, hábitos, gestos e linguagem que indiquem uma recusa dessa inclusão. PONDÉ,

A cultura e a sociedade se transformam permanentemente. Hoje, a hora de sair de casa é em torno da meia-noite e a volta, geralmente, ao amanhecer ou perto da hora do almoço do dia seguinte. Algumas famílias ainda tentam manter certos combinados na tentativa de resguardar a imagem ou a segurança das filhas. Pais ou mães chegam a levá-las para os lugares de festas/baladas e combinam quem irá buscar; no entanto, o acesso à autonomia acontece de diferentes formas: uma parte das meninas e dos meninos já tem seu próprio carro e o grupo vai e vem conforme a conveniência e o prazer. Os acordos entre os amigos ou entre o grupo são facilmente estabelecidos pelas redes sociais e, no momento do encontro, decidem a que horas vão chegar na balada, combinam o *look* (como irão vestidos), com quem desejam ir, etc.

A grande novidade e a nova revolução que envolve a transformação cultural e social é o mundo do *ciberespaço*, pois as fronteiras de qualquer recanto da terra ou de qualquer gueto ficaram indeterminadas. O número de aplicativos proporciona, de forma praticamente imensurável, as transformações dos comportamentos sociais e dos relacionamentos entre quaisquer tipos de pessoas. A conexão através das redes sociais implica em permanente ressignificação de ideias, objetivos, pensamentos e valores não só dos novos padrões de comunicação e relacionamento social, mas também da maneira como se aprende e manifesta a sexualidade.[23]

Luiz F. *Guia Politicamente Incorreto da Filosofia*: *Ensaio de Ironia*. São Paulo: Leya, 2012, p. 31.

23 SFOGGIA, Ana; KOWACS, Clarice. "Sexualidade e Novas Tecnologias". *Revista Brasileira de Psicoterapia,* 16(2): 4-17, ago. 2014. Embora não seja objetivo deste capítulo as considerações sobre outros domínios como o cibersexo e a ciberssexualidade, é necessário mencioná-los, pois casos sérios com filmagens de meninas adolescentes são postados na rede pelas próprias protagonistas ou pelos melhores amigos e se espalham causando constrangimento e sofrimento inimagináveis, pois o impulso pelo reconhecimento, criatividade e sensação de experimentar novas emoções com a experiência da filmagem, supera qualquer avaliação sensata sobre as consequências.

Questões a serem consideradas: para o leitor pensar...

A história nos mostra que, por centenas de anos, estabeleceu-se na nossa cultura o patriarcado, que pode ser entendido como uma maneira de organização social aderente apenas à metade masculina da espécie humana, caracterizado pela dominância dos homens e subordinação das mulheres, que ocorrem através do controle do homem sobre os interesses e perspectivas do mundo.

> O homem tenta fazer da mulher uma criatura tão diferente dele quanto possível. Ele, o sexo forte, ela, o fraco; ele, o sexo nobre, ela, o belo. O culto pela mulher frágil, que se reflete nessa etiqueta e na literatura e também no erotismo de músicas açucaradas, de pinturas românticas; esse culto pela mulher (...) é um culto narcisista de homem patriarcal, de sexo dominante que se serve do oprimido – dos pés, das mãos, das tranças, do pescoço, das ancas, das coxas – (...) o homem aprecia a fragilidade feminina para sentir-se mais forte, mais dominador.[24]

Durante séculos os homens retornam às suas cavernas, castelos, fazendas, acampamentos, casas ou apartamentos, deixando explícito que, ao voltarem com a caça, o alimento, exaustos pela luta e sobrevivência do seu clã ou família nuclear, esperam encontrar a casa limpa e uma mulher disposta para o sexo:

> O grande *handicap* da mulher foi um fato histórico. Aconteceu quando o homem saiu à caça e ela se deixou ficar na caverna, cozinhando e procriando, em plena vegetatividade. O homem lutou, cresceu, criou a charrua e depois a astronave. A ação assegurou o seu desenvolvimento mental. Enquanto isso, a mulher, sempre na caverna (que passou a chamar de seu lar), esperava, imutavelmente, a volta do caçador.[25]

---

24 PRIORE. Mary del. *Histórias Íntimas: Sexualidade e Erotismo na História do Brasil.* São Paulo: Planeta do Brasil, 2011, p. 72.
25 STUDART. *Mulher: Objeto de Cama e Mesa*, p. 10.

Compreender a visão machista masculina implica compreender e aceitar a histórica desvalorização da mulher enquanto ser humano, um ser subserviente, no sentido de servir ao homem como objeto de "cama e na mesa".[26]

Durante séculos as mulheres também internalizaram como natural "brincar de casinha, desejar o casamento, esperar o príncipe encantado e querer um ou muitos bebês. Durante séculos os homens passaram a se destacar em todos os aspectos do desenvolvimento humano ao demonstrar força, coragem, inteligência, competência e resistência com direitos absolutos sobre a mulher, que por sua vez ganhou o estigma de "sexo frágil", necessitado de proteção, estigma que valida a superioridade do homem sobre a mulher.

Mas é fato que, ao longo da história, as mulheres também não se perceberam como machistas, e se comportaram reproduzindo pensamentos, atitudes e ensinamentos que induzem as meninas a agir de forma servil e, consequentemente, submissas quando se colocam exclusivamente como aprendizes das prendas do lar, de acordo com os "bons costumes" desta ou daquela cultura. Para Adichie,

> perdemos muito tempo ensinando as meninas a se preocupar com o que os meninos pensam delas. Mas o oposto não acontece. Não ensinamos os meninos a se preocupar em ser "benquistos". Se, por um lado, perdemos muito tempo dizendo às meninas que elas não podem sentir raiva ou ser agressivas ou duras, por outro lado, elogiamos ou perdoamos os meninos pelas mesmas razões. Em todos os lugares do mundo, existem milhares de artigos e livros ensinando o que as mulheres devem fazer, como devem ou não devem ser para atrair e agradar os homens; livros sobre como os homens devem agradar as mulheres são poucos.[27]

---
26 STUDART. *Mulher: Objeto de Cama e Mesa.*
27 ADICHIE, Chimamanda N. *Para Educar Crianças Feministas: um Manifesto.* São Paulo: Companhia das Letras, 2017, p. 27.

Ao continuar a pesquisa na internet e acessar o Google com o unitermo "meninas assanhadas", para nossa surpresa, nos deparamos com vídeos que aparentemente parecem fora do tempo em que vivemos, mas que mostram o enraizamento da perpetração do machismo feminino. São vídeos com garotas adolescentes *youtubers* que enaltecem a mulher "para casar" em detrimento das que são "só para transar". São meninas adolescentes que "dão conselhos" sobre como agir para agradar os meninos, para as *"meninas se comportarem, não saírem de shortinho (...) que rapaz não gosta de coisa vulgar"* (SIC).[28]

Entre as que postam os vídeos, "curtem" e comentam estão muitas mulheres, inclusive adolescentes e jovens, que na maioria das vezes julgam alguns modos de vestir (shorts, *cotton lycra*, etc.) como vergonhosos e depreciativos para a imagem feminina.

Esses comentários atuais de jovens adolescentes apontam para a dualidade existente na sociedade brasileira, como nos mostra Carmo: "embora o país seja considerado como o paraíso sexual pelos estrangeiros, é na verdade altamente conservador"[29] tanto no âmbito das classes populares, entre homens, mulheres e jovens, como no âmbito das elites, nas grandes cidades. O autor atribui parte deste comportamento à fiscalização da igreja, que ainda atua como "agente do pudor". Para Priore, "a vigilância sobre os corpos e a sexualidade conjugal incentivou a dupla moral dos homens. Em casa faziam filhos (...) na rua se divertiam". A autora nos mostra que os modelos femininos tradicionais e a prática de separar mulheres certas de erradas ainda hoje permanece, culturalmente, no imaginário feminino.[30]

---

28   Ver: "Meninas Assanhadas". *YouTube*. Disponível em: https://www.youtube.com/watch?v=ObHG21TD37M. Acesso em: 30 set. 2018.
29   CARMO, Paulo Sergio do. *Entre a Luxúria e o Pudor: a História do Sexo no Brasil*. São Paulo: Octavo, 2011, p. 45.
30   PRIORE. *Histórias Íntimas*, p. 52.

Contrapontos: liberdade de expressão, autonomia e violência de gênero

Escrever sobre liberdade e autonomia feminina nos remete ao significado de empoderamento. Embora a palavra *empowerment*[31] já existisse na língua inglesa significando dar poder a alguém para realizar uma tarefa sem precisar da permissão de outro, o conceito de "empoderamento" utilizado por Paulo Freire ressoa de outra forma e fortalece a ideia sobre a libertação do oprimido.[32] Refere-se à conquista de liberdade por pessoas que se subordinaram a uma posição que implica dependência de qualquer natureza, como dependência econômica, social ou física como, por exemplo, nas relações entre homens e mulheres. Por outro lado, Freire se ancora no significado de conscientização, no sentido de possibilitar aos indivíduos se apropriarem criticamente da posição que ocupam com os demais no mundo. Essa apropriação crítica os impulsiona a assumir o verdadeiro papel almejado enquanto sujeitos.[33] A apropriação crítica depende, em primeiro lugar, da informação, do conhecimento, portanto, depende da educação. No entanto, a conscientização e o empoderamento estão para além do conhecer; estão explicitados na ação, no fazer; estão no assumir um maior controle sobre os fatos sociais.

A influência dos produtos de consumo e a força do *marketing* transformaram definitivamente a forma de vida das pessoas. A

---

31 *Empowerment*. Embora o termo tenha ficado conhecido a partir dos movimentos emancipatórios relacionados ao exercício de cidadania – movimentos dos negros, das mulheres, dos homossexuais, pelos direitos da pessoa deficiente – nos Estados Unidos, na segunda metade do século XX, a Tradição do *Empowerment* (*Empowerment Tradition*) tem suas raízes na Reforma Protestante, iniciada por Lutero no séc. XVI, na Europa, em um movimento de protagonismo na luta por justiça social. ROSO, Adriane; ROMANINI, Moises. "Empoderamento Individual, Empoderamento Comunitário e Conscientização: um Ensaio Teórico". *Revista Psicologia e Saber Social*, 3(1): 83-95, 2014.

32 FREIRE, Paulo. *Pedagogia da Autonomia: Saberes Necessários à Prática Educativa*. São Paulo: Paz e Terra, 1996; FREIRE, Paulo. *Pedagogia do Oprimido*. Rio de Janeiro: Paz e Terra, 1987.

33 FREIRE, Paulo. *Conscientização. Teoria e Prática da Libertação. Uma Introdução ao Pensamento de Paulo Freire*. São Paulo: Cortez e Moraes, 1998; FREIRE, Paulo; SHOR, Ira. *Medo e Ousadia*. Rio de Janeiro: Paz e Terra, 1986.

era da tecnologia digital, a internet, as redes sociais, a televisão dentro de todas as casas, a criação e divulgação de leis de proteção à mulher causam efeitos visíveis na desconstrução da dominação masculina[34] e alicerçam o empoderamento das mulheres. Com a evolução das tecnologias é possível, em qualquer recanto do mundo, que a mulher mais simples ou a mais sofisticada, de uma forma ou outra, consigam acesso a outros mundos, outras culturas, outras formas e modos de vida.[35]

Podemos mencionar o advento da pílula anticoncepcional, da pílula do dia seguinte e dos inúmeros outros métodos contraceptivos como conquistas para as mulheres e reconhecimento do seu direito ao prazer sexual. O acesso ao estudo fundamental e à universidade, eventos como a Marcha das Vadias ou a Lei Maria da Penha[36] são fatos marcantes que provocam resistência e transformam comportamentos e valores.

Considerações finais

De fato, o domínio masculino sobre as mulheres e a violência de gênero ainda são uma triste realidade em vários sentidos. Entretanto, não se pode mais dizer o mesmo, e de forma generalizada, quanto à passividade e submissão feminina. A construção social das diferenças e o poder atribuído às mulheres e conquistado por elas, quando manifestados na sexualidade e em outras dimensões sociais, podem revelar singularidades e dinâmicas que vão além do comportamento característico do papel feminino sob dominação masculina. Nossas representações mentais são formadas e nossas opiniões são construídas a partir do que escutamos,

---

34   CORBIN, Alain; COURTINE, Jean-Jacques (orgs.). *História da Virilidade*. Petrópolis: Vozes, 2013.
35   MENDES, Gildásio. *Geração NET: Relacionamento, Espiritualidade e Vida Profissional*. São Paulo: Paulinas, 2012.
36   BRASIL. Lei n. 11.340/2006. Lei Maria da Penha. Disponível em: http://www.planalto.gov.br/ccivil_03/_ato2004-2006/2006/lei/l11340.htm. Acesso em: 30 set. 2018.

lemos, vivemos, presenciamos, sentimos e absorvemos em nosso processo de vida, que, por sua vez, faz parte de um processo maior, denominado processo sócio-histórico.

Por mais que tenhamos vivido avanços no campo da sexualidade, vivemos ainda numa sociedade em que a intolerância, a resistência quanto ao reconhecimento e à valorização das diferentes expressões em sexualidades, e a violência de gênero podem ser observadas cotidianamente no ambiente profissional, doméstico e midiático.

No entanto, devemos levar em conta que uma das grandes inovações deste século é a ruptura entre o público e o privado, a qual encontra na mulher o seu maior emblema.[37] Os processos de informação, de educação e a força das redes sociais e de algumas iniciativas nas políticas públicas, ainda que lentamente, estão provocando a promoção de igualdade de direitos e o enfrentamento das desigualdades. As mulheres, pouco a pouco, abrem a porta de sua própria emancipação ao sair da esfera doméstica e fazer valer o direito à educação, ao trabalho, ao voto, à vida política, ao pátrio poder, à administração dos próprios bens, ao poder econômico de compra e venda. Elas se tornaram "chefes de família", emancipando-se gradativamente para exercer os direitos fundamentais, incluindo os direitos sexuais e reprodutivos já reconhecidos em leis nacionais e internacionais. Sem dúvida alguma, estamos em um mundo que permite a liberdade ou a resistência contra as opressões. Podemos escolher como utilizar nossos corpos e podemos sentir prazer.

Referências

ADICHIE, Chimamanda N. *Para Educar Crianças Feministas: um Manifesto*. São Paulo: Companhia das Letras, 2017.

AVILA, André Heloy; TONELI, Maria Juracy F.; ANDALO, Carmem Silvia de Arruda. "Posturas Docentes: Algumas (im) Possibilidades e Instabilidades da Educação Sexual que não Fala

---

[37] STUDART. *Mulher: Objeto de Cama e Mesa*.

de Sexo como Prazer e Direito". *In*: LAGO, Mara Coelho de S.; TONELI, Maria Juracy F.; SOUZA, Mériti. *Sexualidade, Gênero, Diversidades*. São Paulo: Casa do Psicólogo, 2013.

BRASIL. Lei n. 11.340/2006. Lei Maria da Penha. Disponível em: http://www.planalto.gov.br/ccivil_03/_ato2004-2006/2006/lei/l11340.htm. Acesso em: 30 set. 2018.

_____. Lei n. 8.069, que dispõe sobre o Estatuto da Criança e do Adolescente, de 13 de julho de 1990 (*DOU*, 16 de julho de 1990). Disponível em: http://www2.camara.leg.br/legin/fed/lei/1990/lei-8069-13-julho-1990-372211-publicacaooriginal-1-pl.html. Acesso em: 30 set. 2018.

CALDEIRA, Jorge *et al*. *Viagem pela História do Brasil*. São Paulo: Schwarcz, 1997.

CARMO, Paulo Sergio do. *Entre a Luxúria e o Pudor: a História do Sexo no Brasil*. São Paulo, Octavo, 2011.

CAVALHEIRO, Telma; GOMES, Santoro Luca; ZIEMKIEWICZ, Nathalia. "Mídia e Sexualidade: Desafios dos Tempos Modernos". *In:* DIEHL, Alessandra; VIEIRA, Denise Leite (orgs.). *Sexualidade: do Prazer ao Sofrer*. 2. ed. Rio de Janeiro: Roca, 2017.

CORBIN, Alain; COURTINE, Jean-Jacques (orgs.). *História da Virilidade*. Petrópolis: Vozes, 2013.

DICIONÁRIO Aurélio. *Aurélio Buarque de Holanda Ferreira*. 5. ed. Rio de Janeiro: Nova Fronteira, 2014.

EIZIRICK, Claudio L.; BASSOLS, Ana M. S. *O Ciclo da Vida Humana: uma Perspectiva Psicodinâmica*. 2. ed. Porto Alegre: Artmed, 2013.

FREIRE, Paulo. *Conscientização. Teoria e Prática da Libertação. Uma Introdução ao Pensamento de Paulo Freire*. São Paulo: Cortez e Moraes, 1998.

_____. *Pedagogia da Autonomia: Saberes Necessários à Prática Educativa*. São Paulo: Paz e Terra, 1996.

_____. *Pedagogia do Oprimido*. Rio de Janeiro: Paz e Terra, 1987.

FREIRE, Paulo; SHOR, Ira. *Medo e Ousadia*. Rio de Janeiro: Paz e Terra, 1986.

HOUAISS, Antonio; VILLAR, Mauro de Salles (orgs.). *Dicionário Houaiss da Língua Portuguesa: com a Nova Ortografia da Língua Portuguesa*. Rio de Janeiro: Objetiva, 2009.

LINS, Beatriz Accioly; MACHADO, Bernardo Fonseca; ESCOURA, Michele. *Diferentes, não Desiguais: a Questão de Gênero na Escola*. São Paulo: Reviravolta, 2016.

MENDES, Gildásio. *Geração NET: Relacionamento, Espiritualidade e Vida Profissional*. São Paulo: Paulinas, 2012.

PACCE, Lilian. *O Biquini Made in Brazil*. Rio de Janeiro: Arte Ensaio, 2016.

POSTMAN, Neil. *O Desaparecimento da Infância*. Rio de Janeiro: Grafhia, 1999.

PONDÉ, Luiz F. *Guia Politicamente Incorreto da Filosofia*: Ensaio de Ironia. São Paulo: Leya, 2012.

PRIORE. Mary del. *Histórias Íntimas: Sexualidade e Erotismo na História do Brasil*. São Paulo: Planeta do Brasil, 2011.

QUILLINAN, Larissa. "Coroas Periguetes: uma Análise do Envelhecimento, Gênero e Sexualidade". *In*: GOLDENBERG, Miriam. *Velho é Lindo!* Rio de Janeiro: Civilização Brasileira, 2016.

RIBEIRO, Lucélia Santos Bispo. "Brincadeiras de Meninas e de Meninos: Socialização, Sexualidade e Gênero entre Crianças e a Construção Social das Diferenças". *Cadernos Pagu*, 26: 145-168, jan.-jun. 2006.

RIBEIRO, Silvana. *Retratos de Mulher: Construções Sociais e Representações Visuais do Feminino*. Braga: Universidade do Minho, 2002.

ROSO, Adriane; ROMANINI, Moises. "Empoderamento Individual, Empoderamento Comunitário e Conscientização: um Ensaio Teórico". *Revista Psicologia e Saber Social*, 3(1): 83-95, 2014.

SAFFIOTI, Heleieth I. B. "Contribuições Feministas para o Estudo da Violência de Gênero". *Cadernos Pagu*, 16: 115-136, 2001 (Campinas). Disponível em: http://www.scielo.br/scielo.php?script=sci_arttext&pid=S0104-83332001000100007. Acesso 25 abr. 2018.

_____. *O Poder do Macho*. São Paulo: Moderna, 1987.

SARTI, Cynthia Andersen. "O Feminismo Brasileiro desde os Anos 1970: Revisitando uma Trajetória". *Revista de Estudos Feministas*, 12(2): 35-50, maio-ago. 2004 (Florianópolis).

SFOGGIA, Ana; KOWACS, Clarice. "Sexualidade e Novas Tecnologias". *Revista Brasileira de Psicoterapia*, 16(2): 4-17, ago. 2014.

SILVA, Elder J; FREITAS, Izabela, S. et al. *Avanços e Retrocessos da Participação da Mulher na Sociedade Brasileira: uma Breve Reflexão Social e Política*. V Seminário da Pós-Graduação em Ciências Sociais: Cultura, Desigualdade e Desenvolvimento, UFBA. Cachoeira-BA, dez. 2015 (trabalho apresentado). Disponível em: https://www3.ufrb.edu.br/sppgcs2015/images/Avancos_e_retrocessos_da_participacao_da_mulher_na_sociedade_brasileira_-_uma_breve_reflexao_social_e_politica.pdf. Acesso em: 08 out. 2018.

STUDART, Heloneida. *Mulher: Objeto de Cama e Mesa*. 26. ed. Petrópolis: Vozes, 1978.

WIKIPÉDIA. "Mulheres de Calças". Disponível em: https://pt.wikipedia.org/wiki/Mulheres_de_calças. Acesso em: 30 jan. 2019.

13
Violência de gênero na família

Roberta Payá[1]

Introdução

A família contribui para a formação de identidades individuais e tem o papel de fazer a ponte entre o social e o individual ao transmitir os princípios e valores socioculturais que matizam as relações sexuais e de gênero. Em situações críticas, é provável que ela seja capaz de proteger seus membros dos abusos emocionais e físicos relacionados à sexualidade.

O desenvolvimento e amadurecimento da sexualidade individual é um processo que ocorre com a família e dentro dela. E a forma como essa troca de valores é composta determina um percurso mais ou menos vulnerável para cada membro viver sua sexualidade.

Conforme Horta ressalta, quando nos ambientes familiares a sexualidade é vista como tabu, quando pouco se fala sobre ela ou quando muito se reprimem as manifestações da infância e

---

1 Roberta Payá é doutora em Psiquiatria e Psicologia Médica (Universidade Federal de São Paulo – UNIFESP), mestra em *Family and Couple Therapy* (Universidade de Londres), especialista em Terapia Sistêmica de Família e Casal (Pontifícia Universidade Católica de São Paulo), Dependência Química (UNIFESP), Educação Sexual e em Terapia Sexual (Centro Universitário Salesiano de São Paulo – UNISAL); coordenadora e professora do Curso Capacitação em Terapia Familiar em Dependência Química (UNIFESP) e membro do Grupo de Pesquisa "Sexualidade Humana" (CNPq) do UNISAL.

adolescência, o resultado será, muito provavelmente, o de uma vida adulta comprometida, com dificuldades na prática sexual e relacional que poderão perdurar por muito tempo.

De que forma o gênero está presente no meio familiar?

"Gênero" é um construto criado socialmente que consiste em expectativas, características e comportamentos que os membros de uma cultura consideram apropriados para homens e mulheres.[2] Embora as concepções de comportamento apropriado ao gênero mudem com o passar do tempo e variem de uma cultura para outra, os *scripts* da sociedade contemporânea ainda não expressam toda a variedade da diversidade de gênero que existe dentro das famílias.

O gênero "organiza" as famílias por meio da sua influência em três aspectos da vida familiar, segundo Knudson-Martin:[3]

- Estrutura: O gênero organiza como são tomadas as decisões, de quem são os interesses que têm prioridade e qual versão da realidade prevalece. De forma geral, não intencional, o gênero determina quem faz o quê nas famílias e como as crianças são socializadas;
- Emoção e significado: Os sentimentos individuais e as reações emocionais das pessoas em relação umas às outras são estruturados por discursos e concepções de gênero da sociedade mais ampla. O mesmo comportamento ou sintoma pode assumir um significado diferente dentro das famílias, dependendo do contexto de gênero;

---

2   MAHONEY, Anne Rankin; KNUDSON-MARTIN, Carmen. "The Social Context of Gendered Power". *Couples, Gender, and Power: Creating Change in Intimate Relationships*. Nova Iorque: Springer, 2009a, p. 17-29.
3   KNUDSON-MARTIN, Carmen. "Addressing Gendered Power: a Guide for Practice". *In*: KNUDSON-MARTIN, Carmen; MAHONEY, Anne Rankin (eds.). *Couples, Gender, and Power: Creating Change in Intimate Relationships*. Nova Iorque: Springer, 2009, p. 317-336.

- Habilidades: As construções estereotipadas de gênero limitam o desenvolvimento do homem e da mulher. Traços "pessoais" tidos como "assertivos" são influenciados pelas construções culturais de gênero. Para manter as mudanças na estrutura dos relacionamentos e práticas parentais, muitas mulheres e homens precisam ampliar suas habilidades e desenvolver novas competências.

Como a violência de gênero ocorre?

As famílias vivem em contextos sociais que exageram as diferenças de gênero, apesar de as evidências apontarem que estas diferenças significativas entre os sexos são mínimas.[4]

Construções binárias de gênero presumem heteronormatividade, vinculando definições de masculinidade e feminilidade ao comportamento heterossexual. Um recente estudo etnográfico das práticas de gênero entre adolescentes do ensino médio apontou que os meninos ganhavam aprovação da masculinidade "lançando comentários homofóbicos uns aos outros e se engajando em discussões heterossexistas sobre os corpos das meninas e as suas experiências sexuais".[5] Os estudantes que não se adequavam às expressões ritualizadas das dicotomias de gênero heterossexistas eram marginalizados.

Comportamentos como esses são estimulados dentro de casa e são amplificados em ambientes escolares, pois as crianças aprendem o que significa ser menino ou menina "pelos eventos rotineiros diários da vida familiar e é por meio destes mesmos eventos que a desigualdade de gênero é reproduzida entre mulheres e homens adultos".[6]

---

4   ELIOT, Lise. *Pink Brain, Blue Brain: How Small Differences Grow into Troublesome Gaps*. Nova Iorque: Houghton/Miffin Harcourt, 2009; HYDE, Janet Shibley. "The Gender Similarities Hypothesis". *American Psychologist*, 60: 581-592, 2005.
5   PASCOE, Cheri J. *Dude, you're a Fag: Masculinity and Sexuality in High School*. Berkeley: University of California Press, 2007, p. 5.
6   KIMMEL, Michael. *The Gendered Society*. 4. ed. Nova Iorque: Oxford University Press, 2011, p. 159.

Ainda em tempos atuais, as crianças aprendem cedo que ser rotulado como uma menina, isto é, como "feminina", não é tão bom quanto ser classificado como um "moleque", no caso do menino. E tais pressões, associadas ao binarismo de gênero radicalizado, aumentam à medida que as crianças ingressam na adolescência e nas relações íntimas.

Violência e diversidade de gênero na família

A visão tradicionalista e conservadora de família, que se baseia numa adequação a modelos e enquadramentos simplórios, se distancia muito da concepção de diversidade e está aquém da largueza necessária para contemplar o conceito plural de família. Se não estivermos atentos, uma definição de normalidade normótica,[7] de tão enrijecida, pode adoecer as pluralidades familiares.

Souza aborda o contexto de família numa analogia à Matriz Heteronormativa.[8] Numerosos discursos *gays* e lésbicos entendem que a cultura *gay* e lésbica está envolvida nas estruturas maiores da heterossexualidade, ainda que esteja numa posição subversiva ou de ressignificação das configurações culturais heterossexuais.

Para que as famílias homossexuais possam explorar sua ambiguidade e conquistar seu próprio espaço de significação, tornam-se essenciais, no seu cotidiano, novos referenciais para as práticas da parentalidade do viver em família e da sexualidade, ou seja, referenciais que contestem o caráter "natural" da família heterossexual, práticas que transgridam as expectativas sociais sobre "família" e o binarismo hierárquico de gênero, que ainda acaba por ser uma das formas reguladoras da vida em família que o modelo tradicional sustenta.

Dessa forma, ações que se oponham a esse movimento poderiam, então, ser compreendidas como violentas para o viver da

---

7 WEIL, Pierre; LELOUP, Jean-Yves; CREMA, Roberto. *Normose: a Patologia da Normalidade*. 5. ed. Petrópolis: Vozes, 2014.
8 SOUZA, Érica Renata de. "Família e Parentalidade Homossexual: Revendo Teorias, Repensando Práticas". *Revista Brasileira de Sexualidade Humana*, 17(2): 283-298, 2011.

pluralidade familiar e do indivíduo. Tais ações (intra ou extrafamiliares), que aqui denomino como violentas, foram categorizadas por Green como sendo os principais obstáculos que ameaçam o sucesso dos relacionamentos familiares de lésbicas e *gays*:[9]

- Discriminação no emprego dos valores associados ao ambiente e à idade do casal; o emprego pode ser vivido sob ameaça, o que, consequentemente, pode desencadear situações abusivas para uma das partes ou para ambos;
- *Bullying* com jovens homossexuais. Em um estado americano, a maioria dos jovens que se identificam como homossexuais relata níveis significativos de assédio verbal ou *bullying* físico, e a maior parte dos casos ocorre nas escolas;[10]
- Casamento entre pessoas do mesmo sexo. Apesar de validado no Brasil, questões como proteção, plano de saúde, assistência, herança são ainda discutidas e, com certa frequência, casos de desamparo e falta de auxílio não são devidamente relatados.

Quando os pais alimentam a violência de gênero com seus filhos?

Como Eliot e Hyde apontam, há certo exagero social nas diferenças de gênero, mesmo havendo dados que constatem o quão mínima é a diferença entre os sexos no que tange a habilidades e capacidades.[11]

---

9   GREEN, Robert-Jay; BETTINGER, Michael; ZACKS, Ellie. "Are Lesbian Couples 'Fused' and Gay Male Couples 'Disengaged?': Questioning Gender Straightjackets". *In*: LAIRD, Joan; GREEN, Robert-Jay (eds.). *Lesbians and Gays in Couples and Families: a Handbook for Therapists*. São Francisco: Jossey-Bass/Wiley, 1996, p. 185-230.
10   D'AUGELLI, Anthony R.; GROSSMAN, Arnold H.; STARKS, Michael T. "Childhood Gender Atypicality, Victimization and PTSD among Gay, Lesbian and Bisexual Youth". *Journal of Interpersonal Violence*, 21: 1462-1482, 2006.
11   ELIOT. *Pink Brain, Blue Brain;* HYDE. "The Gender Similarities Hypothesis".

Para Eliot, existem algumas diferenças entre bebês do sexo masculino e feminino; no entanto, tais diferenças são pequenas. Os meninos são um pouco mais excitáveis e as meninas têm um cérebro um pouco mais maduro. Entretanto, essas pequenas diferenças são amplificadas pela forma com que as crianças são desencorajadas a desenvolver plenamente suas capacidades.

Como gênero é uma categoria inerentemente relacional, os pais que desejam encorajar a gama completa de capacidades e habilidades de seus filhos devem fazê-lo intencionalmente, pois as crianças aprendem o significado de ser menino ou menina pelos eventos diários da vida familiar; além disso, é por meio deles também que a desigualdade de gênero é reproduzida entre mulheres e homens adultos.

Dentro das devidas proporções em como as famílias contemporâneas se organizam frente a questões de gênero, sabe-se que aquelas dotadas de padrões de gênero mais estereotipados são menos capazes de responder flexivelmente aos altos e baixos da vida.[12] A exemplo disso, filhas do sexo feminino e filhos *gays* podem ser o foco do abuso quando a desigualdade de distribuição de tarefas e responsabilidades é organizada por gênero.

É interessante notar que casais do mesmo sexo tendem a ser acentuadamente mais parecidos na divisão do trabalho doméstico e no poder de tomada de decisão do que os casais heterossexuais,[13] e tal equilíbrio pode favorecer a formação de valores e regras para a educação dos filhos. Numa amostra com casais heterossexuais, Knudson-Martin e Mahoney revelaram que muitos casais se organizam em torno do "legado de gênero", por meio do qual se revela o poder masculino invisível.[14]

---

12 GERSON, Kathleen. *The Unfinished Revolution: How a New Generation is Reshaping Family, Work, and Gender in America*. Nova Iorque: Oxford University Press, 2010.
13 GOTTA, Gabrielle; GREEN, Robert-Jay; ROTHBLUM, Esther; SOLOMON, Sondra; BALSAM, Kimberly; SCHWARTZ, Pepper. "Lesbian, Gay Male, and Heterosexual Relationships: a Comparison of Couples in 1975 and 2000". *Family Process*, 50: 353-376, 2011.
14 KNUDSON-MARTIN, Carmen; MAHONEY, Anne Rankin. "Moving Beyond

Quando a violência acomete a cuidadora/mãe?

Embora as mulheres tenham uma natureza cuidadora e assistencial, com frequência pagam um preço alto por cuidados que prestam às famílias. Na maior parte do mundo, a depressão feminina está vinculada à desigualdade de gênero e a uma ausência de reciprocidade nas relações.[15]

As mães solteiras e as avós que detêm a responsabilidade primária pelos seus netos sofrem particularmente por altos índices de estresse. Quando alguém adoece, o membro feminino ocupa o lugar do cuidador quase automaticamente, o que implica em responsabilidades para com todos, desde a criança até o idoso. O cuidado também é atribuído ao membro *gay* da família. Regis, por exemplo, menciona a supertarefa atribuída aos filhos *gays*/lésbicas como um ato de compensação "imposto" por seus pais.

Padrões de gênero estereotipados limitam o conflito inerente das relações já que impõem o silêncio para um dos lados, geralmente o feminino, considerado com menor poder.

Incesto

Compreendemos incesto como união ilícita entre parentes consanguíneos, afins ou adotivos, relação ou procriação sexual entre dois indivíduos estreitamente aparentados, dentro de graus em que o casamento é proibido pelas leis ou costumes.

No Brasil, o Artigo 1521 do Código Civil – Lei 10406/02, aponta o que é considerado ilícito: I - Os ascendentes com os descendentes, seja o parentesco natural ou civil; II - Os afins em linha reta; III - O adotante com quem foi cônjuge do adotado e o

---

Gender: Processes that Create Relationship Equality". *Journal of Marital and Family Therapy*, 31: 235-246, 2005.
15 JACK, Dana C.; ALI, Alisha. "Culture, Self-Silencing, and Depression: a Contextual-Relational Perspective". *Silencing the Self across Cultures: Depression and Gender*. Nova Iorque: Oxford University Press, 2010, p. 3-18.

adotado com quem o foi do adotante; IV - Os irmãos, unilaterais ou bilaterais, e demais colaterais, até o terceiro grau inclusive; V - O adotado com o filho do adotante.

Para Cohen e Gobbetti, o incesto manifesta-se por meio do relacionamento entre pessoas que são membros de uma mesma família (exceto os cônjuges), sendo que o sentido de família no incesto não é definido pela consanguinidade ou pela afinidade, mas principalmente pela "função de parentesco social exercida pelas pessoas dentro do grupo",[16] considerando que o incesto geralmente ocorre nas relações de pai-filha, padrasto-enteada e/ou irmão-irmã.

Em termos psíquicos, a compreensão da proibição do incesto auxilia-nos a ordenar mentalmente limites sobre os desejos humanos, promovendo o pensar e a simbolização. Dados de pesquisa pelo Centro de Estudos e Atendimento Relativos ao Abuso Sexual da Universidade Estadual de São Paulo revelam que 83,64% das vítimas de abuso sexual intrafamiliar são do sexo feminino e 16,36%, do sexo masculino. Geralmente a pessoa denunciada é do sexo masculino; 97,27% são homens e 2,73%, mulheres. É importante considerar também que determinados comportamentos não reconhecidos como abusivos por parte da mãe/cuidadora podem ser omitidos ou não compreendidos como abuso incestuoso.

Para uma proposta educativa torna-se fundamental podermos diferenciar a função da mãe, que será composta por cuidados distintos conforme a fase de vida da criança. Há funções primárias que a mãe e cuidadora irão cumprir, e há funções que levam à disfuncionalidade. Muitas vezes, os abusos tão graves e prejudiciais ao desenvolvimento psicossocial do indivíduo não são denunciados por não serem assim percebidos, devido aos valores socioculturais de acesso quase irrestrito dado à mãe em relação a seus filhos. Outro dado importante é que uma relação incestuosa na família chega,

---

16   COHEN, Claudio; GOBBETTI, Gisele Joana. "Abuso Sexual Intrafamiliar". *Revista Brasileira de Ciências Criminais*, 6(24): 235-243, 1998.

em 40% dos casos, a durar um ano. E, mais gravemente ainda, 60% dessas relações duram até mais do que isso.

O incesto requer que os profissionais estejam atentos a sinais sutis e implícitos das relações. A compreensão da família incestuosa deve levar em conta a dinâmica afetiva da família como um todo, já que há envolvimento de todos no comportamento abusivo ou permissivo.

Violência doméstica

A mais conhecida socialmente é a violência doméstica, aquela que acontece no ambiente da casa, definida como uma conduta que inflija sofrimento psicológico, físico, sexual, econômico, direta ou indiretamente, à pessoa que resida no mesmo espaço doméstico. Trata-se de uma violência cíclica, repetida ao longo de meses e, por ser invisível e se dar no espaço doméstico, se não levada em consideração, pode culminar em homicídio. Conforme o Mapa da Violência de 2015,[17] dados apurados pela Faculdade Latino-Americana de Ciências Sociais (Flacso), ONU Mulheres, Organização Pan-Americana da Saúde/Organização Mundial da Saúde (OPAS/OMS) e Secretaria de Políticas para as Mulheres, dos 4.762 assassinatos de mulheres registrados em 2013, no Brasil, 50,3% foram cometidos por familiares, sendo que, em 33,2% desses casos, o crime foi praticado pelo parceiro ou pelo ex-parceiro.

No que tange às crianças, dados de 2006, apresentados na Assembleia Geral das Nações Unidas, demonstram que entre 133 e 275 milhões de crianças de todo o mundo, de 0 a 18 anos de idade, testemunharam algum tipo de violência doméstica por ano e, segundo a Organização Mundial da Saúde (OMS), em 2002,

---

17 WAISELFISZ, Julio Jacobo. *Mapa da Violência 2015: Homicídio de Mulheres no Brasil*. Brasília: FLACSO, 2015.Disponível em: https://www.mapadaviolencia.org.br/pdf2015/MapaViolencia_2015_mulheres.pdf. Acesso em: 4 fev. 2019.

150 milhões de meninas e 73 milhões de meninos sofreram alguma forma de violência sexual.[18]

A violência que se perpetua entre gerações

Um número crescente de pessoas se afasta conscientemente das expectativas da sociedade quanto à identidade de gênero e orientação sexual para viver de uma forma que se ajuste melhor a elas.[19]

Apesar da variação considerável, as mensagens da sociedade referentes a gênero são estereotipadas e quase sempre associadas ao sexo biológico, independentemente de coincidir com as experiências e preferências do indivíduo.[20] Como o gênero também define o mérito e o valor dos membros individuais da família e seu poder em relação aos outros e à sociedade mais ampla,[21] as pressões para se adequarem ao gênero podem ser intensas.

Mais do que uma questão que, por vezes, é relevante em certos casos, gênero é um construto central em torno do qual se organizam os processos familiares.[22] É importante que questões de gênero sejam abordadas em toda a prática educativa e clínica, independentemente da estrutura familiar, assim como todo tipo de abuso ou violência familiar.

Papéis, normas e valores são transmitidos de geração para geração. E o processo de ressignificar direitos e deveres ocorre

---

18   PINHEIRO, Paulo Sérgio. *Relatório para o Estudo das Nações Unidas sobre a Violência contra Crianças*. Assembleia Geral das Nações Unidas, 2006. Disponível em: http://www.unicef.org/brazil/pt/Estudo_PSP_Portugues.pdf. Acesso em: 07 nov. 2016.
19   LEV, Arlene Istar. "How Queer! The Development of Gender Identity and Sexual Orientation in LGBTQ-headed Families". *Family Process*, 49: 268-290, 2010; MCGOLDRICK, Monica; ANDERSON, Carol; WALSH, Froma (eds.). *Women in Families: a Framework for Family Therapy*. Nova Iorque: Norton, 1989.
20   LEV. "How Queer!".
21   MCGOLDRICK; ANDERSON; WALSH. *Women in Families*.
22   GOLDNER, Virgina. "Generation and Gender: Normative and Covert Hierarchies". *In*: McGOLDRICK, Monica; ANDERSON, Carol; WALSH, Froma (eds.). *Women in Families: a Framework for Family Therapy*. Nova Iorque: Norton, 1989, p. 42-60; WALTERS, Marianne; CARTER, Betty.; PAPP, Peggy.; SILVERSTEIN, Olga. *The Invisible Web: Gender Patterns in Family Relationships*. Nova Iorque: Guilford Press, 1988.

ao longo do tempo, de forma gradual, dentro das famílias. Rocha descreve a transmissão geracional da violência[23] em amplo sentido e, para ele, a incapacidade do pai ou da mãe (adulto), quando vítimas pregressas de algum tipo de abuso, de representarem ou relatarem o ocorrido, pode transformar o fato em algo devastador ao longo das gerações.

O que fazer em situações de violência de gênero na família?

A importância da flexibilidade em relação ao gênero é um dado central nas pesquisas. As famílias que vão além dos limites do gênero tradicional têm maior capacidade para responder aos desafios da vida contemporânea.[24] As crianças, por exemplo, se beneficiam em termos de desenvolvimento quando os estereótipos de gênero são questionados e são abertas mais possibilidades para se adequarem às suas necessidades e preferências.[25] A igualdade de gênero fornece uma base importante para a intimidade, satisfação no relacionamento e estabilidade familiar.[26]

Hoje, as famílias estão respondendo aos múltiplos discursos sobre gênero. Algumas promovem a igualdade de forma ativa; outras, de modo embrionário. Há famílias, no entanto, que reforçam o binarismo de gênero destrutivo. Por isso que a construção

---

23   ROCHA, Valeria; FERREIRA, Maria Helena Mariante. "Normalidade e Desvios do Comportamento Vincular Materno". *In*: AZAMBUJA, Maria Regina Fay. *Violência Sexual contra Crianças e Adolescentes*. Porto Alegre: Artmed, 2011.
24   GERSON, Kathleen. *The Unfinished Revolution: How a New Generation is Reshaping Family, Work, and Gender in America*. Nova Iorque: Oxford University Press, 2010; KNUDSON-MARTIN; MAHONEY. *Couples, Gender, and Power*.
25   ELIOT. *Pink Brain, Blue Brain*.
26   COONTZ, Stephanie. *Marriage, a History: from Obedience to Intimacy or How Love Conquered Marriage*. Nova Iorque: Viking, 2005; JONATHAN, Naveen; KNUDSON-MARTIN, Carmen. "Building Connection: Attunement and Gender Equality in Heterosexual Relationships". *Journal of Couple and Relationship Therapy*, 11(2): 95-111, 2012; STEIL, Janice. *Marital Equality: its Relationship to the Well-being of Husbands and Wives*. Newbury Park, CA: Sage, 1997.

e reconstrução de valores para a sensibilização quanto à violência de gênero implica questões de ordem ética, como bem descreve Knudson-Martin e Huenergardt.[27] Os autores indicam aspectos inerentes das relações familiares, que podem ser adaptados ao contexto educativo, tais como:

- *Valorizar as habilidades relacionais:* é importante reconhecer e validar contribuições positivas à manutenção das relações. Essa é uma questão social, bem como um problema familiar. As habilidades relacionais são cada vez mais importantes do que músculos e dominância. Os pais precisam resistir à mentalidade de que "meninos serão meninos" e ajudar os filhos a aprenderem a entrar em sintonia com os outros;
- *Promover uma gama ampla de experiências de gênero:* é preciso ir além do pensamento binário nas famílias em que os pais fazem determinadas coisas, e as mães, outras; unir-se aos casais em torno de desejos por relacionamentos igualitários e mutuamente apoiadores; ajudar os parceiros a apoiarem os filhos no desenvolvimento de habilidades que não estejam automaticamente associadas ao gênero;
- *Quebrar os padrões de dominância:* faz-se mister não permitir que comportamentos, tais como inferiorizar as meninas e os meninos "femininos", passem uma mensagem implícita de que a dominância masculina é uma maneira aceitável de ganhar respeito e privilégios. Os membros adultos da família precisam interromper esses "pequenos" comportamentos. Ajudar mulheres e homens solteiros a reconhecer padrões de relacionamento que conduzam ao bem-estar mútuo e interromper o fluxo de poder nos relacionamentos adultos;

---

27 KNUDSON-MARTIN, Carmen.; HUENERGARDT, Douglas. "A Socio-Emotional approach to Couple Therapy: Linking Social Context and Couple Interaction". *Family Process,* 49: 369-386, 2010.

- *Identificar valores que promovem igualdade:* não é prudente presumir que pessoas de culturas ou religiões tradicionais não possuem interesse na igualdade dos gêneros. É importante perguntar a elas sobre essas crenças culturais e procurar entender o seu significado para a sua fé religiosa e a história da sua cultura;
- *Estimular a discussão sobre o contexto social:* depois que as influências sociais estão visíveis, as famílias têm mais opção sobre como querem responder. Será útil uma conversa sobre o que elas aprenderam acerca de ser homem e mulher e como isso afeta seus relacionamentos;
- *Ajudar os homens a dar atenção:* resistir às mensagens culturais que depositam nas mulheres a responsabilidade pelo relacionamento; é importante presumir que os homens querem dar atenção às suas parceiras; que a socialização de gênero e a estrutura social de dominação masculina interferem. Encorajar os parceiros masculinos com poder a iniciarem conexões relacionadas e ajudar os pais a serem modelos para seus filhos;
- *Apoiar as vozes silenciadas:* os profissionais devem se posicionar intencionalmente para possibilitar que as vozes marginalizadas nas famílias sejam ouvidas. Isso inclui procurar o motivo pelo qual os membros femininos da família recuam, se acomodam ou se calam numa tentativa de manter a estabilidade familiar; além de criar espaço para que os maridos e pais escutem e sejam influenciados por outros;
- *Ajudar as famílias a desenvolverem seu próprio modelo e igualdade:* os casais e as famílias precisam ser capazes de identificar como seria para eles implantar a igualdade de gênero;
- *Promover políticas e práticas que apoiem a igualdade de gênero:* questionar as políticas no ambiente de trabalho que

privam os pais de um envolvimento igual na vida familiar e que definem o equilíbrio entre o trabalho e a família como questões femininas;

Trata-se de um processo de mudança proativo, em que, por mais que as normas e os processos de gênero estereotipados se reproduzam, há também como não resistir a eles conscientemente.

Considerações finais

Como educadores e profissionais é especialmente importante que examinemos nossos próprios valores e pressupostos e que nos posicionemos de forma ativa e inclusiva! Incluir a família para uma proposta educativa sobre gênero ou qualquer tipo de violência expressa o entendimento transgeracional.

Segundo Seixas, a educação sexual na família é primordial e costuma se basear no binômio sexualidade/autoridade.[28] O discurso não pode ser diferente da forma como a sexualidade é vivida pelos indivíduos. Não é eficaz falar sobre o assunto com naturalidade, mas testemunhar uma vivência carregada de preconceitos, temores e culpas.

Mais importante do que fazer discurso sobre sexo, a educação sexual na família deve passar pelo enfrentamento das violências e das questões de gênero. É a família no seu modo de ser e de se posicionar diante das pessoas e do mundo que deve ser formada.

Referências

COHEN, Claudio; GOBBETTI, Gisele Joana. "Abuso Sexual Intrafamiliar". *Revista Brasileira de Ciências Criminais*, 6(24): 235-243, 1998.

COONTZ, Stephanie. *Marriage, a History: from Obedience to Intimacy or How Love Conquered Marriage*. Nova Iorque: Viking, 2005.

---

28   SEIXAS, Ana Maria Ramos. *Sexualidade Feminina: História, Cultura, Família, Personalidade e Psicodrama*. São Paulo: SENAC, 1998.

D'AUGELLI, Anthony R.; GROSSMAN, Arnold H.; STARKS, Michael T. "Childhood Gender Atypicality, Victimization and PTSD among Gay, Lesbian and Bisexual Youth". *Journal of Interpersonal Violence*, 21: 1462-1482, 2006.

ELIOT, Lise. *Pink Brain, Blue Brain: How Small Differences Grow into Troublesome Gaps*. Nova Iorque: Houghton/Miffin Harcourt, 2009.

GERSON, Kathleen. *The Unfinished Revolution: How a New Generation is Reshaping Family, Work, and Gender in America*. Nova Iorque: Oxford University Press, 2010.

GOLDNER, Virgina. "Generation and Gender: Normative and Covert Hierarchies". *In*: McGOLDRICK, Monica; ANDERSON, Carol; WALSH, Froma (eds.). *Women in Families: a Framework for Family Therapy*. Nova Iorque: Norton, 1989, p. 42-60.

GOMES, Reges Chagas. "Casais Homossexuais". *In*: OSORIO, Luiz Carlos; VALLE, Maria Elizabeth Pascual do. *Manual de Terapia Familiar*. Porto Alegre: Artmed; 2009.

GOTTA, Gabrielle; GREEN, Robert-Jay; ROTHBLUM, Esther; SOLOMON, Sondra; BALSAM, Kimberly; SCHWARTZ, Pepper. "Lesbian, Gay Male, and Heterosexual Relationships: a Comparison of Couples in 1975 and 2000". *Family Process*, 50: 353-376, 2011.

GREEN, Robert-Jay; BETTINGER, Michael; ZACKS, Ellie. "Are Lesbian Couples 'Fused' and Gay Male Couples 'Disengaged?': Questioning Gender Straightjackets". *In*: LAIRD, Joan; GREEN, Robert-Jay (eds.). *Lesbians and Gays in Couples and Families: a Handbook for Therapists*. São Francisco: Jossey-Bass/Wiley, 1996, p. 185-230.

HORTA, Ana Lucia de Moraes. *Sexualidade na Família*. São Paulo: Expressão e Arte, 2007.

HYDE, Janet Shibley. "The Gender Similarities Hypothesis". *American Psychologist*, 60: 581-592, 2005.

JACK, Dana C.; ALI, Alisha. "Culture, Self-Silencing, and Depression: a Contextual-Relational Perspective". *Silencing the Self across Cultures: Depression and Gender*. Nova Iorque: Oxford University Press, 2010, p. 3-18.

JONATHAN, Naveen; KNUDSON-MARTIN, Carmen. "Building Connection: Attunement and Gender Equality in Heterosexual Relationships". *Journal of Couple and Relationship Therapy*, 11(2): 95-111, 2012.

KIMMEL, Michael. *The Gendered Society*. 4. ed. Nova Iorque: Oxford University Press, 2011.

KNUDSON-MARTIN Carmen. "Mudança nas Normas de Gênero nas Famílias e na Sociedade: Rumo à Igualdade em Meio às Complexidades". *In*: WALSH, Froma. *Processos Normativos da Família: Diversidade e Complexidade*. 4. ed. Porto Alegre: Artmed, 2012.

_____. "Addressing Gendered Power: a Guide for Practice". *In*: KNUDSON-MARTIN, Carmen; MAHONEY, Anne Rankin (eds.). *Couples, Gender, and Power: Creating Change in Intimate Relationships*. Nova Iorque: Springer, 2009, p. 317-336.

KNUDSON-MARTIN, Carmen.; HUENERGARDT, Douglas. "A Socio-Emotional approach to Couple Therapy: Linking Social Context and Couple Interaction". *Family Process*, 49: 369-386, 2010.

KNUDSON-MARTIN, Carmen; MAHONEY, Anne Rankin. (eds). *Couples, Gender, and Power: Creating Change in Intimate Relationships*. Nova Iorque: Springer, 2009.

_____. "Moving Beyond Gender: Processes that Create Relationship Equality". *Journal of Marital and Family Therapy*, 31: 235-246, 2005.

LEV, Arlene Istar. "How Queer! The Development of Gender Identity and Sexual Orientation in LGBTQ-headed Families". *Family Process*, 49: 268-290, 2010.

MAHONEY, Anne Rankin; KNUDSON-MARTIN, Carmen. "The Social Context of Gendered Power". *Couples, Gender, and Power: Creating Change in Intimate Relationships*. Nova Iorque: Springer, 2009a, p. 17-29.

MCGOLDRICK, Monica; ANDERSON, Carol; WALSH, Froma (eds.). *Women in Families: a Framework for Family Therapy*. Nova Iorque: Norton, 1989.

PASCOE, Cheri J. *Dude, you're a Fag: Masculinity and Sexuality in High School*. Berkeley: University of California Press, 2007.

PINHEIRO, Paulo Sérgio. *Relatório para o Estudo das Nações Unidas sobre a Violência contra Crianças*. Assembleia Geral das Nações Unidas, 2006. Disponível em: http://www.unicef.org/brazil/pt/Estudo_PSP_Portugues.pdf. Acesso em: 07 nov. 2016.

ROCHA, Valeria; FERREIRA, Maria Helena Mariante. "Normalidade e Desvios do Comportamento Vincular Materno". *In*: AZAMBUJA, Maria Regina Fay. *Violência Sexual contra Crianças e Adolescentes*. Porto Alegre: Artmed, 2011.

SEIXAS, Ana Maria Ramos. *Sexualidade Feminina: História, Cultura, Família, Personalidade e Psicodrama*. São Paulo: SENAC, 1998.

SOUZA, Érica Renata de. "Família e Parentalidade Homossexual: Revendo Teorias, Repensando Práticas". *Revista Brasileira de Sexualidade Humana*, 17(2): 283-298, 2011.

STEIL, Janice. *Marital Equality: its Relationship to the Well-being of Husbands and Wives.* Newbury Park, CA: Sage, 1997.

WAISELFISZ, Julio Jacobo. *Mapa da Violência 2015: Homicídio de Mulheres no Brasil.* Brasília: FLACSO, 2015. Disponível em: https://www.mapadaviolencia.org.br/pdf2015/MapaViolencia_2015_mulheres.pdf. Acesso em: 4 fev. 2019.

WALTERS, Marianne; CARTER, Betty.; PAPP, Peggy.; SILVERSTEIN, Olga. *The Invisible Web: Gender Patterns in Family Relationships.* Nova Iorque: Guilford Press, 1988.

WEIL, Pierre; LELOUP, Jean-Yves; CREMA, Roberto. *Normose: a Patologia da Normalidade.* 5. ed. Petrópolis: Vozes, 2014.

14
Violência contra a mulher

Breno Rosostolato e Roberta Payá[1]

Introdução

Precisamos e devemos discutir sobre violência contra as mulheres porque esta é mais uma maneira de nos mobilizarmos sobre uma questão tão patológica da sociedade. As estatísticas são alarmantes e comprovam a necessidade desse debate. Lamentavelmente, o aumento da violência de gênero é acompanhado por notícias contundentes, como a recente pesquisa realizada pelo Fórum Brasileiro de Segurança Pública,[2] segundo a qual 42%

---

1   Breno Rosostolato, psicólogo, é especialista em Educação em Sexualidade e em Terapia Sexual (UNISAL), professor da Faculdade Santa Marcelina, membro do Grupo de Pesquisa "Sexualidade Humana" (CNPq) do UNISAL e atua como articulista em jornais, revistas e sites sobre temas referentes a sexualidade e gênero.
Roberta Payá é doutora em Psiquiatria e Psicologia Médica (Universidade Federal de São Paulo – UNIFESP), mestra em *Family and Couple Therapy* (Universidade de Londres), especialista em Terapia Sistêmica de Família e Casal (Pontifícia Universidade Católica de São Paulo), Dependência Química (UNIFESP), Educação Sexual e em Terapia Sexual (UNISAL); coordenadora e professora do curso de Capacitação em Terapia Familiar em Dependência Química (Universidade Federal de São Paulo – UNIFESP) e membro do Grupo de Pesquisa "Sexualidade Humana" (CNPq) do UNISAL.
2   FÓRUM BRASILEIRO DE SEGURANÇA PÚBLICA; DATAFOLHA. #ApolíciaPrecisaFalarSobreEstupro. *Percepção sobre Violência Sexual e Atendimento a Mulheres Vítimas nas Instituições Policiais*, set. 2016. Disponível em: http://www.forumseguranca.org.br/wp-content/uploads/2017/01/FBSP_Policia_precisa_falar_estupro_2016.pdf. Acesso em: 14 abr. 2017.

dos homens entrevistados concordam com a afirmação "mulheres que se dão ao respeito não são estupradas", ou seja, a culpa do estupro recai sobre a vítima. Ainda sobre a pesquisa, no relatório intitulado #APolíciaPrecisaFalarSobreEstupro, 65% das mulheres e 46% dos homens entrevistados afirmam ter medo de sofrer violência sexual.

Em 2016, a ONU Mulheres publicou as *Diretrizes Nacionais para Investigar, Processar e Julgar com Perspectiva de Gênero as Mortes Violentas de Mulheres – Feminicídios*,[3] na qual são feitas recomendações para a revisão dos procedimentos de perícia, polícia, saúde e justiça que lidam com ocorrências de feminicídio, ou seja, homicídio de mulheres. A realidade da violência contra as mulheres coloca o Brasil no alarmante quinto lugar da lista de países com os maiores índices de assassinatos de mulheres (4,8 para 100 mil mulheres).

As violências sofridas pelas mulheres, ao mesmo tempo que evidenciam a importância de debater sobre o assunto, já elucidam sobre a questão do feminicídio, violência direcionada às mulheres *pelo fato de serem mulheres*. Essa expressão foi utilizada por Diana Russel e Jill Radford em 1976, perante o Tribunal Internacional Sobre Crimes Contra as Mulheres, realizado em Bruxelas,[4] mas o termo já havia sido mencionado antes, em 1801, no livro *A Satirical View of London*, de John Corry.

Precisamos falar sobre a violência sofrida pelas mulheres, assim como sobre os tipos de violência. Vamos a algumas delas.

---

3   ONU MULHERES. *Diretrizes Nacionais para Investigar, Processar e Julgar com Perspectiva de Gênero as Mortes Violentas de Mulheres – Feminicídios*. Brasília, abr. 2016. Disponível em: http://www.onumulheres.org.br/wp-content/uploads/2016/04/diretrizes_feminicidio.pdf. Acesso em: 14 abr. 2017.
4   MUJICA e TUESTA *apud* LUCENA, Mariana Barreto Nóbrega de. "Morte de Mulheres no Brasil: Feminicídio ou Homicídio Comum? Violência Doméstica ou Questão de Segurança Pública?". *Publica Direito*, 2015. Disponível em: http://publicadireito.com.br/artigos/?cod=5990653da56b4075. Acesso em: 12 fev. 2017.

De quais violências falamos?

Conforme dados do relatório elaborado pelo Instituto Avante Brasil,[5] *Homicídios de Mulheres no Brasil em 2013*, 35% das mulheres no mundo já sofreram violência física e/ou sexual por parceiro íntimo ou violência sexual por um não parceiro e 70% das mulheres, no Brasil, já experimentaram violência física e/ou sexual em sua vida perpetrada por um parceiro íntimo.

Estupro

No estupro, um dos crimes sexuais mais praticados historicamente,[6] há a objetificação da mulher, tratada como propriedade do homem, em uma relação de coisificação, ou seja, ocorre a desumanização da mulher em detrimento da posição hegemônica masculina. Por isso, o estupro define-se como uma violência de gênero pautada mais nas relações de poder do que no prazer.

O estupro deve ser compreendido a partir da *cultura do estupro*, isto é, da normalização da violência sexual contra as mulheres, tanto no âmbito social quanto midiático. Por *cultura do estupro* entendemos o movimento da sociedade em interiorizar e enraizar as violências sexuais como normatizadoras do comportamento humano na relação entre homens e mulheres. Violências que deixam marcas, "distinguem sujeitos e se constituem em marcas de poder".[7] Violências que ecoam não só nas mulheres, mas em toda a sociedade.

---

5   INSTITUTO AVANTE BRASIL. *Homicídios de Mulheres no Brasil em 2013*. Disponível em: http://d2kefwu52uvymq.cloudfront.net/uploads/2015/10/Levantamento-genero.pdf. Acesso em: 10 maio 2017.
6   GUIA MUNDO EM FOCO. *Estupro: Panorama Completo deste Crime Brutal no Brasil e no Mundo*. 5. ed. São Paulo: On Line, 2016, p. 7-15.
7   LOURO, Guacira L. *Um Corpo Estranho: Ensaios sobre Sexualidade e Teoria Queer*. São Paulo: Autêntica, 2015, p. 78.

Assédio sexual

A lei n. 10.224, de 15 de maio de 2001, do Código Penal, no capítulo sobre Crimes contra a Liberdade Sexual, define assédio sexual como: "Constranger alguém com o intuito de obter vantagem ou favorecimento sexual, prevalecendo-se o agente da sua condição de superior hierárquico ou ascendência inerentes ao exercício de emprego, cargo ou função. Pena – detenção, de um a dois anos".[8]

O assédio sexual, por exemplo, faz parte das violências da cultura do estupro e é uma questão de gênero, pois atinge principalmente mulheres. Em pesquisa realizada pelo Instituto You-Gov e divulgada, em 2016, pela ActionAid,[9] 86% das mulheres brasileiras afirmaram ter sofrido algum tipo de assédio em espaços urbanos. A pesquisa também foi realizada em países como Índia (79%), Tailândia (86%) e Reino Unido (75%), e ouviu 2.518 mulheres com idade acima de 16 anos.

Dados pesquisados por Souza e Cerqueira revelaram que 26% das empregadas domésticas sofrem mais assédio do que mulheres envolvidas com outras atividades e este risco aumenta quando residem no mesmo local de trabalho.[10]

Mas, independentemente da cultura ou região, o assédio pode ser identificado por comportamentos como piadas picantes, comentários depreciativos ou invasivos sobre corpo, idade, situação familiar, elogios atrevidos, carícias, pedidos de favores manipulativos, convites intimadores ou chantagens.

---

8   BRASIL. Lei n. 10.224, que altera o Decreto-Lei n. 2.848 de 7 de dezembro de 1940 do Código Penal para dispor sobre o crime de assédio sexual e dá outras providências, de 15 de maio de 2001. Disponível em: http://www.planalto.gov.br/ccivil_03/LEIS/LEIS_2001/L10224.htm. Acesso em: 20 mar. 2017.
9   CÂMARA, Juliana. "Em Pesquisa da ActionAid, 86% das Brasileiras Ouvidas Dizem já ter Sofrido Assédio em Espaços Urbanos". *ACTIONAID*, 24 maio 2016. Disponível em: http://actionaid.org.br/na_midia/em-pesquisa-da-actionaid-86-das-brasileiras--ouvidas-dizem-ja-ter-sofrido-assedio-em-espacos-urbanos/. Acesso em: 20 mar. 2017.
10 DESOUZA, Eros R.; CERQUEIRA, Elder. "From the Kitchen to the Bedroom: Frequency Rates and Consequences of Sexual Harassment among Female Domestic Workers in Brazil". *Journal of Interpersonal Violence*, 24(8): 1264-1284, 2009.

Revenge Porn

Entre as violências que ofendem a honra, a imagem e a dignidade da vítima, está o *Revenge Porn*, isto é, o fato de alguém postar nas redes virtuais fotos íntimas da pessoa com a qual se relacionou anteriormente. Trata-se da divulgação, geralmente feita por homens, de vídeos ou imagens íntimas de mulheres fazendo sexo, muitas vezes com a própria pessoa que os divulga, tendo como objetivo humilhá-las publicamente e fazer chantagem.

Violência doméstica

A mais conhecida socialmente é a violência doméstica, aquela que acontece no ambiente da casa, definida como uma conduta que inflija sofrimento psicológico, físico, sexual, econômico, direta ou indiretamente, à pessoa que resida no mesmo espaço doméstico. Trata-se de uma violência cíclica, repetida ao longo de meses, invisível por se dar no espaço doméstico, que pode culminar em homicídios. As estatísticas confirmam os casos de homicídios (dados apresentados no capítulo sobre Violência de Gênero na Família).

Violência obstétrica

Outra violência pouco debatida, embora muito frequente, é a violência obstétrica, vivida no momento da gestação, do parto, do nascimento e do pós-parto, e caracterizada por elementos semelhantes aos tipos de violência já apresentados, tais como, agressão física, psicológica, verbal, simbólica e sexual, assim como pela negligência na assistência e pela discriminação.

Podemos considerar, portanto, como violência obstétrica a indução a como deveria ser o parto da mãe em função da agenda profissional do médico ou casos de episiotomia (quando é feita uma incisão cirúrgica para facilitar o nascimento do bebê), amniotomia (procedimento no qual uma ruptura é feita nas membranas que envolvem o feto, na tentativa de induzir o parto) ou qualquer outra prática obstétrica desaconselhada e que coloque em risco a saúde e integridade da mulher e do bebê.

Violência psicológica

A violência psicológica é inerente à condição de subalternidade e submissão imposta à mulher. É uma forma brutal de atingir a autoimagem e a autoestima da mulher, em uma espécie de "desnutrição psicológica".[11] É a sujeição do corpo e do desejo a uma política de dominação[12] a favor de uma inessencialidade,[13] ou seja, a servidão dos não essenciais aos essenciais ou, então, a aniquilação dos não essenciais.

Tal violência não é apenas um fato abstrato, mas resulta em uma ação invasiva sobre o cérebro, podendo provocar a perda do uso efetivo de defesas de fuga ou reação das vítimas.[14]

A mulher como agressora

Mulheres também podem ser abusadoras, embora em menor proporção do que os homens.[15] Esse tipo de violência não seria apenas dirigida ao parceiro ou parceira, pois, segundo Sattler, a mulher no papel de mãe, cuidadora ou professora, pode fomentar um cenário abusivo, sádico e traumático para a vítima. Vale mencionar,

---

11 PIMENTEL, Adelma. *Violência Psicológica nas Relações Conjugais: Pesquisa e Intervenção Clínica*. São Paulo: Summus, 2011.
12 FOUCAULT, Michel. *Microfísica do Poder*. Org., Introd., e Rev. Téc. Roberto Machado. 2. ed. Rio de Janeiro: Paz e Terra, 2015.
13 TIBURI, Márcia. "Democracia Hard: Homens, Feminismo e Machismo ao Contrário". *Revista Cult*, 16 mar. 2017. Disponível em: https://revistacult.uol.com.br/home/democracia-hard-homens-feminismo-e-machismo-ao-contrario/. Acesso em: 12 fev. 2017.
14 ZAVASCHI, Maria Lucrécia Scherer *et al*. "Associação entre Trauma por Perda na Infância e Depressão na Vida Adulta". *Revista Brasileira de Psiquiatria*, 24: 189-195, 2002.
15 SATTLER, Marli Kath; AZAMBUJA, Maria Regina Fay de.; FERREIRA, Maria Helena Mariante. "O Abusador: o que Sabemos?". *In*: AZAMBUJA, Maria Regina (org.). *Violência Sexual contra Crianças e Adolescentes*. Porto Alegre: Artmed, 2011, p. 234-247.

inclusive, que há uma associação a ser considerada entre o histórico de vítimas de mães e cuidadoras com o fato de se tornarem agressoras em potencial posteriormente.

Quando a mulher comete violência com seu parceiro do sexo masculino, não deixa de estar assumindo um papel machista, alimentando a violência contra ela própria. Ao contrário de práticas físicas que requerem força e são notórias por parte dos agressores do sexo masculino, sabemos que o abuso, a violência e o assédio atuados pela mulher são, em grande parte, ações bem articuladas, podendo ser planejadas e, até mesmo pautadas pela necessidade de poder e domínio sobre a vulnerabilidade de sua vítima.

A contribuição feminista

Debater sobre gênero tem se tornado cada vez mais difícil, uma vez que as repressões sociais transferiram para a palavra toda uma carga de distorções, deturpando não só o seu significado, mas criando confusão nas pessoas para enfraquecer o diálogo, o conhecimento e o estudo do tema. São os enquadramentos que se fortalecem pelos discursos de ódio, pelas desigualdades e pelos ressentimentos.

O feminismo é um movimento social que surgiu por meio dos pensamentos contestadores da função das mulheres na sociedade, endossado por Christine de Pizan (1363-1431), escritora que questionava e denunciava o desprezo pelas mulheres contido em literaturas misóginas e insultantes. Nomes como Olympe de Gouges, pseudônimo utilizado por Marie Gouze (1748-1793), redatora da primeira Declaração dos Direitos das Mulheres e das Cidadãs; Elizabeth Stanton (1815-1902), intelectual de destaque nos Estados Unidos no século XIX, que lutou a favor de que as mulheres aprendessem a ler e escrever e fundou a mais expressiva manifestação do feminismo, o sufragismo, que reivindica direitos ao voto e à educação das mulheres.

Por isso, o feminismo deve ser entendido como um movimento, uma onda que alcançou notoriedade pelo pensamento de Simone de Beauvoir (1908-1986), cuja obra, *O Segundo Sexo*, reacendeu discussões feministas, fertilizando aquelas sobre os direitos das mulheres, desmistificando os mitos da feminilidade. Atualmente, o feminismo é marcado por profundas discussões sobre gênero, empoderamento e desconstruções sociais, tendo como expoentes pensadoras Judith Butler e Paul Beatriz Preciado.

O feminismo é um movimento que nos remete à multiplicidade, logo, à diversidade de pensamentos e vertentes e à pluralidade de pessoas, coletivos e grupos distintos que dele fazem parte ou com ele se identificam.[16] O feminismo é um posicionamento político que possui demandas diferentes para mulheres negras, mulheres indígenas, mulheres trans, mulheres lésbicas e não pode apenas limitar-se às reivindicações de mulheres brancas, heterossexuais e cisgênero.

A sororidade, irmandade do feminismo, é um movimento de apoio e união entre as mulheres, a fim de desnaturalizar as opressões vividas por elas e descolonizar o sistema patriarcal, organização política, econômica, religiosa, social, baseada na ideia de autoridade e liderança do homem,[17] que se apropria da sexualidade e do prazer da mulher e se impõe a fim de manter o controle social e as estruturas de privilégios.

O feminismo não é uma ideologia, no sentido pejorativo do termo, nem mesmo distorção da consciência sobre a relação entre homens e mulheres.[18] Ele não quer ocupar o lugar do machismo, até porque não é o seu oposto. O oposto de machismo é *femismo*,

---

16 TIBURI, Márcia. "O Que é Feminismo?". *Revista Cult*, 04 mar. 2015. Disponível em: https://revistacult.uol.com.br/home/o-que-e-feminismo/. Acesso em: 13 fev. 2017.
17 REGUANT *apud* GARCIA, Carla Cristina. *Breve História do Feminismo*. São Paulo: Claridade, 2015.
18 TIBURI. "O Que é Feminismo?".

que se refere a uma postura de intolerância e hostilidade em relação ao homem, quase como uma espécie de machismo feminino, estereotipando os propósitos feministas. Portanto, feminismo não é misândrico (repulsa e ódio ao gênero masculino), não busca a supremacia de gênero e refuta qualquer rivalidade e disputa. Compreender o movimento feminista é olhar para um instrumento de mudança social que pode, efetivamente, contribuir para romper paradigmas e normatizações e que, inclusive, não impede os homens de pensar junto com as mulheres, questionando as violências de gênero, mas respeitando o protagonismo delas na busca por uma equidade social.

Por fim, o feminismo não deve ser usado como ideologia de silenciamento ou como meio para igualar todas as mulheres em um único propósito. Basta considerar a existência do transfeminismo e a militância de mulheres trans que buscam reivindicação dos seus direitos e visibilidade, assim como acontece com as mulheres lésbicas.

Considerações finais

O combate à violência contra a mulher implica revisão dos valores socioculturais, ou melhor, requer que em um determinado contexto sociocultural alguns valores sejam anunciados com veemência: o respeito à dignidade humana e à autonomia responsável; a valorização da liberdade e da autoestima; a promoção dos direitos fundamentais de todos; o combate à estigmatização; o fomento do cuidado e da proteção. O combate à violência contra a mulher faz parte de uma mudança social emergencial e deve fazer parte também da política de serviços públicos, do âmbito da saúde e da justiça, em locais de atendimentos e escolas que preservem com eficácia e robustez o entendimento de que a violência contra a mulher é uma violência contra a humanidade.

Referências

BRASIL. Lei n. 10.224, que altera o Decreto-Lei n. 2.848 de 7 de dezembro de 1940 do Código Penal para dispor sobre o crime de assédio sexual e dá outras providências, de 15 de maio de 2001. Disponível em: http://www.planalto.gov.br/ccivil_03/LEIS/LEIS_2001/L10224.htm. Acesso em: 20 mar. 2017.

CÂMARA, Juliana. "Em Pesquisa da ActionAid, 86% das Brasileiras Ouvidas Dizem já ter Sofrido Assédio em Espaços Urbanos". *ACTIONAID*, 24 maio 2016. Disponível em: http://actionaid.org.br/na_midia/em-pesquisa-da-actionaid-86-das-brasileiras-ouvidas-dizem-ja-ter-sofrido-assedio-em-espacos-urbanos/. Acesso em: 20 mar. 2017.

CASSAB, Latif Antonia. "Violência Doméstica". *In*: FLEURY-TEIXEIRA, Elizabeth; MENEGUEL, Stela N. (orgs.) *Dicionário Feminino da Infâmia: Acolhimento e Diagnóstico de Mulheres em Situação de Violência*. Rio de Janeiro: FIOCRUZ, 2015, p. 379-380.

DESOUZA, Eros R.; CERQUEIRA, Elder. "From the Kitchen to the Bedroom: Frequency Rates and Consequences of Sexual Harassment among Female Domestic Workers in Brazil". *Journal of Interpersonal Violence*, 24(8): 1264-1284, 2009.

FÓRUM BRASILEIRO DE SEGURANÇA PÚBLICA; DATAFOLHA. #ApolíciaPrecisaFalarSobreEstupro. *Percepção sobre Violência Sexual e Atendimento a Mulheres Vítimas nas Instituições Policiais*, set. 2016. Disponível em: http://www.forumseguranca.org.br/wp-content/uploads/2017/01/FBSP_Policia_precisa_falar_estupro_2016.pdf. Acesso em: 14 abr. 2017.

FOUCAULT, Michel. *Microfísica do Poder*. Org., Introd., e Rev. Téc. Roberto Machado. 2. ed. Rio de Janeiro: Paz e Terra, 2015.

GARCIA, Carla Cristina. *Breve História do Feminismo*. São Paulo: Claridade, 2015.

GUIA MUNDO EM FOCO. *Estupro: Panorama Completo deste Crime Brutal no Brasil e no Mundo*. 5. ed. São Paulo: On Line, 2016.

INSTITUTO AVANTE BRASIL. *Homicídios de Mulheres no Brasil em 2013*. Disponível em: http://d2kefwu52uvymq.cloudfront.net/uploads/2015/10/Levantamento-genero.pdf. Acesso em: 10 maio 2017.

LOURO, Guacira L. *Um Corpo Estranho: Ensaios sobre Sexualidade e Teoria Queer*. São Paulo: Autêntica, 2015.

LUCENA, Mariana Barrêto Nóbrega de. "Morte de Mulheres no Brasil: Feminicídio ou Homicídio Comum? Violência Doméstica ou Questão de Segurança Pública?". *Publica Direito*, 2015. Disponível em: http://publicadireito.com.br/artigos/?cod=5990653da56b4075. Acesso em: 12 fev. 2017.

NJAINE, Kathie. "Violência no Namoro". *In*: FLEURY-TEIXEIRA, Elizabeth; MENEGUEL, Stela N. (orgs.) *Dicionário Feminino da Infâmia: Acolhimento e Diagnóstico de Mulheres em Situação de Violência*. Rio de Janeiro: FIOCRUZ, 2015, p. 382-383.

ONU MULHERES. *Diretrizes Nacionais para Investigar, Processar e Julgar com Perspectiva de Gênero as Mortes Violentas de Mulheres – Feminicídios*. Brasília, abr. 2016. Disponível em: http://www.onumulheres.org.br/wp-content/uploads/2016/04/diretrizes_feminicidio.pdf. Acesso em: 14 abr. 2017.

PIMENTEL, Adelma. *Violência Psicológica nas Relações Conjugais: Pesquisa e Intervenção Clínica*. São Paulo: Summus, 2011.

SATTLER, Marli Kath; AZAMBUJA, Maria Regina Fay de; FERREIRA, Maria Helena Mariante. "O Abusador: o que

Sabemos?". *In*: AZAMBUJA, Maria Regina (org.). *Violência Sexual contra Crianças e Adolescentes*. Porto Alegre: Artmed, 2011, p. 234-247.

TIBURI, Márcia. "Democracia Hard: Homens, Feminismo e Machismo ao Contrário". *Revista Cult*, 16 mar. 2017. Disponível em: https://revistacult.uol.com.br/home/democracia-hard-homens-feminismo-e-machismo-ao-contrario/. Acesso em: 12 fev. 2017.

_____. "O Que é Feminismo?". *Revista Cult*, 04 mar. 2015. Disponível em: https://revistacult.uol.com.br/home/o-que-e-feminismo/. Acesso em: 13 fev. 2017.

ZAVASCHI, Maria Lucrécia Scherer *et al.* "Associação entre Trauma por Perda na Infância e Depressão na Vida Adulta". *Revista Brasileira de Psiquiatria*, 24: 189-195, 2002.

15
Violência de gênero no ambiente de trabalho

Letícia Cardoso da Silva[1]

Introdução

Quando nos referimos ao conceito de violência de gênero, é muito comum pensarmos nos contextos doméstico/familiar e escolar. Sobre a violência de gênero na família e na escola, encontramos diversos estudos e pesquisas como também dispomos de leis que tentam criminalizar e minimizar os prejuízos das agressões contra as mulheres.[2] No entanto, dentro do âmbito profissional, a violência baseada no gênero (VBG)[3] é pouco debatida, restringindo-se ao assédio sexual, quando ela pode ser, como afirma Lourdes Bandeira, física, psicológica, patrimonial e moral.[4]

---

1   Letícia Cardoso da Silva é especialista em Educação Sexual (Centro Universitário Salesiano de São Paulo – UNISAL) e em Gestão em Comunicação e Marketing Institucional (Universidade Castelo Branco – Rio de Janeiro) e membro do Grupo de Pesquisa "Sexualidade Humana" (CNPq) do UNISAL.
2   BANDEIRA, Lourdes Maria. "Violência de Gênero: a Construção de um Campo Teórico e de Investigação". *Revista Sociedade e Estado*, 29(2): 449-469, maio-ago. 2014.
3   Em publicações internacionais: *genderbased violence* (GBV), *violence against women* (VAW) ou *violence against women and girls* (VAWG). Como sigla, neste capítulo, vamos padronizar o VBG, para abarcar toda a bibliografia pesquisada.
4   BANDEIRA. "Violência de Gênero".

Provavelmente, a limitação da pesquisa sobre esse tema no local de trabalho decorra do fato de que tais ataques sejam mais de origem psicológica do que física, muitas vezes desculpados e até justificados pela chamada pressão profissional e, portanto, considerados irrelevantes. No entanto, na concepção de Lourdes Bandeira, devemos entender a violência de gênero como "ações violentas produzidas em contextos e espaços relacionais e, portanto, interpessoais, que têm cenários societais e históricos não uniformes".[5]

A violência de gênero no ambiente profissional permanece, muitas vezes, abafada devido à misoginia camuflada e à cultura que privilegia o homem como ser superior, mais forte, inteligente e capacitado do que a mulher, atribuindo a ela funções de apoio mais do que de liderança e governo.[6] Vale a pena salientar que são vítimas dessa realidade as várias expressões de gênero que se relacionam com o universo feminino e não apenas as mulheres cis.[7]

Há um certo tabu ao redor do tema, pois trata-se de uma esfera em que as vítimas têm de lidar com pressões financeiras, risco de perda do emprego ou perseguição e represália de colegas e superiores. Tal cenário faz com que cresça a necessidade de debatermos o que é ou não abuso dentro de um ambiente profissional e quais são as consequências para as vítimas,[8] em especial,

---

5 BANDEIRA. "Violência de Gênero", p. 451.
6 VASCONCELOS, Isabella Freitas Gouveia de; VASCONCELOS, Flávio Carvalho de; MASCARENHAS, André Ofenhejm. "Batom, Pó de Arroz e Microchips: o Falso Paradoxo entre as Dimensões Masculina e Feminina nas Organizações e a Gestão de Pessoas". *Organizações & Sociedade*, 31(11): 119-134, set.-dez. 2004. Disponível em: http://www.scielo.br/scielo.php?pid=S1984-92302004000300007&script=sci_arttext. Acesso em: 20 mar. 2017.
7 CRUZ, Adones Luan; PEDROSA, André Figueiredo. "Violência de Gênero: Construções Sociais e Psíquicas". *Revista Conversatio*, 1(2): 484-496, jul.-dez. 2016. Os termos *cissexual* ou *cisgênero* são utilizados para se referir às pessoas cujo gênero é o mesmo que o designado em seu nascimento, isto é, não existe dicotomia entre a identidade de gênero de um indivíduo e o gênero associado ao seu sexo biológico e/ou designação social.
8 ORGANIZAÇÃO DAS NAÇÕES UNIDAS – BR. "Empregadores Devem Enfrentar Violência de Gênero no Local de Trabalho, diz ONU Mulheres", 17 mar. 2017. Disponível em: https://nacoesunidas.org/empregadores-devem-enfrentar-violencia-de-genero-no-local-de-trabalho-diz-onu-mulheres/. Acesso em: 20 mar. 2017.

às do gênero feminino, e como, no papel de educadores, podemos ajudar a mudar tal realidade.

Violência de gênero e trabalho

O trabalho é muito mais do que um meio de provento; ele pode ser considerado também como uma forma de inserção social.[9] Em princípio, todos têm direito ao trabalho e deveriam, portanto, poder se realizar e se sustentar graças a ele. Infelizmente, isso não é realidade para todos. Os que trabalham, por sua vez, graças à onipresença tecnológica, que conecta todo mundo com o mundo todo, a todo momento, não conseguem mais separar a esfera pessoal da profissional e, consequentemente, lidar com os limites de espaço e tempo.[10] Sobrecarga de atividades e estresse acabam causando diversos abalos emocionais e físicos. Se consideramos que, ainda hoje, muitas mulheres têm jornada dupla de trabalho, abarcando também os afazeres domésticos, essa sobrecarga provoca um desgaste ainda maior. Como explica Regina Madalozzo, especialista em economia de gênero do Insper, "o mercado de trabalho foi constituído para ser masculino. Trabalhar sete dias por semana, 20 horas por dia, era possível para o homem que tinha uma mulher que cuidava das coisas dele".[11] Mesmo que atualmente cresça a ideia de que tanto homens quanto mulheres precisam cuidar da casa tanto quanto da vida profissional, ainda há uma certa convenção social sobre a qual ninguém fala, de que

---

9   VARGAS, Francisco Beckenkamp. "Trabalho, Emprego, Precariedade: Dimensões Conceituais em Debate". *Caderno CrH*, 29(77): 313-331, maio-ago. 2016 (Salvador).
10   CARLOTTO, Mary Sandra; WENDT, Guilherme Welter. "Tecnoestresse e Relação com a Carreira, Satisfação com a Vida e Interação Trabalho-Família: uma Análise de Gênero". *Contextos Clínicos*, São Leopoldo, 9(1): 51-59, jun. 2016. Disponível em: http://pepsic.bvsalud.org/scielo.php?script=sci_arttext&pid=S1983=34822016000100005-8&lng=pt&nrm-iso. Acesso em: 10 mar. 2017.
11   *Apud* FÁBIO, André Cabette. "Dois Séculos Separam Mulheres e Homens da Igualdade no Brasil". *Folha de São Paulo*, 26 set. 2015. Disponível em: http://www1.folha.uol.com.br/asmais/2015/09/1675183-no-ritmo-atual-fim-da-desigualdade-
-entre-homens-e-mulheres-demoraria-240-anos.shtml. Acesso em: 20 mar. 2017.

a jornada dupla deva ser desempenhada pela mulher. De acordo com Shere Hite: "homens e mulheres, hoje em dia, já estão em um novo tempo e espaço, porém atitudes nascidas de hábitos arraigados são difíceis de mudar; teimosas, custam a sair, como manchas de café".[12]

Extrapolar as horas trabalhadas, demandar serviços extras, estipular metas inalcançáveis são algumas formas de abusar dos profissionais. Na violência baseada em gênero (VBG), além dessas, as mulheres enfrentam outras atitudes, tais como assédios sexuais, ofensas verbais, desmoralização, desqualificação profissional e agressões físicas. A Convenção de Belém do Pará, como ficou conhecida a Convenção Interamericana para Prevenir, Punir e Erradicar a Violência contra a Mulher, adotada na referida cidade, em 9 de junho de 1994, conceitua a violência contra as mulheres como: "qualquer ato ou conduta baseada no gênero, que cause morte, dano ou sofrimento físico, sexual ou psicológico à mulher, tanto na esfera pública como na esfera privada"[13] (Art. 1º.). Resulta evidente que a violência no ambiente profissional ocorre porque é neste local que a mulher se sente muitas vezes intimidada pelo fato de a violência ser exercida principalmente por pessoas que ocupam posições hierárquicas superiores.

Ao entrar no mercado de trabalho, a mulher continua a ser subjugada por seu gênero, mais do que reconhecida por suas capacidades; além de ser exposta a diferentes tipos de tratamentos mais ou menos respeitosos, sua mão de obra é menos valorizada. Várias pesquisas têm revelado que, apesar de a mulher estudar mais e se profissionalizar bastante, ela ainda recebe um salário menor do que o homem, tem menos promoção e dificilmente atua em cargos

---

12 HITE, Shere. *Sexo & Negócios*. Rio de Janeiro: Bertrand Brasil, 2001.
13 BRASIL. Decreto n. 1.973, que promulga a Convenção Interamericana para prevenir, punir e erradicar a violência contra a mulher, concluída em Belém do Pará, em 09 de junho de 1994, de 1 de agosto de 1996. Disponível em: http://www.planalto.gov.br/ccivil_03/decreto/1996/D1973.htm. Acesso em: 10 maio 2016.

de alto escalão. Em setembro de 2015, a Folha de São Paulo fez um levantamento estatístico cruzando dados de diversos órgãos de pesquisa (Censo do IBGE, Dieese, Cadeg, PME, entre outros) que atestam alguns fatos alarmantes no mercado brasileiro.[14] Entre eles, destaca-se o salário, que, para as mulheres, ainda fica em torno de 30% a menos que o dos mesmos cargos exercidos pelos homens. Pior do que isso é a projeção que, numa perspectiva positiva, prevê que somente em 2085 poderá haver igualdade salarial; questões relativas a promoções exigirão um prazo ainda maior. Estima-se que 51% dos cargos executivos deverão ser ocupados pelas mulheres somente em 2126, e os cargos de alta gestão atingirão o patamar igualitário apenas em 2213. O que se percebe, a partir desse levantamento, é que a mulher tem maior dificuldade de empregabilidade e, por isso, não consegue negociar melhores condições financeiras, pois ela é bastante preterida em uma disputa com o homem. Este é um tipo de agressão silenciosa, disfarçada, mas que está diariamente sendo imposta a milhares de profissionais do gênero feminino.

Para Bila Sorj, professora de sociologia da UFRJ, apesar de as mulheres se aperfeiçoarem e se qualificarem mais, para obterem uma melhor posição profissional, ainda precisam dedicar mais tempo à família e aos filhos. De certa maneira:

> Seria de se esperar que a desigualdade se inverteria com o aumento da educação feminina, mas há uma resistência muito grande. As empresas sabem que, por serem ou poderem se tornar mães, as chances de mulheres conseguirem outro emprego são menores do que as dos homens, o que torna mais difícil para uma mulher conseguir um aumento.[15]

Segundo Maria Lima, para além da questão salarial, as mulheres são expostas "a precárias condições ambientais e de saúde, executando trabalhos repetitivos e penosos, constituindo um grave

---
14 FÁBIO. "Dois Séculos Separam Mulheres e Homens da Igualdade no Brasil".
15 *Apud* FÁBIO. "Dois Séculos Separam Mulheres e Homens da Igualdade no Brasil".

quadro de desigualdade social pela sua condição sexual e expondo-se a doenças do trabalho".[16] Para ela, e muitos outros estudiosos, tal diferenciação no reconhecimento e tratamento, é ainda mais acentuada quando consideramos as mulheres negras e pardas. Como explica Paula Montgner, a mulher negra ou parda não tem o mesmo espaço e nem as mesmas oportunidades de inserção no mercado de trabalho que a mulher branca. Muitos justificam isto em virtude de uma dita baixa escolaridade, mas, "embora parcialmente verdadeira, essa afirmação esconde o fato de que, mesmo quando obtêm escolaridade similar, a população negra e parda não recebe rendimentos médios similares aos seus pares de cor não negra".[17] A Organização Internacional do Trabalho afirma que:

> As desigualdades raciais, étnicas e de gênero ecoam de formas distintas na vida e no trabalho. A mulher, como sujeito social e construtora de seu direito, fica relegada ao desempenho de simples papéis/funções outorgados por outrem, pois a ideologia dominante ainda faz crer que a divisão de papéis é naturalmente determinada pela diferenciação biológica e racial.[18]

Violência de gênero e preconceito

Esse cenário também é ainda mais complicado para as mulheres trans. Além de terem as mesmas dificuldades no mundo profissional, por se identificarem com o universo feminino, sofrem ainda mais perseguições. Ou seja, a violência de gênero reforça também os alicerces do preconceito de raça/etnia/

---

16   LIMA, Maria Ednalva Bezerra de. "A Dimensão do Trabalho e da Cidadania das Mulheres no Mercado Globalizado". *In:* COSTA, Ana Alice; OLIVEIRA, Eleonora Menicucci de; LIMA, Maria Ednalva Bezerra de; SOARES, Vera (orgs.). *Reconfiguração das Relações de Gênero no Trabalho*. São Paulo: CUT Brasil, 2004, p. 53-59.
17   MONTAGNER, Paula. "A Reestruturação Produtiva e o Desemprego da Mulher". *In*: COSTA, Ana Alice; OLIVEIRA, Eleonora Menicucci de; LIMA, Maria Ednalva Bezerra de; SOARES, Vera (orgs.). *Reconfiguração das Relações de Gênero no Trabalho*. São Paulo: CUT Brasil, 2004, p. 71-80.
18   ORGANIZAÇÃO INTERNACIONAL DO TRABALHO (OIT). *Igualdade de Gênero e Raça no Trabalho: Avanços e Desafios*. Brasília: OIT, 2010.

identidade, dando ainda menos oportunidades e reconhecimento que às profissionais não brancas e cis. Nesse contexto, muitas profissionais acabam por assumir atividades aquém de suas capacidades, sujeitam-se a ambientes, muitas vezes, discriminatórios e degradantes, pois precisam pensar em garantir seu sustento. São conhecidos os casos de abusos, em que mulheres que trabalham em caixas ou como telefonistas de estabelecimentos comerciais (grandes supermercados e empresas de telemarketing) não podem utilizar os banheiros, sendo sujeitas a usar fraldas geriátricas. Casos como esses são comuns também em indústrias, tanto no Brasil quanto no exterior, envolvendo grandes marcas conhecidas.[19] Apesar desta ser uma política *agender*, a forma como ela atinge as mulheres é muito mais significativa, pois, para além das questões morais e humilhantes, ela afeta muito a saúde feminina, aumentando os riscos de infecções urinárias e abortos.

Um caso bastante significativo de VBG é o relato da funcionária de um grande banco que, grávida, sofreu uma imensa pressão durante o seu expediente de trabalho, causando um mal-estar que a levou ao aborto na agência bancária em que atuava. Mesmo ensanguentada, ela foi impedida de procurar ajuda médica e teve que guardar o feto em um saco plástico durante três horas após o aborto, sendo obrigada a terminar o expediente de trabalho.[20] O caso segue em instâncias jurídicas para penalizar os culpados. Relatos como esses, apesar de estarrecedores nos dias atuais, continuam sendo comuns. Se fizermos um levantamento

---

19 METAL REVISTA. "Multinacionais Obrigam Funcionários a usar Fralda e Proíbem Ida ao Banheiro". 31 maio 2016. Disponível em: http://metalrevista.com.br/2016/05/31/multinacionais-obrigam-funcionarios-a-usar-fralda-e-proibem-ida-ao--banheiro/. Acesso em: 24 mar. 2016.
20 ÉPOCA NEGÓCIOS. "Itaú é Processado em R$ 20 milhões após Funcionária Grávida Abortar em Agência". 03 jun. 2015. Disponível em: http://epocanegocios.globo.com/Informacao/Dilemas/noticia/2015/06/itau-e-processado-em-r-20-milhoes-apos--funcionaria-gravida-abortar-em-agencia.html. Acesso em: 24 mar. 2016.

desse tipo de abuso, combinando as questões relativas a assédio sexual, vamos encontrar diversos casos envolvendo tanto marcas conhecidas como pequenas empresas que estão sendo investigados ou já foram julgadas. Infelizmente, esses são casos extremos; no entanto, a violência de gênero acontece diariamente e nem sempre é relatada. Há muito medo, por parte das mulheres, de represálias, como perda do emprego, rebaixamento salarial, estigmatização por ter feito a denúncia e a culpabilização pelo fato, quando deixam de ser entendidas como vítimas.[21]

O medo que dificulta a denúncia está no fato de as relações hierárquicas, que subjugam as mulheres, privilegiarem os homens que ocupam cargos de chefia e liderança, atribuindo a eles maior poder para submeter as mulheres. Isso afeta de tal forma as trabalhadoras, fragilizadas e oprimidas, que se reflete no desempenho do trabalho e nas relações sociais e profissionais,[22] acirrando ainda mais as diferenças e alimentando a violência de gênero. Fica evidente que "está na hora de superar o complexo de Homem da Marlboro e pensar nos resultados, não nas horas de 'trabalho extenuante' ou no gênero dos empregados, assumindo novos gerenciamentos".[23]

Para dimensionarmos a gravidade dessa questão, o Instituto Ipsos – terceira maior empresa de pesquisa e de inteligência de mercado do mundo – fez um levantamento apontando que, no Brasil, 36% das mulheres entrevistadas sofreram alguma forma de assédio no trabalho, número parecido com os dos Estados Unidos, que é de 37%, enquanto que, na Itália, o índice cai para 16%. A pesquisa também demonstrou a insegurança em relatar o fato: apenas 10% das brasileiras relatariam o assédio, contra 23% das americanas e 13% das italianas.[24]

---

21 QUEIROZ, Fernanda Marques de; DINIZ, Maria Ilidiana; MELO, Antônia Mônica Souza. "A Violência no Mundo do Trabalho: o Assédio Moral e Sexual na Vida das Mulheres". In: V Jornada Internacional de Políticas Públicas. São Luiz do Maranhão, 23 a 26 de agosto, 2011.
22 QUEIROZ; DINIZ; MELO. "A Violência no Mundo do Trabalho".
23 HITE. Sexo & Negócios, p. 158.
24 LOPES, Jurana. "36% das Mulheres já Sofreram Assédio no Trabalho". Jornal

Para poder estabelecer um reconhecimento mais igualitário, está se discutindo cada vez mais sobre os direitos femininos, tanto no âmbito pessoal/familiar quanto profissional.

> Os atuais diagnósticos sobre a persistência da desigualdade de tratamento e de oportunidades entre homens e mulheres incitam a prosseguir no debate sobre a força dos direitos; e sugere repensar os modelos de referências para penalizar a discriminação de gênero nas relações contratuais.[25]

Podemos dizer que a falta de reconhecimento da mulher como apta a desempenhar determinado trabalho, por este supostamente exigir determinadas características, é um dos primeiros indícios de uma violência de gênero excludente e abusiva. Segundo o Observatório Brasil da Igualdade de Gênero, "além das violações aos direitos das mulheres e a sua integridade física e psicológica, a violência impacta também no desenvolvimento social e econômico de um país",[26] ou seja, debater este tipo de conduta é também uma preocupação econômica, além de social.

> Não é possível alcançar o equilíbrio dinâmico entre as dimensões de comportamento masculino e feminino, por exemplo, se a organização não fomentar o seu desenvolvimento no que diz respeito à inserção de ambos os gêneros no contexto organizacional. Isso implica em estimular a contratação de mulheres, o gênero mais desprivilegiado, e o seu desenvolvimento na organização de maneira que ocupem as mais variadas posições.[27]

No entanto, há muito trabalho a ser feito, pois nem mesmo a criação de leis e estatutos, garantem a empregabilidade das mulheres

---

de Brasília, 17 jan. 2016. Disponível em: http://www.jornaldebrasilia.com.br/cidades/36-das-mulheres-ja-sofreram-assedio-no-trabalho/. Acesso em: 20 mar. 2017.
25   LOPES. "36% das Mulheres já Sofreram Assédio no Trabalho".
26   OBSERVATÓRIO BRASIL DA IGUALDADE DE GÊNERO. *Enfrentamento de Todas as Formas de Violência contra as Mulheres*. Disponível em: http://www.observatoriodegenero.gov.br/menu/areas-tematicas/violencia. Acesso em: 21 mar. 2017.
27   VASCONCELOS; VASCONCELOS; MASCARENHAS. "Batom, Pó de Arroz e Microchips", p. 132.

e o respeito ao seu trabalho. Muitas são vítimas, não somente de políticas internas preconceituosas, mas também de gestores que passam por cima de regras estabelecidas para se impor sobre elas.

Considerações finais

Para garantir uma efetiva melhora na situação, duas ações são necessárias: as denúncias da discriminação e o empoderamento das mulheres por meio de ações que lhes proporcionem conhecimento e disposição para lutar por seus direitos. Mais do que investirmos na igualdade entre os gêneros, urge resgatar e valorizar o feminino, reforçar a autoestima das mulheres e alicerçar seus potenciais e qualidades, tanto profissionais quanto pessoais. Cabe aos educadores descortinar essa urgência e possibilidade aos seus alunos, pois só assim poderemos, num futuro próximo, ter ambientes de trabalho que respeitem o ser humano como um todo, independentemente do seu gênero.

Referências

BANDEIRA, Lourdes Maria. "Violência de Gênero: a Construção de um Campo Teórico e de Investigação". *Revista Sociedade e Estado*, 29(2): 449-469, maio-ago. 2014.

BRASIL. Decreto n. 1.973, que promulga a Convenção Interamericana para prevenir, punir e erradicar a violência contra a mulher, concluída em Belém do Pará, em 09 de junho de 1994, de 1 de agosto de 1996. Disponível em: http://www.planalto.gov.br/ccivil_03/decreto/1996/D1973.htm. Acesso em: 10 maio 2016.

CARLOTTO, Mary Sandra; WENDT, Guilherme Welter. "Tecnoestresse e Relação com a Carreira, Satisfação com a Vida e Interação Trabalho-Família: uma Análise de Gênero". *Contextos Clínicos*, São Leopoldo, 9(1): 51-59, jun. 2016. Disponível em: http://pepsic.bvsalud.org/scielo.php?script=sci_

arttext&pid=S1983-34822016000100005&lng=pt&nrm=iso. Acesso em: 10 mar. 2017.

CRUZ, Adones Luan; PEDROSA, André Figueiredo. "Violência de Gênero: Construções Sociais e Psíquicas". *Revista Conversatio*, 1(2): 484-496, jul.-dez. 2016.

ÉPOCA NEGÓCIOS. "Itaú é Processado em R$ 20 milhões após Funcionária Grávida Abortar em Agência. 03 jun. 2015". Disponível em: http://epocanegocios.globo.com/Informacao/Dilemas/noticia/2015/06/itau-e-processado-em-r-20-milhoes-apos-funcionaria-gravida-abortar-em-agencia.html. Acesso em: 24 mar. 2016.

FÁBIO, André Cabette. "Dois Séculos Separam Mulheres e Homens da Igualdade no Brasil". *Folha de São Paulo*, 26 set. 2015. Disponível em: http://www1.folha.uol.com.br/asmais/2015/09/1675183-no-ritmo-atual-fim-da-desigualdade-entre-homens-e-mulheres-demoraria-240-anos.shtml. Acesso em: 20 mar. 2017.

HITE, Shere. *Sexo & Negócios*. Rio de Janeiro: Bertrand Brasil, 2001.

LIMA, Maria Ednalva Bezerra de. "A Dimensão do Trabalho e da Cidadania das Mulheres no Mercado Globalizado". *In:* COSTA, Ana Alice; OLIVEIRA, Eleonora Menicucci de; LIMA, Maria Ednalva Bezerra de; SOARES, Vera (orgs.). *Reconfiguração das Relações de Gênero no Trabalho*. São Paulo: CUT Brasil, 2004, p. 53-59.

LOPES, Jurana. "36% das Mulheres já Sofreram Assédio no Trabalho". *Jornal de Brasília*, 17 jan. 2016. Disponível em: http://www.jornaldebrasilia.com.br/cidades/36-das-mulheres-ja-sofreram-assedio-no-trabalho/. Acesso em: 20 mar. 2017.

METAL REVISTA. "Multinacionais Obrigam Funcionários a usar Fralda e Proíbem Ida ao Banheiro". 31 maio 2016.

Disponível em: http://metalrevista.com.br/2016/05/31/multinacionais-obrigam-funcionarios-a-usar-fralda-e-proibem-ida-ao-banheiro/. Acesso em: 24 mar. 2016.

MONTAGNER, Paula. "A Reestruturação Produtiva e o Desemprego da Mulher". *In*: COSTA, Ana Alice; OLIVEIRA, Eleonora Menicucci de; LIMA, Maria Ednalva Bezerra de; SOARES, Vera (orgs.). *Reconfiguração das Relações de Gênero no Trabalho*. São Paulo: CUT Brasil, 2004, p. 71-80.

OBSERVATÓRIO BRASIL DA IGUALDADE DE GÊNERO. *Enfrentamento de Todas as Formas de Violência contra as Mulheres.* Disponível em: http://www.observatoriodegenero.gov.br/menu/areas-tematicas/violencia. Acesso em: 21 mar. 2017.

ORGANIZAÇÃO DAS NAÇÕES UNIDAS – BR. "Empregadores Devem Enfrentar Violência de Gênero no Local de Trabalho, diz ONU Mulheres". 17 mar. 2017. Disponível em: https://nacoesunidas.org/empregadores-devem-enfrentar-violencia-de-genero-no-local-de-trabalho-diz-onu-mulheres/. Acesso em: 20 mar. 2017.

ORGANIZAÇÃO INTERNACIONAL DO TRABALHO (OIT). *Igualdade de Gênero e Raça no Trabalho: Avanços e Desafios.* Brasília: OIT, 2010.

QUEIROZ, Fernanda Marques de; DINIZ, Maria Ilidiana; MELO, Antônia Mônica Souza. "A Violência no Mundo do Trabalho: o Assédio Moral e Sexual na Vida das Mulheres". *In: V Jornada Internacional de Políticas Públicas*. São Luiz do Maranhão, 23 a 26 de agosto, 2011.

SARAIVA, Luiz Alex Silva; IRIGARAY, Hélio Arthur dos Reis. "Políticas de Diversidade nas Organizações: uma Questão de Discurso?". *RAE*, Revista de Administração de Empresas, São Paulo, 44: 337-348, 2009.

VARGAS, Francisco Beckenkamp. "Trabalho, Emprego, Precariedade: Dimensões Conceituais em Debate". *Caderno CrH*, 29(77): 313-331, maio-ago. 2016 (Salvador).

VASCONCELOS, Isabella Freitas Gouveia de; VASCONCELOS, Flávio Carvalho de; MASCARENHAS, André Ofenhejm. "Batom, Pó de Arroz e Microchips: o Falso Paradoxo entre as Dimensões Masculina e Feminina nas Organizações e a Gestão de Pessoas". *Organizações & Sociedade*, 31(11): 119-134, set.-dez. 2004. Disponível em: http://www.scielo.br/scielo.php?pid=S1984-92302004000300007&script=sci_arttext. Acesso em: 20 mar. 2017.

16
Violência e pessoas idosas

Alessandra Diehl[1]

Introdução

A violência contra os idosos é uma questão preocupante e crescente em vários países do mundo, sendo reconhecida internacionalmente como um importante problema de saúde pública, que acarreta uma série de resultados negativos tanto para o idoso e sua família quanto para a sociedade em geral,[2] em termos de qualidade de vida, adoecimento psíquico, gastos com saúde, além de ferir gravemente os direitos humanos mais primordiais relacionados à dignidade e ao respeito a todos e, principalmente, àqueles mais vulneráveis.[3]

---

1   Alessandra Elena Diehl Branco dos Reis é doutora em Psiquiatria e Psicologia Médica e mestra em Saúde Coletiva (Universidade Federal de São Paulo - UNIFESP), especialista em Dependência Química (UNIFESP), Sexualidade Humana (Universidade de São Paulo) e Educação Sexual (Centro Universitário Salesiano de São Paulo – UNISAL), membro dos Grupos de Pesquisa "Sexualidade Humana" (CNPq) do UNISAL e da UNIFESP.
2   PILLEMER, Karl; BURNES, David; RIFFIN, Catherine; LACHS, Mark S. "Elder Abuse: Global Situation, Risk Factors, and Prevention Strategies". *The Gerontologist*, 56: 194-205, 2016 (Suplemento 2).
3   ORGANIZAÇÃO MUNDIAL DE SAÚDE. *Relatório Mundial sobre a Prevenção da Violência 2014*. São Paulo: Núcleo de Estudos da Violência da Universidade de São Paulo, 2015. Disponível em: http://nevusp.org/wp-content/uploads/2015/11/1579-VIP-Main-report-Pt-Br-26-10-2015.pdf. Acesso em: 24 maio 2017. Daqui em diante = WHO, 2014.

As principais consequências negativas da violência na maturidade incluem as altas taxas de lesões físicas (como feridas, traumas, lesões na cabeça e ossos quebrados), dor física, exacerbação de problemas de saúde preexistentes, depressão e ansiedade, prematuridade no encaminhamento para casas de repouso e asilos, aumento do risco de mortalidade, aumento dos gastos com saúde, aumento de taxas de hospitalizações e de despesas sociais para intervir em casos de maus-tratos.[4]

No mundo, o abuso, os maus-tratos e a negligência a idosos afeta mais de 1 milhão de idosos a cada ano.[5] Um em cada dez idosos sofre algum tipo de abuso ou negligência por parte de um cuidador/familiar a cada ano e, infelizmente, acredita-se que esta incidência aumentará nas próximas décadas.[6]

Globalmente, 6% da população idosa tem histórico de maus-tratos e/ou abuso de acordo com o Estatuto Global de Violência da Organização Mundial da Saúde (OMS).[7] Essa noção de violência inclui violência emocional, financeira, física, lesões, trauma e abuso sexual, negligência por parte de outros indivíduos (família e/ou cuidadores e/ou pessoa de confiança) e autonegligência.[8]

Estudos sobre abuso e maus-tratos de idosos em domicílios privados têm taxas variadas: 0,8% na Espanha; 2,6% no Reino Unido; 23% na Áustria e 32% na Bélgica.[9] No Canadá, Colômbia e Albânia a violência física (por parceria ou membro da família) foi relatada por 0,63%-0,85% dos participantes. Entre a população de chineses idosos, o abuso e seus subtipos também são comuns,

---

4   PILLEMER, Karl *et al*. "Elder Mistreatment: Priorities for Consideration by the White House Conference on Aging". *The Gerontologist*, 55(2): 320-327, 2015.
5   PICKERING, Carolyn E.; RIDENOUR, Kimberly; SALAYSAY, Zachary. "Best Practices for the Identification of Elder Abuse and Neglect in Home Health". *Home Healthcare Now*, 34(4): 182-188, 2016.
6   HOOVER, Robert M.; POLSON, Michol. "Detecting Elder Abuse and Neglect: Assessment and Intervention". *American Family Physician*, 89(6): 453-460, 2014; WHO, 2014.
7   WHO, 2014.
8   WHO, 2014.
9   WHO, 2014.

com prevalência variando de 0,2% a 64%,[10] enquanto que na Índia a prevalência encontrada foi de 4,6%.[11] Já especificamente com relação à violência psicológica (por parceria ou outro membro da família) contra idosos, os estudos apontam taxas de prevalência variando de 3,2% a 23,5% nos homens e 9% a 26% nas mulheres.[12]

Os resultados de um estudo conduzido por Lowenstein e companheiros, em Israel, com 1.042 pessoas idosas indicam que 18,4% dos inquiridos foram expostos a, pelo menos, um tipo de abuso durante os doze meses anteriores à entrevista. A forma mais recorrente de violência foi o abuso verbal seguido de exploração financeira.[13] Dados de 24.343 idosos do Sistema de Vigilância de Fator de Risco Comportamental de 2005, nos Estados Unidos da América (EUA), reunidos em dezoito estados, mostraram que 0,9% dos idosos relataram ter sofrido abuso sexual no ano anterior. Houve uma interação positiva entre gênero e consumo excessivo de álcool, com uma associação mais significativa entre as mulheres.[14] Ainda nos EUA, os três mais recentes estudos com amostras representativas encontraram taxas de violência de 7,6% a 11% na população de pessoas com 60 anos ou mais.[15]

---

10   DONG, Xinqi. "Elder Abuse in Chinese Populations: a Global Review". *Journal of Elder Abuse & Neglect*, 27(3): 196-232, 2015.
11   BURNES, David *et al*. "Prevalence of Risk Factors for Elder Abuse and Neglect in the Community: a Population-Based Study". *Journal of the American Geriatrics Society*, 63(9): 1906-1912, 2015.
12   GUEDES, D. T *et al*. "Socioeconomic Status, Social Relations and Domestic Violence (DV) against Elderly People in Canada, Albania, Colombia and Brazil". *Archives of Gerontology and Geriatrics*, 60(3): 492-500, 2015 ; WHO, 2014.
13   LOWENSTEIN, Ariela; EISIKOVITS, Zvi; BAND-WINTERSTEIN, Tova; ENOSH, Guy. "Is Elder Abuse and Neglect a Social Phenomenon? Data from the First National Prevalence Survey in Israel". *Journal of Elder Abuse & Neglect*, 21(3): 253-277, 2009.
14   CANNELL, Michael B.; JETELINA, Katelyn K.; ZAVADSKY, Matt; GONZALEZ, Jennifer M. "Towards the Development of a Screening tool to Enhance the Detection of Elder Abuse and Neglect by Emergency Medical Technicians (EMTs): a Qualitative Study". *BMC Emergency Medicine*, 116(1), 2016. Disponível em: https://bmcemergmed.biomedcentral.com/articles/10.1186/s12873-016-0084-3. Acesso em: 10 fev. 2017.
15   ACIERNO, Ron *et al*. "Prevalence and Correlates of Emotional, Physical, Sexual, and Financial Abuse and Potential Neglect in the United States: The National Elder Mistreatment Study". *American Journal of Public Health*, 100: 292–297, 2010; PETERSON, Janey *et*

No Brasil, em 2016, segundo os dados da Secretaria de Direitos Humanos da Presidência da República (SDH-PR), Ministério da Justiça e Cidadania, a violência contra o idoso tem assumido proporções críticas. No entanto, a política de combate à violência contra o idoso tem se resumido a medidas ainda muito paliativas. Dados do primeiro semestre de 2016 revelam que, neste período, o Disque 100 (um serviço da SDH-PR que atende quaisquer denúncias relacionadas às violações de direitos humanos) recebeu 16 mil denúncias de violência contra idosos acima de 60 anos. Dessas, 77% são denúncias de negligência, 51% de violência psicológica, 38% abuso financeiro e econômico ou violência patrimonial e 26% violência física e maus-tratos.[16]

No Brasil, 24.669 idosos e idosas morreram em 2011 por violências e acidentes (o que corresponde a 68 pessoas por dia). Em 2013, 169.673 deram entrada em hospital por quedas, traumas de trânsito, envenenamentos, agressões, sufocações, tentativas de suicídio. Segundo Minayo, "a violência contra a pessoa idosa é muito mais intensa, disseminada e presente na sociedade brasileira do que as estatísticas conseguem registrar".[17]

Dadas as discrepâncias de taxas entre os estudos, a verdadeira prevalência de maus-tratos de idosos não pode ser especificada.[18] Acredita-se que tanto os dados brasileiros quanto os

---

al. "Financial Exploitation of Older Adults: a Population-Based Prevalence Study". *Journal of General Internal Medicine*, 29: 1615-1623, 2014; LAUMANN, Edward O.; LEITSCH, Sara A.; WAITE, Linda J. "Elder Mistreatment in the United States: Prevalence Estimates from a Nationally Representative Study". *The Journals of Gerontology, Series B: Psychological Sciences and Social Sciences*, 63, S248–S254, 2008.

16   BRASIL. "Pessoa Idosa". *In: IV Conferência Nacional dos Direitos da Pessoa Idosa*. Brasília, 2016 (Minuta de regimento interno). Disponível em: https://www.mdh.gov.br/informacao--ao-cidadao/participacao-social/conselho-nacional-dos-direitos-da-pessoa-idosa-cndi/conferencias/PessoaIdosaRegimentointerno.pdf. Acesso em: 25 dez. 2016.

17   MINAYO, Maria Cecília de Souza. *Manual de Enfrentamento à Violência contra a Pessoa Idosa. É Possível Prevenir. É Necessário Superar*. Brasília: Secretaria de Direitos Humanos da Presidência da República, 2013.

18   PILLEMER *et al.* "Elder Mistreatment".

internacionais possam estar subestimados, uma vez que a violência na maturidade é uma questão sensível e um "fenômeno ainda invisível" em muitas sociedades ao redor do mundo. Fato é que a violência intencional dirigida aos idosos é difícil de ser identificada e capturada na maioria dos serviços de saúde (embora existam políticas públicas em grande parte dos países com o intuito de minimizar tais ocorrências), sendo que apenas uma fração dos casos é realmente relatada ou encaminhada às agências de serviços sociais.[19]

Esta invisibilidade do fenômeno pode ocorrer devido a fatores culturais, bem como pela percepção de desamparo perpetuada pelo acesso incomum a programas sociais que de fato garantam proteção e resolução de problemas em relação aos complexos determinantes sociais da violência individual e familiar sofrida por este grupo populacional.[20]

A conscientização social sobre esse fenômeno é unânime ao compreender a violência na maturidade como um atentado aos direitos humanos. Portanto, a violência na maturidade merece a atenção dos formuladores de políticas públicas, agências sociais, profissionais da saúde, educadores e da sociedade em geral,[21] a fim de somar esforços urgentes para a promoção de programas de prevenção de violência contra os idosos, mais eficazes e baseados em evidências estatísticas.[22]

Este capítulo tem por objetivos traçar os tipos de violência sofrida durante a maturidade e fatores de risco associados, revelar a interface da violência na maturidade com a sexualidade, bem

---

19   BAKER, Philipe R. *et al.* "Interventions for Preventing Abuse in the Elderly". *The Cochrane Database of Systematic Reviews*, 16(8), 2016.
20   RUELAS-GONZÁLEZ, Maria Guadalupe *et al.* "Prevalence and Factors Associated with Violence and Abuse of Older Adults in Mexico's 2012 National Health and Nutrition Survey". *International Journal for Equity in Health*, 15(1): 35, 2016; ESPÍNDOLA, Cybele Ribeiro; BLAY, Sérgio Luís. "Prevalence of Elder Abuse: a Systematic Review". *Revista de Saúde Pública*, 41(2): 301-306, 2007.
21   PILLEMER *et al.* "Elder mistreatment".
22   PILLEMER *et al.* "Elder mistreatment".

como possibilidades de estratégias de prevenção e promoção de ações educativas para minimizar essa triste realidade.

Tipos de violência contra o idoso

Violência psicológica

Consiste, em geral, em repetidas agressões verbais, intimidação moral ou gestos que afetam a autoestima, a autoimagem, a identidade ou aterrorizam o idoso. Ameaças, constrangimentos e insultos também fazem parte desse tipo de violência, que nem sempre provoca dor física, mas, a vivência de sentimentos de humilhação, o estresse e o sofrimento psíquico, tendem a gerar consequências desagradáveis. Talvez a violência psicológica contra idosos seja o tipo mais difícil de violência de ser identificado e dimensionado dada sua forma subjetiva de apresentação.[23]

Violência financeira

É caracterizada pela exploração indevida da renda ou apropriação da parte ou do todo do patrimônio de idosos. Assim, a violência financeira é caracterizada pela prática de obrigar o idoso a assumir empréstimos bancários ou de outros agentes financeiros em seu nome para conceder o valor ao abusador, em geral, algum familiar ou alguém que detém a confiança da vítima. Esse tipo de violência tem aumentado no Brasil nos últimos anos em virtude do acesso facilitado ao crédito para o idoso. Ele concede o seu crédito ao ofensor, que, em geral, é uma pessoa da família que nem sempre devolve o dinheiro que foi emprestado ao idoso.[24]

---

23 BRASIL. *Plano de Ação para o Enfrentamento da Violência Contra a Pessoa Idosa*. Brasília: Subsecretaria de Direitos Humanos, 2005 (daqui em diante = BRASIL. "Plano de Ação", 2005); MINAYO, 2013.
24 MINAYO, 2013; BRASIL. "Plano de Ação", 2005.

Violência física

Diz respeito ao uso da força física repetidamente ou de forma isolada para compelir os idosos a fazerem o que não desejam, aplicação de força, vigor para feri-los, provocar-lhes dor, incapacidade ou morte.[25]

Violência sexual e abuso sexual

Referem-se ao ato ou ao jogo sexual de caráter homo ou heterorrelacional, utilizando pessoas idosas sem o consentimento delas. Esses agravos visam obter excitação, relação sexual ou práticas eróticas por meio de aliciamento, violência física ou ameaças.[26]

Abandono

É uma forma de violência que se manifesta pela ausência ou abandono dos responsáveis governamentais, institucionais ou familiares de prestarem socorro a uma pessoa idosa que necessita de proteção e cuidados.[27]

Negligência

Refere-se à recusa ou à omissão de cuidados devidos e necessários aos idosos, por parte dos responsáveis familiares ou institucionais. A negligência é uma das formas de violência contra os idosos mais presente no Brasil. Ela se manifesta, frequentemente, associada a outros tipos de abusos que geram lesões e traumas físicos, emocionais e sociais, em particular, para aqueles que se encontram em situação de múltipla dependência ou incapacidade.[28]

---

25 MINAYO, 2013; BRASIL. "Plano de Ação", 2005.
26 MINAYO, 2013; BRASIL. "Plano de Ação", 2005.
27 MINAYO, 2013; BRASIL. "Plano de Ação", 2005.
28 MINAYO, 2013; BRASIL. "Plano de Ação", 2005.

Autonegligência

Diz respeito à conduta da pessoa idosa que ameaça sua própria saúde ou segurança, pela recusa de prover cuidados necessários a si mesma.[29]

Violência institucional

É um tipo de violência praticada nas instituições prestadoras de serviços públicos e privados como hospitais, asilos, residências terapêuticas, postos de saúde, escolas, entre outros, sendo perpetrada por agentes que deveriam proteger os idosos, garantindo-lhes atenção humanizada, preventiva e também reparadora de danos.[30]

Fatores de risco para a violência na maturidade, o perfil dos agressores de idosos e as razões de tal violência

Entre os fatores de risco que têm sido identificados como de maior probabilidade de fazer com que um idoso sofra algum tipo de violência podem ser elencados: deficiência cognitiva; alterações comportamentais; transtorno psiquiátrico ou problemas psicológicos; dependência funcional; saúde física muito comprometida; baixa renda; trauma físico; histórico de algum tipo de abuso no passado; desarmonia familiar ou com relacionamentos conflituosos; baixo apoio social e convivência com outros.[31]

O perfil dos agressores dos idosos revela algumas circunstâncias e características, tais como: vive na mesma casa que o idoso; em geral, é um(a) filho(a) dependente financeiramente de seus pais de idade já avançada; é um familiar que responde pela manutenção do idoso sem renda própria e suficiente para poder exercer esta

---

29 MINAYO, 2013; BRASIL. "Plano de Ação", 2005.
30 MINAYO, 2013; BRASIL. "Plano de Ação", 2005.
31 JOHANNESEN, Mark; LOGIUDICE, Dina. "Elder Abuse: a Systematic Review of Risk Factors in Community-Dwelling Elders". *Age Ageing*, 42(3): 292-298, 2013.

atividade a contento; é um usuário contumaz de álcool e outras drogas, ou alguém que pune o idoso usuário dessas substâncias; é alguém que se "vinga" do idoso que com ele mantinha poucos vínculos afetivos, ou que abandonou a família ou ainda que foi muito agressivo e violento no passado; é um cuidador com problemas relacionados ao isolamento social ou é portador de transtornos mentais.[32]

Compreender as razões que estão atreladas à violência dirigida ao idoso supõe um aprofundamento das relações sociais e, sobretudo, do contexto cultural, social e econômico no qual essas relações são produzidas e vivenciadas.[33] Uma das principais relações a serem analisadas no contexto de violência na maturidade são as relações familiares. Isso porque a família tem sido o principal ator na violência dirigida ao idoso, sendo um fenômeno que ocorre de forma semelhante tanto nacional quanto internacionalmente. Cerca de 2/3 dos agressores são filhos e cônjuges.[34] No Brasil, a já mencionada pesquisa do Disque 100 também revela que 50% das agressões contra idosos registradas são provenientes de filhos, 20% de esposas, 10% de netos, 10% de genros e noras, 5% de terceiros, 4% de irmãos, 1% de esposos.[35]

Neste contexto familiar, é particularmente significativa a violência que se perpetua por choque de gerações, problemas de espaço físico, dificuldades financeiras ou por um histórico de relações mal adaptadas ao longo da vida da pessoa que, no momento, é idosa.[36] Frequentemente, comportamentos pouco adequados que a pessoa idosa teve ao longo da vida adulta, tais como ter abandonado a família, ter sido rancorosa, agressiva,

---

32 MINAYO, 2013; BRASIL. "Plano de Ação", 2005.
33 MINAYO, 2013.
34 MINAYO, 2013.
35 BRASIL. "Pessoa Idosa", 2016.
36 MINAYO, 2013.

sovina, pouco empática para com filhos e amigos, ter tratado mal os filhos e outras pessoas próximas, acabam se voltando contra ela no momento da velhice por parte de seus cuidadores. Por isso, é preciso reconhecer a importância da singularidade de cada existência e aceitar o que Minayo afirma: "cada um, nessa etapa da vida tem responsabilidade pelo que foi, pelo que é e pelo que pode ser".[37] Muitas vezes é difícil para o cuidador separar os sentimentos positivos que o impulsionem a cuidar, quando a memória do vínculo com aquela pessoa ao longo da vida é conflitiva e hostil e, sobretudo, dessa mesma pessoa que agora é idosa e necessita de cuidados. No entanto, o histórico de vida desta pessoa não pode ser justificativa para a perpetuação de agressões e abusos.[38]

Existem também uma série de mitos negativos e distorções culturais que potencializam a violência na maturidade. Um desses mitos é a construção de preconceitos que cercam o envelhecimento, segundo os quais a pessoa idosa não acredita em si como um sujeito singular, como ser ativo no processo de uma velhice digna e, por isso, tanto ela quanto as pessoas à sua volta reduzem a velhice a um processo orgânico ou a uma espécie de enfermidade. Essa ideia negativa do envelhecimento tende a ultrapassar todas as classes sociais e tem seus focos principais nas famílias, nas escolas, nas instituições de saúde e nos governos. Pesquisa desenvolvida pelo Portal do Envelhecimento, em 2005, sobre a imagem da velhice segundo a visão dos brasileiros, mostrou que 45% dos respondentes disseram que "o velho" é um ser com experiência acumulada, enquanto que 36% afirmaram ser ele um "peso a ser carregado", 12% o consideraram "improdutivo" e 7% o consideraram sinônimo de "doente".[39] Tais mitos consideram o idoso como decadência do ser humano e o interpretam como um problema. Outro mito é a visão

---

37 MINAYO, 2013, p. 25.
38 MINAYO, 2013.
39 MINAYO, 2013.

da pessoa idosa como descartável, segundo o qual a pessoa "vale o quanto produz". Portanto, quando a pessoa se aposenta ou sai do sistema produtivo formal é considerada inútil.[40]

A interface entre sexualidade, violência e preconceito na maturidade

Várias são as interfaces entre sexualidade, violência e preconceito na maturidade. Violência doméstica pela parceria, violência sexual, violência dirigida a travestis na maturidade, preconceito com idosos *gays* em asilos, são apenas alguns dos possíveis exemplos dessa interface. Esse cenário também é carente de dados e de intervenções. No entanto, algo em comum ocorre entre eles, uma vez que segue sendo um tema "abafado" pela família e vivenciado dentro do chamado "conluio do silêncio", como também ainda pouco reconhecido e dimensionado pelas sociedades em geral.

Sexualidade e maturidade

A sexualidade como dimensão integrante e inerente à vida de toda pessoa está presente em todos os ciclos de vida, inclusa a maturidade, onde é possível a experiência da sexualidade como uma prática saudável e igualmente importante para o envelhecimento de forma adequada.[41]

No entanto, existe uma lacuna nas ações de promoção da saúde relacionadas à sexualidade dos idosos.[42] Daí a importância também de se pensar em políticas públicas de saúde destinadas a

---
40   MINAYO, 2013.
41   QUEIROZ, Maria Amélia *et al.* "Social Representations of Sexuality for the Elderly". *Revista Brasileira de Enfermagem*, 68(4): 577-581; 662-667, 2015.
42   SANTOS, Alessandra Fátima de Mattos; ASSIS, Mônica de. "Vulnerabilidade das Idosas ao HIV/AIDS: Despertar das Políticas Públicas e Profissionais de Saúde no Contexto da Atenção Integral: Revisão de Literatura". *Revista Brasileira de Geriatria e Gerontologia*, 14(1): 147-157, 2011 (Rio de Janeiro).

essa população, revelando a importância de abarcar vários fatores relacionados direta ou indiretamente à violência, os quais podem ser entendidos como uma espécie de silenciamento violento por parte do Estado, quando este se omite de intervenções e ações que promovam a diminuição de fatores de risco relacionados à saúde sexual e, portanto, ao adoecimento do idoso.

A ausência de uma visão voltada para essa experiência de forma positiva e afirmativa tem causado graves consequências físicas e psicológicas para os idosos. Há necessidade de se ampliar o diálogo aberto sobre sexualidade com e para essa faixa etária também. As barreiras que envolvem essa questão tendem a predispor indivíduos, incluindo profissionais de saúde, a fortalecer tabus existentes e consumar a vulnerabilidade de idosos diante de problemas psíquicos e físicos (como infecções sexualmente transmissíveis, por exemplo), devido à falta de informação e debate.[43]

Entre os problemas físicos, o aumento do vírus HIV na população acima de 50 anos, no Brasil e em outros lugares do mundo, tem emergido como um desafio para pesquisadores, profissionais da saúde e formuladores de políticas públicas. A incidência de HIV/AIDS na população brasileira acima de 50 anos cresceu de 3,6 para 7,1 em 100 mil habitantes, entre 1996 a 2006, representando um aumento de 50% de casos novos.[44] Esse índice de contaminação (novos casos) saltou de 4,8, em 2001, para 8,7, em 2012, sendo que o último boletim epidemiológico de 2016 revela que, no Brasil, as taxas de detecção entre homens e mulheres acima de 60 anos têm aumentado nos últimos anos com prevalência geral de 2,8 em 100 mil para essa faixa etária.[45]

---

43 QUEIROZ et al. "Social Representations of Sexuality for the Elderly".
44 SANTOS; ASSIS. "Vulnerabilidade das Idosas ao HIV/AIDS".
45 BRASIL. *Boletim Epidemiológico – AIDS e DST*, 5(1), 2016 (Ministério da Saúde, Secretaria de Vigilância da Saúde). Disponível em: http://www.aids.

As vulnerabilidades dos idosos ao HIV com o consequente desenvolvimento da AIDS têm sido relacionadas a fatores tais como: invisibilidade dos relacionamentos sexuais na maturidade; desmistificação em curso da sexualidade na terceira idade, associada à ampliação do acesso a medicamentos para disfunções eréteis e à participação de idosos em grupos de convivência; pequena adesão de homens idosos aos preservativos masculinos; retardamento de respostas por meio de políticas de prevenção eficazes direcionadas a essa população.[46]

Negar a existência da expressão da sexualidade na maturidade ou impedir que ela se manifeste por meio da perpetuação de repressões, falta de apoio e encorajamento para melhora da função sexual, principalmente de mulheres, parece ser uma forma de violência velada por privação de direitos à dignidade humana. Nesse contexto, muito comumente observamos, nos consultórios privados e nas unidades básicas de saúde, alguns idosos que relatam que as suas famílias impedem que tenham relações afetivo-sexuais nessa fase da vida, sendo isso também uma forma de violência, embora se possa compreender algumas das preocupações dos familiares (medo do idoso sofrer frustrações e decepções amorosas, ser enganado e roubado, contrair infecções sexualmente transmissíveis, ser agredido e sofrer violência). Nessa questão emerge o medo, porque o filho ou a família teme a perda da imagem construída da mãe ou do pai. De mesma forma, é complicado e difícil para a família perceber que o idoso ou a idosa, apesar do envelhecimento fisiológico, pode se manter sexualmente saudável, expandindo afetos e amores, participando de grupos de convivência e mostrando-se receptivo(a) a novos relacionamentos afetivo-sexuais, uma vez que amar e desejar fazem parte da completude do ser humano em qualquer fase da vida. Há filhos que apoiam e entendem as necessidades de carinho, afeto, companheirismo dos

---

gov.br/pt-br/pub/2016/boletim-epidemiologico-de-aids-2016. Acesso em: 27 mar. 2017.
46 SANTOS; ASSIS. "Vulnerabilidade das Idosas ao HIV/AIDS".

pais, tornando-se seus verdadeiros amigos; aqueles que, no entanto, manifestam sentimentos e atitudes contraditórios, tornam-se arredios, taxativos e acabam condenando os relacionamentos afetivos dos pais e, muitas vezes, até se afastando deles.[47]

É necessário ainda considerar, dentro dessa complexa questão, o fato de que vivenciamos um acentuado processo de feminização da velhice.[48] Em outras palavras, existe uma tendência de as mulheres viverem em média sete anos a mais que os homens. Além disso, embora haja uma grande proporção de idosos vivendo sozinhos, esta tendência é maior entre as mulheres que, de certa forma, podem desejar vivenciar a sua sexualidade por meio de encontros amorosos, e suas famílias podem achar que não é adequado e acabar por cercear o convívio, criticar e/ou ridicularizar o afeto e o desejo que sentem. O fato é que a mulher mais velha tem mais dificuldades de reconstruir uma vida afetiva sexual até pelo fato de histórica e culturalmente ter sido educada de forma mais rígida e conservadora.

Na pesquisa conduzida por Laurentino e companheiros[49] sobre o namoro na terceira idade, com um grupo de oito mulheres, das quais sete eram viúvas e uma divorciada, com idades entre 60 a 76 anos e participantes de grupos de terceira idade há mais de dois anos, todas afirmaram ter vivenciado a experiência do namoro nessa fase da vida, mas apenas duas viviam com o companheiro. As demais viviam sozinhas, tendo familiares por perto ou até dividindo o mesmo pátio com eles:

> Os eventos do namoro, em termos de experiências vividas pelas mulheres da terceira idade, têm um potencial gerador de

---

47 LAURENTINO, Norma R. S. et al. "Namoro na Terceira Idade e o Processo de Ser Saudável na Velhice: Recorte Ilustrativo de um Grupo de Mulheres". *Revista Brasileira de Ciências do Envelhecimento Humano*, 3(1): 51-63, 2006 (Passo Fundo).
48 ALMEIDA, Lucimêre Alves; PATRIOTA, Lucia Maria. "Sexualidade na Terceira Idade: um Estudo com Idosas Usuárias do Programa Saúde da Família do Bairro das Cidades – Campina Grande/PB". *Qualit@s Revista Eletrônica*, 8(1), 2009.
49 LAURENTINO et al. "Namoro na Terceira Idade e o Processo de Ser Saudável na Velhice".

mudanças, sejam previsíveis ou não, que demandam da família e dos próprios namorados uma reorganização tanto de papéis como de seus valores. Os avós darão continuidade aos relacionamentos com os netos, assim como vão exercer o papel de pai ou mãe, conforme a dinâmica familiar, ao mesmo tempo que estão investindo em suas próprias vidas, estabelecendo e mantendo novos relacionamentos afetivos, algo natural ao ser humano. O que parece é que a família, muitas vezes, necessitará refazer seus conceitos e rever seus valores a fim de que o namoro dos mais velhos possa fazer parte do contexto familiar.[50]

Outro aspecto, digno de nota, da sexualidade de mulheres idosas na maturidade que tem uma interface com a violência é um fenômeno social ainda pouco explorado cientificamente (mas com alguns relatos na mídia *on-line* de páginas policiais sobre crimes de extorsão) de elas serem vítimas de pessoas que se acercam afetivamente para roubá-las. São os chamados *Don Juans* que se aproximam, principalmente, pela internet, seduzem, "namoram" e depois começam a pedir empréstimos e acabam por usurpar dos bens da idosa, desaparecendo repentinamente da sua vida. A crise econômica atual no Brasil tem causado sérios problemas nos lares da população idosa uma vez que, nos últimos anos, cresceu o número de aposentados e pensionistas vítimas de abusos financeiros e patrimoniais, alguns destes com o envolvimento *donjuanístico* mencionado acima. Segundo dados da Secretaria Especial de Direitos Humanos, que mantém o serviço Disque 100 para denúncias de violações de direitos contra a pessoa idosa, somente nos primeiros quatro meses de 2016, foram registradas quase 12.500 denúncias, 20,54% a mais do que no mesmo período do ano anterior, sendo que 4.840 ocorrências se referiam a abuso financeiro e econômico, também chamado de violência patrimonial.[51] Essa é uma interface da violência contra o idoso que

---

50 LAURENTINO *et al.* "Namoro na Terceira Idade e o Processo de Ser Saudável na Velhice", p. 58.
51 CARVALHO, Vinicius. "Violência Financeira contra Idosos". Disponível em: ht-

também merece atenção de cuidadores, familiares e formuladores de políticas públicas no nosso país.

Violência sexual

Existem evidências que sugerem que a maior parte das agressões sexuais dirigidas a idosos ocorrem em estabelecimentos de cuidados prolongados. Os colegas residentes são os perpetradores mais comuns, demonstrando frequentemente o comportamento hipersexualizado inapropriado, causado por doenças neurológicas degenerativas. Embora este tipo de violência possa ser comum, com significativas consequências físicas e psicológicas para as vítimas, certamente trata-se de um fenômeno que também tem recebido pouca atenção direta dos pesquisadores e de cuidadores de enfermagem.[52] Uma revisão sistemática e de metanálise, conduzida por Yon e companheiros com o objetivo de identificar a prevalência de abuso de idosos na comunidade por meio de estudos publicados até 26 de junho de 2015, utilizando quatroze bases de dados (incluindo PubMed, PsycINFO, CINAHL, EMBASE e MEDLINE), em 28 países, revelou que o abuso sexual de idosos foi de 0.9%.[53] Frequentemente, o abuso envolve molestação e interesse sexual indesejado no corpo, mais em mulheres do que em homens.[54] As mulheres idosas vítimas de violência sexual nesta fase da vida enfrentam muitas barreiras quanto à revelação e ao acesso ao sistema social

---

tps://www.viniciuscarvalho.com.br/lernoticia.php?not=NDg4&arst=noticias. Acesso em: 28 fev. 2017.
52   ROSEN, Tony; LACHS, Mark S.; PILLEMER, Karl. "Sexual Aggression Between Residents in Nursing Homes: Literature Synthesis of an Underrecognized Problem". *Journal of the American Geriatrics Society*, 58(10): 1970-1979, 2010.
53   YON, Yongjie; MIKTON, Christopher R.; GASSOUMIS, Zachary D.; WILBER, Kathleen H. "Elder Abuse Prevalence in Community Settings: a Systematic Review and Meta-Analysis". *Lancet Glob Health*, 5(2): e147-e156, 2017.
54   TEASTER, Pamela B.; RAMSEY-KLAWSNIK, Holly; ABNER, Erin L.; KIM, Sujee. "The Sexual Victimization of Older Women Living in Nursing Homes". *Journal of Elder Abuse & Neglect*, 27(4-5): 392-409, 2015.

e de justiça, resultando em mais experiências escondidas. Muitas dessas barreiras também contribuem para que as experiências das mulheres idosas sejam ignoradas ou menosprezadas por potenciais espectadores. Essas barreiras incluem o contexto cultural que a mulher vive, a idade avançada, as deficiências cognitivas e de saúde, a vivência em um ambiente de cuidados residenciais. Responder e prevenir a agressão sexual contra mulheres mais velhas exige uma abordagem adaptada e, atualmente, não temos dados o suficiente para desenvolver respostas apropriadas para esta questão.[55]

Violência entre parcerias íntimas

A violência entre parcerias íntimas, há muito, é reconhecida como um grave problema de saúde pública. No entanto, se sabe relativamente pouco sobre a sua ocorrência na maturidade. É necessário compreender melhor este fenômeno complexo, em parte devido ao envelhecimento das populações em nível mundial, e em parte devido à necessidade de proteger os idosos vulneráveis contra os danos que um parceiro violento pode causar.[56]

Nos EUA, uma em cada cinco vítimas acima de 70 anos (20,8%) foi abusada de forma violenta e não consentida por parceiros(as) íntimos(as) e não íntimos(as). A insegurança em saúde foi o mais forte correlato do abuso no ano anterior à pesquisa.[57]

Entre os quatro temas que emergem na análise de conteúdo de discurso de mulheres (de 60 a 83 anos) que sofreram

---

[55] FILEBORN, Bianca. "Sexual Assault and Justice for Older Women: a Critical Review of the Literature". *Trauma, Violence & Abuse*, 31 mar. 2016. Disponível em: http://journals.sagepub.com/doi/10.1177/1524838016641666. Acesso em: 04 abr. 2017.
[56] CHEUNG, Denise Shuk; TIWARI, Agnes; WANG, Amy Xiao. "Intimate Partner Violence in Late life: a Case Study of Older Chinese Women". *Journal of Elder Abuse & Neglect*, 27(4-5): 428-437, 2015.
[57] ROSAY, Andre B.; MULFORD, Carrie F. "Prevalence Estimates and Correlates of Elder Abuse in the United States: the National Intimate Partner and Sexual Violence Survey". *Journal of Elder Abuse & Neglect*, 29(1): 1-14. 2017.

violência entre parcerias íntimas durante toda a vida estão a solidão, o arrependimento, o estar em estado de espera e o fato de ser um monumento vivo à vitimização perpétua.[58] Apoiar mulheres idosas que sobrevivem à violência é um trabalho desafiador que exige conhecimento tanto do abuso de idosos quanto da violência contra as mulheres. No entanto, essas duas práticas operam em grande parte como esferas separadas. São necessários esforços para melhorar a colaboração dos serviços e desenvolver abordagens alternativas para apoiar as mulheres idosas que conseguem e desejam escapar da violência.[59]

Gays, lésbicas, bissexuais e transexuais idosos

Se considerarmos que ainda existe uma grande invisibilidade da população de jovens e adultos *gays*, lésbicas e transexuais (LGBT) em vários locais do mundo, podemos também imaginar o tamanho ainda maior da invisibilidade dos idosos LGBT. Esta população parece vivenciar os mesmos temores do envelhecimento que a população geral. No entanto, algumas vulnerabilidades e particularidades do processo de envelhecimento merecem ser destacadas para essa população.[60]

A maioria dos idosos LGBT tem experimentado a discriminação e a estigmatização relacionadas à sua orientação sexual e identidade de gênero durante a maior parte de suas trajetórias de vida. Essas experiências negativas podem ter tido um impacto no curso de vida desses indivíduos e na saúde mental. Mesmo

---

58   BAND-WINTERSTEIN, T. "Aging in the Shadow of Violence: a Phenomenological Conceptual Framework for Understanding Elderly Women Who Experienced Lifelong IPV". *Journal of Elder Abuse & Neglect*, 27: 303-327, 2015.
59   JAMES, Krista; DICKINSON, Raissa; STRUTHERS, April. "Older Women Fleeing Violence and Abuse in Canada: Bringing Together Separate Spheres of Practice". *Journal of Elder Abuse & Neglect*, 27(4-5): 454-469, 2015.
60   CARROLL, Lynne. "Therapeutic Issues with Transgender Elders". *Psychiatric Clinic of North America*, 40(1): 127-140, 2017; WITTEN, Tarynn M. "Elder Transgender Lesbians: Exploring the Intersection of Age, Lesbian Sexual Identity, and Transgender Identity". *Journal of Lesbian Studies*, 19(1): 73-89, 2015.

que a maioria dos idosos LGBT realmente tenha e mantenha boa saúde mental, estudos mostram que indivíduos não heterossexuais correm maior risco de desenvolver certas dificuldades com o envelhecimento do que os demais grupos populacionais, tais como: ansiedade, depressão, pensamentos suicidas e consumo excessivo de álcool e outras substâncias. Entre os fatores que podem contribuir com o enfraquecimento da saúde mental de idosos *gays* e lésbicas estão: a vitimização e a exposição a várias formas de preconceito no curso de vida; a gestão contínua da divulgação ou dissimulação da sua orientação sexual e do seu sexo de nascimento; o grau de homofobia internalizada, bem como a solidão. Entre os potenciais fatores protetores citam-se a construção de resiliência, a formação de redes sociais e o apoio social acolhedor.[61]

Algumas recomendações também são formuladas no que diz respeito a reconhecer as questões que afetam os idosos LGBT, bem como melhorar o acesso a serviços que lhes são oferecidos[62] e assim evitar, por exemplo, que *gays* tenham a instalação em asilos recusada pelo simples fato de serem *gays*, ou ainda que tenham que "voltar para armário" na maturidade a fim de que possam ser aceitos nesses serviços. Em outras palavras, muitos deles omitem sua orientação sexual por preconceito e medo de terem o acesso a esses dispositivos negado.

Ações educativas e preventivas contra a violência na maturidade

Os três principais domínios de ações para a promoção da prevenção de violência na maturidade são:

---

61 BEAUCHAMP, Jonathan; CHAMBERLAND, Line. "The Mental Health Issues among Gay and Lesbian Elders". *Santé Mentale au Québec*, 40(3): 173-192, 2015.
62 BEAUCHAMP; CHAMBERLAND. "The Mental Health Issues among Gay and Lesbian Elders".

1. Pesquisa

É importante o desenvolvimento de uma base de dados de conhecimento sobre violência na maturidade, uma vez que a escassez de pesquisas cientificamente confiáveis não é apenas uma preocupação dos acadêmicos, mas também de toda a sociedade. As lacunas na compreensão dessa questão significam que ainda não sabemos, exatamente, o que é funcional, tornando impossível uma abordagem organizada e abrangente de prevenção das agressões e intervenção na situação dessa população.[63] Cabe ressaltar que, no mundo, tem sido feita pouca pesquisa avaliando de fato quais ações e estratégias foram bem-sucedidas na resolução desse problema.

A realização de melhores pesquisas (e sobretudo a alocação de investimentos para conduzi-las) são, portanto, fundamentais para o desenvolvimento de uma resposta baseada em evidências da violência na maturidade. Pillemer e colaboradores afirmam que: "não é um exagero afirmar que a melhoria da investigação sobre os maus-tratos de idosos vai salvar vidas e que a incapacidade de promover a excelência da investigação de pesquisas de campo coloca as pessoas idosas em risco diariamente".[64]

2. Serviços

É necessária a criação de uma rede abrangente de serviços atenta às questões relacionadas à prevenção e ao tratamento da violência contra idosos. Além disso, é urgente, também, proporcionar oportunidades de treinamento específico para os profissionais da saúde e educadores.

As abordagens de prevenção, identificação e encaminhamento resolutivo de violência contra idosos requererem várias intervenções,[65]

---

63 PILLEMER *et al.* "Elder Mistreatment"; DONG. "Elder Abuse in Chinese Populations".
64 PILLEMER *et al.* "Elder Mistreatment", p. 325.
65 ALON, Sara; BERG-WARMAN, Ayelet. "Treatment and Prevention of Elder

nos níveis primário, secundário e terciário de prevenção. A falta de treinamento prático de profissionais, principalmente da saúde e da educação, sobre essa questão tem sido identificada como uma das maiores barreiras para a implementação dessas estratégias.[66]

As vítimas idosas de violência tendem a ser isoladas e suas interações com médicos e enfermeiros são oportunidades importantes para reconhecer e intervir na situação de abuso.[67] Explorar os indícios de abuso dados pelos idosos por meio da avaliação das equipes multidisciplinares é crucial para gerir os programas de prevenção de maus-tratos a idosos e torná-los mais eficazes.[68] As agências internacionais recomendam o rastreio e a triagem de rotina, com frequência de uma a duas vezes ao ano, em salas de emergência e em ambulatórios da atenção primária em saúde.[69]

O rastreio pode ser feito em um ou dois passos, dependendo do nível da função cognitiva do paciente. Caso o profissional da saúde saiba que a cognição do paciente é normal, o rastreio terá apenas uma etapa, usando a escala *The Elder Abuse Suspicion Index* (EASI), por exemplo, que ainda não foi validada no Brasil. Quando o profissional da saúde não sabe ou suspeita de demência, deverá seguir dois passos, começando com o rastreio para *deficit* cognitivo

---

Abuse and Neglect: Where Knowledge and Practice Meet. A Model for Intervention to Prevent and Treat Elder Abuse in Israel". *Journal of Elder Abuse & Neglect*, 26(2): 150-171, 2014. Disponível em: https://www.tandfonline.com/doi/abs/10.1080/08946566.2013.78 4087. Acesso em: 30 mar. 2017.
66   PICKERING, Carolyn E.; RIDENOUR, Kimberly; SALAYSAY, Zachary. "Best Practices for the Identification of Elder Abuse and Neglect in Home Health".
67   LACHS, Mark S.; PILLEMER, Karl A. "Elder Abuse". *The New England Journal of Medicine*, 373: 1947-1956, 2015. Disponível em: https://www.nejm.org/doi/10.1056/NEJMra1404688. Acesso em: 14 maio 2017.
68   CANNELL *et al*. "Towards the Development of a Screening Tool".
69   TAYLOR, Rachel M. *Elder Abuse and its Prevention: Workshop Summary. Forum on Global Violence Prevention*. Washington, D.C.: The National Academic Press, 2014; DONG, Xinqi. "Elder Abuse: Research, Practice, and Health Policy". *The Gerontologist*, 54(2): 153-162, 2013; DONG, Xinqi. "Advancing the Field Elder Abuse: Future Directions and Policy Implications". *Journal of the American Geriatrics Society*, 60(11): 2151-2156, 2012; HOOVER; POLSON. "Detecting Elder Abuse and Neglect".

com o Mini Exame do Estado Mental (*Mini Mental*), já validado no Brasil. Se negativo para demência, o profissional pode aplicar o EASI. Se positivo, uma avaliação mais detalhada para esclarecer o comprometimento cognitivo antes da aplicação da escala de triagem de abuso/violência em idosos deverá ser realizada já que *deficits* cognitivos poderão limitar domínios específicos como memória e outras capacidades.[70]

Se o rastreio usando o EASI for negativo para abuso/violência, o profissional deve continuar o protocolo habitual de exames de rotina. Em casos de EASI positivo, o exame deverá ser focado na busca de sinais de abuso ou negligência, que tem como achados físicos específicos padrões de lesão como: marcas de contenção; múltiplas queimaduras; hematomas em abdome, pescoço, região posterior das pernas, região medial dos braços, já que não são originalmente locais de traumas não intencionais. É importante diferenciar os sinais de doenças esperadas para idade das lesões por abuso.[71]

O questionamento central para a diferenciação de lesões intencionais e não intencionais será se a explicação dada pelo cuidador é razoavelmente consistente com os achados físicos. Portanto, a entrevista com o idoso e seu cuidador deverá ser realizada separadamente. Um alerta de possível maus-tratos é quando o cuidador interrompe com frequência o idoso durante a consulta/avaliação e responde às perguntas por ele. Após toda sequência, em caso de achados positivos para abuso ou negligência, o profissional deverá avaliar a segurança do idoso, considerando se há riscos imediatos. No caso de riscos imediatos, o serviço de proteção ao idoso deverá ser acionado. Caso os perigos não sejam iminentes, deverá oferecer ajuda ao idoso; se a intervenção for aceita pelo idoso, deverão ser realizadas ações para protegê-lo. No entanto, em casos em que o idoso não aceita esta ajuda, é

---

70   BAKER *et al.* "Interventions for Preventing Abuse in the Elderly"; HOOVER; POLSON. "Detecting Elder Abuse and Neglect".
71   HOOVER; POLSON. "Detecting Elder Abuse and Neglect".

necessário avaliar se ele possui capacidade de recursos e tratamento, sendo sempre importante assegurar a sua proteção.[72]

3. Política

No contexto político, é necessário exigir dos governantes e da sociedade uma abordagem política coordenada nacionalmente para reduzir os maus-tratos aos idosos.[73] São políticas públicas que restabelecem de forma positiva o lugar de direito da população idosa na sociedade e privilegiam a subjetividade, a heterogenidade, o cuidado, a proteção, tanto em suas famílias como nas instituições, nos espaços públicos e privados.[74]

No Brasil, o Sistema de Garantia dos Direitos da Pessoa Idosa é amparado por diversos documentos legais e planos de ação política. Além das garantias constitucionais da Política Nacional do Idoso (Lei n. 8.8421/94), destaca-se o Estatuto do Idoso (Lei n. 10.741, de 1º de outubro de 2003), que é um marco jurídico para a proteção da população idosa brasileira, considerando suas demandas, suas vulnerabilidades e, acima de tudo, seus direitos humanos, regulando e assegurando direitos às pessoas com mais de 60 anos.

Lê-se no Estatuto do Idoso (Lei n. 10.741, de 1º de outubro de 2003):

> Art. 2º: O idoso goza de todos os direitos fundamentais inerentes à pessoa humana, sem prejuízo da proteção integral de que trata esta Lei, assegurando-se-lhe, por lei ou por outros meios, todas as oportunidades e facilidades, para preservação de sua saúde física e mental e seu aperfeiçoamento moral, intelectual, espiritual e social, em condições de liberdade e dignidade.
> Art. 3º: É obrigação da família, da comunidade, da sociedade e do Poder Público assegurar ao idoso, com absoluta prioridade, a efetivação do direito à vida, à saúde, à alimentação, à educação, à cultura, ao esporte, ao lazer, ao trabalho,

---

72   HOOVER; POLSON. "Detecting Elder Abuse and Neglect".
73   PILLEMER *et al.* "Elder Mistreatment".
74   MINAYO, 2013.

à cidadania, à liberdade, à dignidade, ao respeito e à convivência familiar e comunitária.[75]

Além desses dois dispositivos legais, ainda temos a normatização da Política Nacional de Saúde da Pessoa Idosa (2006)[76] e o "Disque 100", um serviço da SDH-PR que atende a quaisquer denúncias relacionadas às violações aos direitos humanos. Entre as estratégias de ação para prevenir a violência na maturidade sugeridas pelo *Manual de Enfrentamento à Violência contra a Pessoa Idosa*, no quadro 1, cabe destacar a estratégia 1, que diz respeito ao investimento em uma sociedade para todas as idades, cujo papel da área da educação e da família tende a ser fundamental no entendimento e na construção deste paradigma. O conceito de uma sociedade para todas as idades diz respeito a uma decisão política que beneficia não somente a pessoa idosa, mas também todos os outros grupos populacionais, gerando assim um ambiente social mais gentil, de maior interação entre as gerações e uma vida com hábitos mais saudáveis para todos. Diz também respeito à promoção e à proteção dos direitos humanos e liberdades fundamentais, elementos essenciais para uma sociedade que inclua todas as idades, sem discriminação e em condições de igualdade.[77]

---

75   BRASIL. Lei n. 10.741, que dispõe sobre o Estatuto do Idoso e dá outras providências, de 1 de outubro de 2003. Disponível em: http://www.planalto.gov.br/ccivil_03/LEIS/2003/L10.741.htm. Acesso em: 03 fev. 2017.
76   BRASIL. Portaria n. 2.528, que aprova a Política Nacional de Saúde da Pessoa Idosa, de 19 de outubro de 2016. Disponível em: http://bvsms.saude.gov.br/bvs/saudelegis/gm/2006/prt2528_19_10_2006.html. Acesso em: 07 jul. 2016.
77   MINAYO, 2013. Quadro 1: Estratégias de ação para prevenir a violência na maturidade - Estratégia 1: Investir em uma sociedade para todas as idades; Estratégia 2: Os governos devem priorizar os direitos da pessoa idosa; Estratégia 3: Contar com a pessoa idosa: "nada sobre nós sem nós"; Estratégia 4: Apoiar as famílias que abrigam pessoas idosas em sua casa; Estratégia 5: Criar espaços sociais seguros e amigáveis fora de casa; Estratégia 6: Formar profissionais de saúde, assistência e cuidadores profissionais; Estratégia 7: Prevenir dependências.

Sugestão de atividade para o professor em sala de aula

Uma sugestão de atividade proposta por Suelen Fernanda Machado,[78] centra-se numa dinâmica chamada por ela de "Respeite meus cabelos brancos!", destinada principalmente a alunos do ensino médio, ensino fundamental e educação de jovens e adultos. O objetivo é auxiliar o aluno a reconhecer o valor dos idosos na sociedade e refletir sobre o processo de envelhecimento da população brasileira, em três ou quatro aulas. Inicialmente o professor contextualiza o assunto com dados sobre a população idosa e sobre o preconceito contra o idoso, sempre presente na sociedade e, com frequência, manifestado pela falta de sensibilidade e de solidariedade, numa atitude depreciativa. Depois, o professor segue a atividade com a problematização da questão. Pode usar, por exemplo, um trecho da novela " Mulheres Apaixonadas", exibida pela Rede Globo em 2003, que abordou a relação entre idosos e jovens.[79]

Em seguida, o professor pode então iniciar um debate com as seguintes questões: você já presenciou algum tipo de preconceito contra idosos? Quais seriam os preconceitos mais comuns dirigidos a pessoas idosas? Quais motivos levam as pessoas a ter preconceitos contra idosos? Quantos idosos existem em sua família? Você já parou para pensar na importância destas pessoas? Numa outra aula, o professor pode seguir com o tema utilizando, por exemplo, o vídeo com o título "Idosos", produzido pelo Ministério da Educação do Brasil,[80] que convida a uma reflexão sobre a velhice, questionando os alunos sobre o que gostariam de

---

78 MACHADO, Suelen Fernanda. *Respeite meus Cabelos Brancos*. 2009 (Plano de Aula). Disponível em: http://portaldoprofessor.mec.gov.br/fichaTecnicaAula.html?aula=5343. Acesso em: 25 dez. 2016.
79 Disponível em: https://www.google.com.br/search?q=Mulheres+apaixonadas+-+Doris+-faz+esc%C3%A2ndalo+com+sua+av%C3%B3&rlz=1C1TSNF_pt=-BRB514RB514R&oq-Mulheres+apaixonadas+-+Doris+faz+esc%C3%A2ndalo+com+sua+av%C3%B3&aqs=chrome..69i57.37315j0j7&sourceid=chrome&ie=UTF-8.
80 Disponível em: http://www.dominiopublico.gov.br/pesquisa/DetalheObraForm.do?select_action=&co_obra=20802.

fazer quando forem mais velhos e como gostariam de ser tratados e, então, dispor de tempo para o debate.

Considerações finais

É necessário que todos possam contribuir para a desconstrução dos preconceitos que cercam o envelhecimento, a fim de construir uma sociedade crente na singularidade do indivíduo idoso, cujos direitos devem ser respeitados e cujo envelhecimento deve ocorrer com dignidade e respeito. Para tanto, em torno do reconhecimento dos direitos e do protagonismo da população idosa, os movimentos de aposentados, conselhos e outras organizações ligadas ao tema, têm também papel fundamental ao fornecer maior visibilidade a essa questão. A mobilização para se organizar em grupos e fóruns ou em solidariedade com os outros movimentos sociais brasileiros sinaliza para a sociedade que os idosos não querem ser apenas um "joguete de políticas", mas, sim, atores que contribuem para a riqueza do patrimônio sociocultural brasileiro por meio de sua sabedoria, conhecimento e experiência.

Referências

ACIERNO, Ron *et al.* "Prevalence and Correlates of Emotional, Physical, Sexual, and Financial Abuse and Potential Neglect in the United States: The National Elder Mistreatment Study". *American Journal of Public Health*, 100: 292–297, 2010.

ALMEIDA, Lucimêre Alves; PATRIOTA, Lucia Maria. "Sexualidade na Terceira Idade: um Estudo com Idosas Usuárias do Programa Saúde da Família do Bairro das Cidades – Campina Grande/PB". *Qualit@s* Revista Eletrônica, 8(1), 2009.

ALON, Sara; BERG-WARMAN, Ayelet. "Treatment and Prevention of Elder Abuse and Neglect: Where Knowledge and Practice Meet. A Model for Intervention to Prevent and

Treat Elder Abuse in Israel". *Journal of Elder Abuse & Neglect*, 26(2): 150-171, 2014. Disponível em: https://www.tandfonline.com/doi/abs/10.1080/08946566.2013.784087. Acesso em: 30 mar. 2017.

BAKER, Philipe R. *et al.* "Interventions for Preventing Abuse in the Elderly". *The Cochrane Database of Systematic Reviews*, 16(8), 2016.

BAND-WINTERSTEIN, Tova. "Aging in the Shadow of Violence: a Phenomenological Conceptual Framework for Understanding Elderly Women Who Experienced Lifelong IPV". *Journal of Elder Abuse & Neglect*, 27: 303-327, 2015.

BEAUCHAMP, Jonathan; CHAMBERLAND, Line. "The Mental Health Issues among Gay and Lesbian Elders". *Santé Mentale au Québec*, 40(3): 173-192, 2015.

BRASIL. *Boletim Epidemiológico – AIDS e DST*, 5(1), 2016 (Ministério da Saúde, Secretaria de Vigilância da Saúde). Disponível em: http://www.aids.gov.br/pt-br/pub/2016/boletim-epidemiologico-de-aids-2016. Acesso em: 27 mar. 2017.

_____. "Pessoa Idosa". *In: IV Conferência Nacional dos Direitos da Pessoa Idosa*. Brasília, 2016 (Minuta de regimento interno). Disponível em: https://www.mdh.gov.br/informacao-ao-cidadao/participacao-social/conselho-nacional-dos-direitos-da-pessoa-idosa-cndi/conferencias/PessoaIdosaRegimentointerno.pdf. Acesso em: 25 dez. 2016.

_____. Portaria n. 2.528, que aprova a Política Nacional de Saúde da Pessoa Idosa, de 19 de outubro de 2016. Disponível em: http://bvsms.saude.gov.br/bvs/saudelegis/gm/2006/prt2528_19_10_2006.html. Acesso em: 07 jul. 2016.

_____. *Plano de Ação para o Enfrentamento da Violência Contra a Pessoa Idosa*. Brasília: Subsecretaria de Direitos Humanos, 2005.

_____. Lei n. 10.741, que dispõe sobre o Estatuto do Idoso e dá outras providências, de 1 de outubro de 2003. Disponível em: http://www.planalto.gov.br/ccivil_03/LEIS/2003/L10.741.htm. Acesso em: 03 fev. 2017.

BURNES, David et al. "Prevalence of Risk Factors for Elder Abuse and Neglect in the Community: a Population-Based Study". *Journal of the American Geriatrics Society*, 63(9): 1906-1912, 2015.

CANNELL, Michael B.; JETELINA, Katelyn K.; ZAVADSKY, Matt; GONZALEZ, Jennifer M. "Towards the Development of a Screening tool to Enhance the Detection of Elder Abuse and Neglect by Emergency Medical Technicians (EMTs): a Qualitative Study". *BMC Emergency Medicine*, 116(1), 2016. Disponível em: https://bmcemergmed.biomedcentral.com/articles/10.1186/s12873-016-0084-3. Acesso em: 10 fev. 2017.

CARROLL, Lynne. "Therapeutic Issues with Transgender Elders". *Psychiatric Clinic of North America*, 40(1): 127-140, 2017.

CARVALHO, Vinicius. "Violência Financeira contra Idosos". Disponível em: https://www.viniciuscarvalho.com.br/lernoticia.php?not=NDg4&arst=noticias. Acesso em: 28 fev. 2017.

CHEUNG, Denise Shuk; TIWARI, Agnes; WANG, Amy Xiao. "Intimate Partner Violence in Late life: a Case Study of Older Chinese Women". *Journal of Elder Abuse & Neglect*, 27(4-5): 428-437, 2015.

DAY, Andrew; BONI, Nadia; EVERT, Helen; KNIGHT, Tess. "An Assessment of Interventions that Target Risk Factors for Elder Abuse". *Health & Social Care in the Community*, 22, 2016.

DONG, Xinqi. "Elder Abuse in Chinese Populations: a Global Review". *Journal of Elder Abuse & Neglect*, 27(3): 196-232, 2015.

_____. "Elder Abuse: Research, Practice, and Health Policy". *The Gerontologist*, 54(2): 153-162, 2013.

_____. "Advancing the Field Elder Abuse: Future Directions and Policy Implications". *Journal of the American Geriatrics Society*, 60(11): 2151–2156, 2012.

DU MONT, Janice et al. "Development of Skills-based Competencies for Forensic Nurse Examiners Providing Elder Abuse Care". *BMJ Open*, 6(2), 2016. Disponível em: https://bmjopen.bmj.com/content/6/2/e009690. Acesso em: 10 fev. 2017.

ESPÍNDOLA, Cybele Ribeiro; BLAY, Sérgio Luís. "Prevalence of Elder Abuse: a Systematic Review". *Revista de Saúde Pública*, 41(2): 301-306, 2007.

FILEBORN, Bianca. "Sexual Assault and Justice for Older Women: a Critical Review of the Literature". *Trauma, Violence & Abuse*, 31 mar. 2016. Disponível em: http://journals.sagepub.com/doi/10.1177/1524838016641666. Acesso em: 04 abr. 2017.

GUEDES, D. T et al. "Socioeconomic Status, Social Relations and Domestic Violence (DV) against Elderly People in Canada, Albania, Colombia and Brazil". *Archives of Gerontology and Geriatrics*, 60(3): 492-500, 2015.

HOOVER, Robert M.; POLSON, Michol. "Detecting Elder Abuse and Neglect: Assessment and Intervention". *American Family Physician*, 89(6): 453-460, 2014.

JAMES, Krista; DICKINSON, Raissa; STRUTHERS, April. "Older Women Fleeing Violence and Abuse in Canada: Bringing Together Separate Spheres of Practice". *Journal of Elder Abuse & Neglect,* 27(4-5): 454-469, 2015.

JOHANNESEN, Mark; LOGIUDICE, Dina. "Elder Abuse: a Systematic Review of Risk Factors in Community-Dwelling Elders". *Age Ageing*, 42(3): 292-298, 2013.

LACHS, Mark S.; PILLEMER, Karl A. "Elder Abuse". *The New England Journal of Medicine*, 373: 1947-1956, 2015. Disponível em: https://www.nejm.org/doi/10.1056/NEJMra1404688. Acesso em: 14 maio 2017.

LAUMANN, Edward O.; LEITSCH, Sara A.; WAITE, Linda J. "Elder Mistreatment in the United States: Prevalence Estimates from a Nationally Representative Study". *The Journals of Gerontology, Series B: Psychological Sciences and Social Sciences*, 63, S248–S254, 2008.

LAURENTINO, Norma R. S. *et al.* "Namoro na Terceira Idade e o Processo de Ser Saudável na Velhice: Recorte Ilustrativo de um Grupo de Mulheres". *Revista Brasileira de Ciências do Envelhecimento Humano*, 3(1): 51-63, 2006 (Passo Fundo).

LOWENSTEIN, Ariela; EISIKOVITS, Zvi; BAND-WINTERSTEIN, Tova; ENOSH, Guy. "Is Elder Abuse and Neglect a Social Phenomenon? Data from the First National Prevalence Survey in Israel". *Journal of Elder Abuse & Neglect*, 21(3): 253-277, 2009.

MACHADO, Suelen Fernanda. *Respeite meus Cabelos Brancos.* 2009 (Plano de Aula). Disponível em: http://portaldoprofessor.mec.gov.br/fichaTecnicaAula.html?aula=5343. Acesso em: 25 dez. 2016.

MINAYO, Maria Cecília de Souza. *Manual de Enfrentamento à Violência contra a Pessoa Idosa. É Possível Prevenir. É Necessário Superar*. Brasília: Secretaria de Direitos Humanos da Presidência da República, 2013.

ORGANIZAÇÃO MUNDIAL DE SAÚDE. *Relatório Mundial sobre a Prevenção da Violência 2014*. São Paulo: Núcleo de Estudos da Violência da Universidade de São Paulo, 2015. Disponível em: http://nevusp.org/wp-content/uploads/2015/11/1579-VIP--Main-report-Pt-Br-26-10-2015.pdf. Acesso em: 24 maio 2017.

PETERSON, Janey et al. "Financial Exploitation of Older Adults: a Population-Based Prevalence Study". *Journal of General Internal Medicine*, 29: 1615-1623, 2014.

PICKERING, Carolyn E.; RIDENOUR, Kimberly; SALAYSAY, Zachary. "Best Practices for the Identification of Elder Abuse and Neglect in Home Health". *Home Healthcare Now*, 34(4): 182-188, 2016.

PILLEMER, Karl; BURNES, David; RIFFIN, Catherine; LACHS, Mark S. "Elder Abuse: Global Situation, Risk Factors, and Prevention Strategies". *The Gerontologist*, 56: 194-205, 2016 (Suplemento 2).

PILLEMER, Karl et al. "Elder Mistreatment: Priorities for Consideration by the White House Conference on Aging". *The Gerontologist*, 55(2): 320-327, 2015.

QUEIROZ, Maria Amélia et al. "Social Representations of Sexuality for the Elderly". *Revista Brasileira de Enfermagem*, 68(4): 577-581; 662-667, 2015.

ROSAY, Andre B.; MULFORD, Carrie F. "Prevalence Estimates and Correlates of Elder Abuse in the United States: the National Intimate Partner and Sexual Violence Survey". *Journal of Elder Abuse & Neglect*, 29(1): 1-14. 2017.

ROSEN, Tony; LACHS, Mark S.; PILLEMER, Karl. "Sexual Aggression Between Residents in Nursing Homes: Literature Synthesis of an Underrecognized Problem". *Journal of the American Geriatrics Society*, 58(10): 1970-1979, 2010.

RUELAS-GONZÁLEZ, Maria Guadalupe et al. "Prevalence and Factors Associated with Violence and Abuse of Older Adults in Mexico's 2012 National Health and Nutrition Survey". *International Journal for Equity in Health*, 15(1): 35, 2016.

SANTOS, Alessandra Fátima de Mattos; ASSIS, Mônica de. "Vulnerabilidade das Idosas ao HIV/AIDS: Despertar das Políticas Públicas e Profissionais de Saúde no Contexto da Atenção Integral: Revisão de Literatura". *Revista Brasileira de Geriatria e Gerontologia*, 14(1): 147-157, 2011 (Rio de Janeiro).

TAYLOR, Rachel M. *Elder Abuse and its Prevention: Workshop Summary. Forum on Global Violence Prevention*. Washington, D.C.: The National Academic Press, 2014.

TEASTER, Pamela B.; RAMSEY-KLAWSNIK, Holly; ABNER, Erin L.; KIM, Sujee. "The Sexual Victimization of Older Women Living in Nursing Homes". *Journal of Elder Abuse & Neglect*, 27(4-5): 392-409, 2015.

YON, Yongjie; MIKTON, Christopher R.; GASSOUMIS, Zachary D.; WILBER, Kathleen H. "Elder Abuse Prevalence in Community Settings: a Systematic Review and Meta-Analysis". *Lancet Glob Health*, 5(2): e147-e156, 2017.

WITTEN, Tarynn M. "Elder Transgender Lesbians: Exploring the Intersection of Age, Lesbian Sexual Identity, and Transgender Identity". *Journal of Lesbian Studies*, 19(1): 73-89, 2015.

Esta obra foi composta em CTcP
Capa: Supremo 250g – Miolo: Pólen Soft 80g
Impressão e acabamento
Gráfica e Editora Santuário